本书出版受武汉工程大学社科基金项目"西方早期分税制思想在近代中国的传播与发展"资助

中国近代分税制思想研究

（1894—1949）

游凤　著

武汉大学出版社

图书在版编目(CIP)数据

中国近代分税制思想研究：1894—1949 / 游凤著. -- 武汉：武汉大学出版社，2024.12. -- ISBN 978-7-307-24546-4

Ⅰ.F812.422

中国国家版本馆 CIP 数据核字第 2024RQ8870 号

责任编辑:唐　伟　　　责任校对:鄢春梅　　　版式设计:马　佳

出版发行：**武汉大学出版社**　（430072　武昌　珞珈山）
（电子邮箱：cbs22@whu.edu.cn　网址：www.wdp.com.cn）
印刷:湖北云景数字印刷有限公司
开本:720×1000　1/16　印张:17　字数:273 千字　插页:1
版次:2024 年 12 月第 1 版　　2024 年 12 月第 1 次印刷
ISBN 978-7-307-24546-4　　定价:78.00 元

序　言

　　游凤博士的毕业论文即将付梓出版，请我作序，作为老师由衷地感到高兴和欣慰，也向其表示祝贺。近年来，游凤同志潜心于中国近代财税思想史研究，在攻读博士学位期间，通过多渠道广泛收集、查阅了大量原始文献和一手史料，基于丰富文献的梳理和分析，完成了一篇资料翔实、内容充实、论证严谨的博士毕业论文。在毕业论文走向书稿的过程中，又对其进行了修改和完善，是一部值得一读的财税思想史佳作。

　　游凤在博士入学后不久便经常同我讨论博士期间的研究方向，中南财经政法大学经济思想史学科点以研究近代经济思想史见长，也是中国近代经济思想史研究的重镇，而她表示对财税问题比较感兴趣。在经过一段时间的讨论和文献学习后，最终选定研究中国近代分税制思想。分税制财政体制在西方国家被称为财政联邦制，是规范政府间财政关系的有效制度，为市场经济国家所普遍采用。我国于1994年在全国启动分税制财政体制改革，至今三十周年，成效卓著，但也出现不少亟待解决的新问题。对于分税制，更多人认为其源于20世纪50年代兴起于美国的财政联邦理论，以1956年C. A. Tiebout的 *A Pure Theory of Local Expenditures* 出版为标志。事实上，在现代财政分权理论形成之前，以英国为代表的一些资本主义国家在长期地方自治实践和政治体制变革进程中，就已经形成了政府间纵向事权与财权税收的分配思想，可将其称为西方早期分税制思想。西方早期分税制思想在19世纪末20世纪初，随着西学东渐传入中国，被国内开明政府官员和进步知识分子所接受，并大力传播甚至不遗余力付诸实践。西方早期分税制思想在他们的推动下扎根中国大地，并随着中国经济社会的发展和政治实践的需要而不断发展，形成了极具中国特色和时代特征的中国近代分税制思想。然研究近代财政思想史的著作颇丰，却未有一本专门研究分税制思想这一主题的著述，为本研究留下了空间。

任何一种思想的形成都离不开其特定的历史环境和时代条件，思想与实践亦是相伴发展，对于与政府职能履行和政策落实相关的财政问题而言更是如此。中国近代分税制思想的演变发展与近代中国经济发展状况、政治环境变化以及政府财政困境息息相关，充分了解这些情况是把握好近代分税制思想发展的基础。另外，中国近代分税制思想与政策实践相辅相成，分税制思想为近代中国财政体制的改革与变迁提供了理论指导和方向指引，同时，中国近代分税制思想也随着财政体制变革的实践推进而不断发展，二者合力完成了中国财政体制及其思想由传统向现代化的转型。因此，要深刻认知分税制思想的演变规律，须得联系实践进行透彻分析。该书在概括每一阶段分税制思想形成发展背景的基础上，梳理和总结分税制思想主要内容，还刻画了分税制思想与实践互动发展的机制，较好地勾勒出中国近代分税制思想的发展脉络和演进逻辑。

史学研究强调论从史出。一部好的史学著作必须以充分的史料为支撑，因而史料收集就显得尤为关键和重要。经济思想史亦不例外。既有关于近代财政思想史的研究不少，但关于分税制思想研究的成果却不多，而近代财政思想史料又是浩如烟海。依托既有研究的蛛丝马迹从浩瀚的近代史料中充分挖掘分税制思想史料，是一个巨大的工程；而近代原始文献多带有厚重的文言文痕迹，有效整理和分析史料的任务同样艰巨。游凤博士立足我校丰富的线下近代文献史料和线上老旧文献数据库，同时多方向武汉大学、暨南大学等诸多高校老师联系求索文献，最终收集了大量一手史料、文献，为本研究奠定了扎实的史料基础。在取得史料后，潜心研读，细致整理，深入分析，整个研究做到了论从史出。

马克思有言："在科学上没有平坦的大道，只有不畏劳苦沿着陡峭山路攀登的人，才有希望达到光辉的顶点。"经济思想史的研究更是要求研究者耐得住寂寞，沉得了心性，受得了困难，才有可能在这条学术道路上行稳致远。

今年是中国分税制改革三十周年，此书在此时出版意义重大。也希望游凤能继续努力，在经济思想史学术之路上再登新的台阶，期待未来有新的佳作！

朱华雄

2024 年 4 月于中南财经政法大学晓南湖畔

目　　录

绪　　论

一、研究缘起

分税制是符合市场经济发展要求的公共财政体制，是规范和调节中央与地方及地方各级政府间财政关系、提高政府公共物品的供给效益、增强政府对经济社会宏观调控能力的行之有效的制度模式。政府间事权和支出责任划分、收入划分和转移支付制度构成分税制财政体制的三要素。分税制并不是中国造出来的特有名词，而是从英文 tax sharing 翻译得来，源于对西方市场经济国家财政体制做法的概括。现行"分税制"概念最早见于1982年，因1994年全面实行的分税制财政体制改革而成为中国财政体制的代名词。从财政史发展角度看，1994年的分税制改革是西方财政分权制度和理论在中国的第二次引入。第一次发生在中国遭遇"千年未有之大变局"的近代。从分税制内涵看，中国真正意义上的分税制乃是在晚清预备立宪时滥觞，北洋政府成立之初立法，南京国民政府定都南京后定型。近代分税制财政体制的变迁离不开分税制思想的指引，中国近代分税制思想的形成与发展为分税制财政体制的确立与调整提供了理论遵循。自晚清到民国，中国近代分税制思想演进经历了晚清滥觞、北洋政府时期曲折发展、国民政府前期突破发展与国民政府后期深化发展四个阶段。在不同的时代背景下，面对中央地方财政关系紊乱和财政收入匮乏的窘境、发展宪政民主政治和地方自治的现实需要，政要和学人以西方财税理论和分税制实践为依据、结合中国历史传统和现实国情，对国家财政与地方财政划分问题展开了充分的讨论和系统的研究，形成了丰富的分税制思想。

或是由于中央地方财政关系问题在近代财政学发展中不够耀眼，或是由于这一问题研究范围狭窄，近代分税制思想并未得到应有的重视。充分挖掘近代政学两界从自身立场和学理根据提出的国家财政地方财政划分主张，梳理近代中国分税制思想的形成与演进脉络，分析不同时期、不同群体关于中央地方财政划分观点背后的逻辑，探究分税制思想对近代分税制政策形成与动态调整的指导作用，揭示中国近代分税制思想演变规律，构建中国近代分税制知识体系，可弥补既有研究缺憾，并丰富中国近代财政思想理论体系和拓宽中国近代财政思想史研究视野。

熊彼特说，"我们的头脑很容易从科学史的研究中得到新灵感"，即使撇开灵感不谈，我们也能从科学的历史研究中吸取有用的教训。从我们自己的时代往后站一站，看一看过去分税制思想的层峦叠嶂，对于开阔视野大有裨益。每一种思想的形成都有其特定的历史背景，而同时经济思想必定指向现实需要，探寻中国近代分税制思想内容形成的背景、缘由，总结其对政策制定与实施的作用，或可为新一轮财税体制改革提供历史镜鉴。

二、国内外研究概况

在众多前辈学者孜孜不倦的探索下，近代财政史和财政思想史研究已经取得较丰硕的成果，兹不赘述。本研究主要梳理近代中国分税制思想研究成果。

中外学者的共识是，财政联邦理论兴起于 20 世纪 50 年代以后，其发展可分为两个阶段：第一阶段为 20 世纪 50—80 年代，以 Tiebout（1956）的 *A Pure Theory of Local Expenditures* 肇端；第二阶段为 1991 年至今，以 Weingast（1995）的 *The Economic Role of Political Institutions：Market-preserving Federalism and Economic Development* 为标志。所以国外学者探究财政联邦理论或分税制理论发展演变时也多追溯于 20 世纪 50 年代。而笔者通过多种关键词检索，也未能发现研究中国近代分税制思想的外文文献。国内研究近代财政思想的成果不少，但对中国近代分税制思想的研究却少而零散。

（一）通史和断代史研究成果中的分税制思想概述

目前尚没有专门研究中国近代分税制思想的著作，但一些通史型和民国时期断代史型财政思想史研究成果中涉及分税制思想。首先是孙文学（2008）主编的《中国财政思想史》。该书第十一章和第十二章以人物为主线，分别研究了清朝末期和北洋政府时期部分代表性官员、学者和实业家的财政思想。但与分税制思想相关的很少，只介绍了周学熙关于国地税收划分标准的主张和金国珍关于田赋归地方的思想。在第十三章第九节梳理了南京国民政府时期划定和改进地方税的思想，首先以国地收支划分法案（财政收支系统法）为依托，论述了国地税收划分的思想；其次概述了南京国民政府时期改进地方税的系列主张，如减轻田赋、改进营业税、牙税、契税、统一征收机关、废除苛捐杂税等。该书对分税制思想的介绍非常少且内容杂乱零散。① 其次是王军（2009）主编的《中国财政制度变迁与思想演进》一书，分时期按主题归纳了中国古代到现代各个时期的财政思想，该书第二卷主要梳理研究中国近代财政制度变迁与思想演进，从财政体制变迁视角对北洋政府时期及国民政府时期的划分国家与地方收支的政策、主张作了梳理，但主要以国家政策法案为主，对具体人物思想主张提及较少。胡寄窗和谈敏先生（2016）在《中国财政思想史》一书中以寥寥百字简练地提及了周学熙划分中央与地方财权的思想，并在论述清末民初财政收支系统改革过程时提及了王履康、程德全等极少数人划分国家税地方税的主张。

专门研究民国时期财政思想的开拓性和代表性著作是邹进文（2008）的《民国财政思想史研究》。其第一章第四节对滥觞于晚清宪政改革的中央与地方财政分权思想的提出、国地税收划分拟定的先后顺序、国地税收划分原则及地方税分级等主要思想都有梳理，但其对北洋政府时期分税制思想的梳理仅罗列了民国初年的三位学者和共和建设讨论会所撰相关文章中的关于国家税地方税划分的观点，对南京国民政府时期的分税制思想则没有进行专题梳理，零星的国地收支划分思想散见于对少数财政名家的代表性著作财政思想的研究中。该书着重于财政名家代表性著作所体现出来的财政思想分析，除了对晚清的分税制思想有比较完整但略显单薄的研究外，对民国时期的分税制思想缺乏系统考察。李超民（2011）的

---

① 齐海鹏和孙文学在 2010 年出版的《财政思想史略》一书中以同样的写作方式提及了民初周学熙划分国地收支的主张及国民政府的分税制思想。

《中国战时财政思想的形成（1931—1945）》主要梳理和总结了在抗日战争环境下，中国共产党和国民政府围绕战费筹集这一中心问题形成的财政思想，包括国防经济思想、统制经济思想、公债政策、整理租税思想、划分国地收支思想等。该书第一章第四节第二部分以国民政府颁布的国地收支划分法案为线索，梳理了国民政府财政体制变革过程中国家税与地方税的划分。

（二）近代财政专题思想研究中的分税制思想略论

专题是近代经济思想史研究的一个主要视角。改革开放后，民国经济思想史越来越受到学者的重视，众多学者围绕经济类、财政类专题对近代经济思想开展了系统和深入的研究，各类专题经济思想史研究成果大量涌现。但从专题视角专门研究近代中国分税制思想的成果较少。

最早从思想史角度专门研究近代中国分税制的是龚汝富（1998），他的《近代中国国家税和地方税划分之检讨》一文从清末民初少数几位代表性人物的主张入手，初步梳理了国家税地方税划分原则及地方税是否进一步分级的思想。但该文对清末民初分税制思想的研究既不是以时间为主线，也不是按主题归类分析，研究思路比较混杂，而且研究内容也比较单薄。其次是印少云和顾培君（2001）的《清末民初分税制思想述评》，该文以时间为主线，以内容为辅线对清末民初的税收划分标准和田赋归属问题进行了简要的梳理和评析。邹进文（2005）在《清末财政思想的近代转型：以预算和财政分权思想为中心》一文中，按照时间脉络对晚清宪政改革之际分税制思想的产生过程进行了梳理，并分析了《江苏苏属财政说明书》中关于国家税地方税的划分标准和地方税分级思想，以及部分官员关于地方税国家税厘定先后顺序问题。刘增合（2008）的《制度嫁接：西式税制与清季国地两税划分》从西式税制嫁接中国这一角度，对清朝末年国地两税划分问题进行了分析，该文同样是围绕清朝末年国地税收划分标准和地方税进一步分级两个问题展开，但更注重对历史细节的考证和分析，辅之以人物思想为佐证。张朦（2009）的《浅议民国时期税制改革思想》概括性地提及国民政府的分税思想。邹进文和李彩云（2011）的《中国近代地方政府间财政分权思想研究》一文，着重梳理分析了清末地方税收分级和南京国民政府时期的地方财政分权思想。王海龙和杨建飞（2016）在《清朝解协饷银制度中的现代财政思想研究》中提及清末赵炳麟划分国家税地方税的分权型财政改革建议。敖涛和付志宇（2017）的《民国时期地方财政体制思想探索》集中探讨了分税制框架下的地方政府财政分级、事权与财权划分及地方财政监督思想。

目前尚未发现对近代分税制思想进行系统研究的专著，但一些学者研究近代其他财政思想专题时，或因研究内容完整的需要，或因人物思想中客观存在的事实，也对近代分税制思想进行过或多或少的简要梳理和介绍。主要研究成果有：顾培君（2001）的《民国初年税制改革思想述评》（硕士论文）、夏国祥（2006）的《近代中国税制改革思想研究（1900—1949）》。顾培君的论文在阐述民初分税制思想源流的基础上，对北洋政府前期的分税制思想作了简单的归纳分析。夏国祥对20世纪初到中华人民共和国成立之前的税制改革思想进行了系统化的研究，该书更加偏重于税制结构和具体税种改革思想，对分税制思想的研究非常单薄。分税制思想散见于各章节的子标题下：第一章第三节的第三个子标题"国家税与地方税划分问题的提出"下，对晚清极少数人物关于国地两税划分的标准和地方税分级问题的主张进行了取点式的陈述。第二章第五节第二个子标题"划分国家税与地方税思想的进展"下，介绍了北洋政府时期程德全、叔衡等个别官员和少数学者的国家地方税收划分思想。第三章第三节第一个子标题"国地两税划分问题的再讨论"下，介绍了南京国民政府前期的国地税收划分思想，主要限于对南京国民政府国地分税法案的介绍。第四章第一节简略介绍了南京国民政府后期少数几个学者的税收划分思想。

（三）近代人物经济思想研究中的分税制思想介绍

以具体人物经济思想为研究对象，是经济思想研究中的一个重要维度。民国时期，涌现了相当一批对国家财政改革和经济发展建言献策的财政专家和经济学者，后世学者对民国时期一些著名的财经学者或重要政府官员的财政经济思想作了大量研究。其中论及近代分税制思想的研究成果如下：

梁启超是清末民初著名的思想家和政论家，在清末国家税地方税划分方案久争无果之际，撰文发表了其关于划分国家税地方税的看法。张艳丽（2007）在其硕士学位论文《梁启超的财政思想研究》一文中，从制度建设、整顿税收、发行内债、举借外债、币制改革、银行政策六个方面较全面地梳理和分析了梁启超的经济思想，在"制度建设"思想子目中简单介绍了梁启超关于国地税收划分先后顺序及地方税应分三级的主张。孙翊刚和张劲涛（2000）在《梁启超财政改革思想探析》一文中，概括性地介绍了梁启超通过划分中央与地方收支以统一国家财政的主张。

李权时是民国时期著名且高产的财政学者，也是民国时期第一位以中国国地财政划分问题为博士毕业论文选题的留美博士，回国后他撰写了一系列国地财政划分的论文和著作，还曾多次出席国民政府财政会议，对国家财政体制改革提出建议，对国地财政划分问题有深入的研究。王金龙和胡静（2019）以李权时留美博士毕业论文为研究对象，从思想渊源、文本内容、思想体系、思想特点四个角度，从中央与省县各级政府之间税收划分、上级政府对下级政府补助金、上级政府对下级政府财政监督三个方面对李权时的国地收支划分思想进行了深入系统的分析。周蕊（2018）在研究李权时的统制经济思想时，简单介绍了李权时划分国地收支的相关观点。

马寅初被称为民国时期四大经济学家之首，其经济思想涵盖当时中国经济、财政、金融等各个方面，并对政府决策和学界研究产生了重要影响。但由于国地收支划分思想只是其财政思想中的一个部分，其关于国地收支划分的论著也不多，故而研究或梳理其国地收支划分思想的成果也不多，主要有：柯伟明（2017）的《民国时期马寅初的税收思想研究》，该文主要研究马寅初的税收思想，提出马寅初的税收思想，包括划分国家地方税收、整理和改革中国旧有税制、建立和推行现代化税制，并以时间为线索，梳理和分析了马寅初在北洋政府时期、南京国民政府时期和抗日战争时期三个不同阶段关于划分国家税、地方税的主张。金伟（2009）的《浅谈民国时期马寅初税收思想》也是研究马寅初的税收思想，以马寅初围绕1923年宪法中国地税收划分问题的相关看法为着力点分析了其国家税地方税划分思想，但非常简略。

北洋政府成立之初，财政极度困窘，先后两度任财政总长的熊希龄、周学熙都力主划分国地收支以统一财政，规范中央与地方财政秩序。刘巍（2021）专文研究了熊希龄的财政思想与实践，从思想来源、倡议分税制动因、税收划分改革的具体建议、设计地方税体系所坚持的原则等多个角度对其分税制思想作了深入系统的分析，展现了熊希龄分税制思想全貌。李楠夫(2003)从周学熙任财政总长期间提出的财政方针出发，对其划分国地财政的主张从政策调整视角作了概括性分析。葛豆豆(2018)对袁世凯当政时期三位财政总长熊希龄、周学熙及周自齐的财政思想作了概括梳理，提及了其通过划分国地收支以统一财权的思想。

贾士毅是民国时期少有的集财政税务实践和研究于一身的大家之一，不仅著述颇丰，而且一直在政府财政部门任职，划分国地收支是贾士毅一直坚持的财政主张，并通过向决策层提案推动国地财政划分的实践。但目前学界对其财政思想研究的成果不多，有代表性的是陈弘(2006)和董佳如(2018)的硕士论文。二者都是从思想渊源、思想主要内容及思想评价几个方面研究贾士毅的财政思想。陈弘以时间为脉络，以文本为基础，在罗列贾士毅相关言论的基础上，对其划分国地收支的思想作了简单梳理。董佳如则从整体上按主题对贾士毅北洋政府时期和国民政府时期的分税制思想进行了归纳和总结，比较系统地分析了贾士毅在不同时期的分税制主张。

卫挺生是民国时期一位典型的学者型官员，长期主持、参与财政立法和财政制度设计等工作并在多所高校讲授财经类课程，还撰写了大量财政、会计、金融类文章、著作，形成了丰富的财政金融思想，划分国地收支是其财政思想的重要组成部分。王超的硕士学位论文《卫挺生经济思想研究》(2007)对其财政思想、会计思想、货币金融思想进行了系统分析。在分析其财政思想时专门论述了卫挺生的分税制思想，包括：划分国地收支的重要性、明确上级财政管辖权、县乡财政问题及其解决途径。

还有一些学者从民国时期的著作、学位论文或期刊这一视角探究了这一时期的经济思想。较早的是叶世昌(1994)主编的《中国经济学名著提要·经济卷》，该书挑选了自先秦至中华人民共和国成立前夕的220余本经济学类名著进行了简介，涉及近代的约60部。在介绍贾士毅的《民国财政史》时提到其对国家财政收入和财政支出作了划分，并列举了国家税目、地方税目、国家政费和地方政费，但仅限于简介，并未对其划分国地收支的思想展开分析。2010年开始，武汉大学出现了多篇以民国期刊为对象的一系列经济思想史博士学位论文。其中，郭小兵（2012）的《民国〈财政评论〉（1939—1948）研究》、李詹（2013）的《民国时期经济期刊的经济思想研究》和万红先（2013）的《民国时期经济学著作的经济思想研究》涉及分税制思想，但都是简略介绍。邹进文（2016）在《近代中国经济学的发展——来自留学生博士论文的考察》一书中对李权时论文中划分国家财政与地方财政的思想作了详细的介绍。此外，付志宇（2015）在《近代中国税收现代化进程的思想史考察》一书中，梳理和分析近代中国不同时期的税收制度和不同时期不同阶级或阶层人物的税收思想时，顺带简单梳理了一些代表性人物的分税制思想。如在第3章第2节，梳理洋务派税收思想时介绍了早期维新思想家何启和胡礼垣的分税思想；在第4章第2节对周学熙、晏才杰、胡己任、陈启修、马寅初、尹文敬等人关于分税制的相关思想作了简要介绍。但其对上述提到过的学者的分税思想只是简单地提及而没有深入分析。

综上所述，专门研究近代分税制思想的成果非常少，且主要集中于清末民初，而进入民国以后尤其是南京国民政府时期的分税制思想则是零星散见于少有的几本相关著作中，多限于观点介绍，不能充分反映中国近代丰富的分税制思想。本研究在参考既有研究成果的基础上，从分税制思想形成背景、思想概况、思想内容、思想与实践互动、思想述评等方面，对近代分税制思想进行长时段系统性的研究，以展现中国近代分税制思想全貌。

三、内容梗概及研究思路

本书运用文献研究法、历史分析法、比较研究法等研究方法对近代中国分税制思想展开系统研究（见图0-1），共分五章：

第一章，西方早期分税制思想概述及其东渐路径。中国近代分税制思想源自西方，西方分税制思想发端于英国，并随着英国的殖民扩张传播到美国形成财政联邦制，而后为欧洲大陆国家借鉴。19世纪中期日本明治政府借鉴西方国家建立了集权式分税制财政体制。西方分税制思想理论与制度经验随着西学东渐传入中国，对中国近代分税制思想形成与发展产生了重要影响。本章主要介绍英国、美国、日本的近代分税制及其思想，并厘清西方早期分税制思想传入中国的路

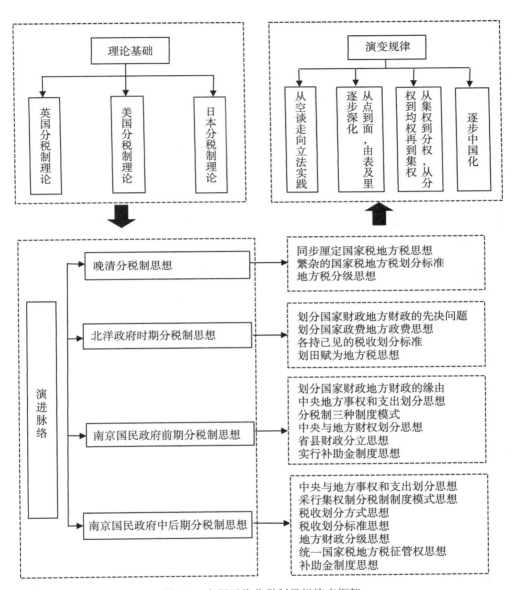

图 0-1　中国近代分税制思想演变框架

径，构建中国近代分税制思想理论基础。

　　第二章，晚清分税制思想(1894—1911 年)。中国近代分税制思想滥觞于晚清，虽至清朝覆亡，以国家税、地方税划分为核心的分税制财政体制改革都未能付诸实践，但其对近代中国分税制思想发展的开创性意义和对民国时期分税制财政体制立法及实践的先导性意义不容忽视。本章首先从宪政改革、地方自治、晚清财政困境、工商经济发展以及西方财政学的传播等方面介绍了晚清分税制思想滥觞的背景，继而梳理这一时期有关分税制思想的文献并总结其内容梗概。其次，梳理分析晚清分税制思想主要内容：税收划分标准、国地税厘定先后顺序以及地方税分级。最后，从思想来源、主体、内容及深度四个方面总结晚清分税制思想特征。

第三章，北洋政府时期分税制思想（1912—1926 年）。借着晚清国地税收划分的余热和民主政治制度初立的契机，动荡的北洋政府时期分税制思想有所发展，但比较曲折、缓慢。首先介绍北洋政府时期分税制思想发展的时代背景和基本情况。其次分析北洋政府时期分税制思想主要内容。这一时期时人主要围绕国地收支划分的先决问题、国家地方政费划分、税收划分标准以及田赋归属四个问题展开研究和讨论，相较于晚清前进了一大步。再次，以 1913 年和 1923 年两部国地收支划分法案为抓手，论述这一时期分税政策实践及思想与实践的相互影响。北洋政府时期分税制思想发展的最大价值在于从空论走向立法，1913 年冬和 1923 年北洋政府分别颁布了划分国地收支的法案。这两部法案都是前一阶段分税制思想的结晶，同时也对其后分税制思想的进一步发展产生了深远影响。最后，总结北洋政府时期分税制思想基本特征。这一时期分税制思想从空论走向立法、从过度集权走向过度分权，思想主体从以政界官员为主转向以学界学者为主，税收划分标准从繁杂模糊渐趋明朗简洁。

第四章，南京国民政府前期分税制思想（1927—1937 年）。在这一时期，分税制思想得到快速发展，基本建立起以事权划分为基础、税收划分为核心、补助金制度为补充的分税制思想体系。首先，介绍这一时期分税制思想发展背景和梳理这一时期分税制思想文献史料，提纲挈领地展示这一时期分税制思想全貌。其次，分析南京国民政府前期分税制思想主要内容。这一时期，时人对事权与支出划分、分税制制度模式、财权划分、地方财政分级以及补助金制度等相关问题作了比较全面的研究和讨论，近代分税制思想体系基本形成。再次，以国地收支划分法案为线索，分析这一时期分税制政策动态调整过程，说明分税制思想与政策实践相互促进与发展。最后，总结这一时期分税制思想特征。相较于北洋政府时期，这一时期分税制思想得益于欧美财政学理的影响获得突破性发展，基本建立起完整的分税制思想框架，但对事权与支出划分缺乏深入研究。

　　第五章，南京国民政府中后期的分税制思想（1938—1949 年）。抗日战争全面爆发后，时人围绕抗战和战后恢复建设需要提出调整中央地方财政关系的主张，分税制思想在前期的理论框架下做出了适应时代需要的变化。首先，介绍这一时期分税制思想发展背景并梳理分税制相关文献史料。其次，总结分税制思想主要内容。这一时期，时人对中央地方支出划分、采用何种分税制度模式、税收划分标准、税收划分方式、税收征管权、补助金制度等问题，参考西方财政学理，结合中国国情进行了更加深入的研究。再次，以国地收支划分法案为线索，梳理这一时期分税制政策颁布与实施的前因后果，展现思想与实践的相互影响。最后，总结这一时期分税制思想特征。战争的特殊背景使得时人更倾向于实行集权式分税制，在借鉴欧美财政学理的同时，注重与中国实际相结合，力图实现西方分税制理论的中国化，但对如何合理划分中央地方事权与支出责任依旧未能提出有效的举措。

第一章 西方早期分税制思想概述
及其东渐路径

分税制在西方国家和西方经济学研究范式下被称为财政联邦制（Fiscal Federalism）。现代研究认为财政联邦制理论兴起于 20 世纪 50 年代，到现在已经发展到第二代。① 第一代财政联邦制理论以 1956 年 C. A. Tiebout 的 *A Pure Theory of Local Expenditures* 出版为形成标志，后经 R. A. Musgrave、J. M. Buchanan、W. E. Oates 等人完善。事实上，在现代财政分权理论形成之前，近代西方已经在长期地方自治实践和政治体制变革进程中形成了政府间纵向事权与财权分配思想。

西方早期分税制度和学理随着西学东渐传入中国，直接促使了中国近代分税制思想的兴起。回顾晚清分税制思想的发端，无论是进步知识分子还是政府官员，抑或中枢部臣和地方督抚，无不表示出对西方分税财政制度的崇尚和对中国传统集权财政制度的批判，纷纷主张借鉴西方国地税划然分离的办法整顿中国杂乱无章的财政秩序。如熊希龄向时任度支部尚书载泽上书，提议仿东西各国整顿财政，划清中央地方出入之款；② 黑龙江巡抚程德全在奏折中直言财政分歧弊混，当照"泰西公款有国家地方之分"的做法划分国地税；③ 监察御史赵炳麟专折痛陈财政散漫纷乱之弊，奏请按照东西各国"国税独立之法"，将一切租税分为供

---

① 刘承礼. 中国式财政分权的解释逻辑：从理论述评到实践推演[J]. 经济学家，2011(7)：61-69.

② 周秋光. 熊希龄集（第一册）[M]. 长沙：湖南人民出版社，2008：298-299.

③ 《署黑龙江巡抚程德全奏遵旨胪陈管见折》，《政治官报》第 64 号，光绪三十三年十一月：8。

中央政府支用的国家税和供地方政府支用的地方税；① 等等，凡是要求划分国家税地方税的言论皆以西方国家为例证。滥觞于清末的中国近代分税制思想，是在移植西方财政理论和制度经验的基础上逐步发展起来的。其中对近代国人影响最大的当属英国、美国及日本的分税制度经验和思想理论。从制度模式看，西方国家近代分税制可分为英国式的折中制、美国式的分权制和日本式的集权制；从起源和传播路径看，分税制发源于英国，是在英国长期实践和制度变革中逐渐形成；随后传播到美国，形成了财政联邦制；而后被德、法等欧洲大陆国家借鉴。日本明治政府时期，积极向西方国家学习，在来自德国的顾问帮助下建立了适合日本君主立宪政体的分税制，并对中国清末民初的分税制思想产生了不可磨灭的影响。

第一节　西方早期分税制思想概述

一、英国的分税制及分税制思想

1906 年初，载泽一行在英国考察时，对英国地方自治制度和中央地方分税制度甚为推崇，他在向清廷报告英国考察情形的奏折中说："以地方之人行地方之事，故条规严密，而民不嫌苛；以地方之财供地方之用，故征敛繁多而民不生怨。"②英国是地方自治制度的发源地，地方自治是地方财政形成的根源，中央与地方的分税制财政体制就是在地方自治制度的演化进程中逐渐形成的。

829 年，大不列颠多个部落王国经过激烈的兼并战争形成一个统一国家。受历史和习惯影响，地方逐渐形成了"郡—百户区—十户区"的三级地方政权体系，同时形成了村庄、庄园和教区三种社会形态。随着这些早期地方行政中心的发展，英国人的地方自治理念开始形成。③ 诺曼征服后，威廉一世及其继任者建立起以土地所有制为基础的封建国家。随着封建国家的形成，地方自治主体呈现多

---

① 《掌京畿道监察御史赵炳麟奏请统一财权整理国政折》，《政治官报》第 233 号，光绪三十四年五月：5-7。
② 载泽. 考察政治日记 [M]. 长沙：岳麓书社，1985：630.
③ 孙宏伟. 英国地方自治体制研究[M]. 天津：天津人民出版社，2020：62.

元化，出现郡与自治市并立的二元权力结构。郡区制的外部结构延续盎格鲁-撒克逊时期的"郡—百户区—十户区"三级地方政府体制。郡设郡守，由国王任命的地方乡绅担任，主要通过郡法庭行使诉讼权、履行国王行政命令、颁布地方法案、决定修桥筑路等地方性公共事务；其下还有百户区和乡镇法庭为居民纠纷提供诉讼服务和维持地方治安。自治市则是一些城镇为摆脱郡长的干涉和控制，向国王一次性缴纳一笔费用而获得自治权。自治市主要由市民选举产生的市守和市议会通过城市法庭来自主处理自治市内部事务。市守和市议会成员虽是选举产生，但多被富有家族垄断，是一种寡头政治。农民和市民在国王和法律授权下在团体内部实行高度自治，但农民和市民并不负有向国王缴纳经常性税收的义务，因为这一时期国家财政等同于王室财政，而国王主要依靠自己的收入过活。国家财政或王室收入一般包括：王室领地收入、王室司法收入、因封建关系而向封臣征收的封建协助金及租税等，只有在王室一般性财政收入不足以维持国家支出时，才能经议会允许而向全国人民征税。此外，在国王和农民(市民)阶层之间还有领主和教会。乡村和城市土地保有人依据一定契约从领主那里保有土地，因而需要向领主履行缴纳地租、代为耕作等义务，同时获得领主提供的人身保护服务。中世纪的英格兰就兼跨教俗两界，一定地区的农民(市民)多处在一定教区管辖下，需要向教会缴纳什一税并获得教会提供的宗教和救济服务。也就是说，在中世纪，处在基层的农民和市民除在团体内部实行高度自治，还受国王、领主、教会的多重管辖。在王室财政收入不足以满足其支出时，需要向国王履行经议会允许的纳税义务；因保有土地而向领主缴纳地租；因处在一定教区接受宗教服务而向教会缴纳什一税。中世纪的英格兰在封建等级制度框架下存在领主、教会、乡村和城市多个团体，并由此形成了一种典型的小共同体社会结构。这些团体在政治上是相对独立的，各政治团体之间通过契约享有相应的权利和承担相应的义务。反映在财政上，就是各个团体的财政收入和支出都是相对独立的，各团体根据一定的封建契约关系享有一定获得收入的权力，同时需要向地租和赋税义务负担者提供一定的公共服务。这些相对独立的团体在内部实行高度自治，形成了权责利边界清晰、权利义务相对应的分割型财政体制。

进入近代，随着商品经济的发展，中世纪的封建庄园制解体。与此同时，英国进行了宗教改革，国王成为教会首脑。乡村、庄园和教区结合的乡村共同体赖以存在的基础消亡，三者复杂结合的方式完全被教区制所替代，① 形成了中央—郡（自治市）—教区三级政权体系，教区成为地方最基层自治单位。近代英国，国王依旧很少直接介入地方事务，主要通过地方自治主体执行国王颁布的法律来实现对地方的领导权。在地方治理上基本上延续了中世纪自治制度，即各自治主体在中央授权和法律范围内自主决定本区域内的各项事务。如由国王任命但不领薪水的郡治安法官通过治安法庭行使司法权和行政权，自治市通过获得特许状自行组织政府管理地方事务，教区通过指派没有薪金的官员负责维持法律、社会秩序、提供救济、维护道路等工作。但与中世纪相比的一个巨大变化就是，"光荣革命"后，英国建立起君主立宪政体，国王收入在国家财政收入的比重由都铎王朝时期（1558—1603 年）的 28.83%下降至"光荣革命"后的 1.98%，② 中央财政由王室财政转变为议会财政，中央财政收入来源由以王室领地收入为主转变为以经常性全国性税收为主，并形成了关税、消费税（开征于 1643 年）、印花税（开征于 1694 年）等间接税为主和以土地税等直接税为辅的国家税体系。近代英国，国家职能仍旧主要是保家卫国，中央财政大部分用于国防和战争。各地方受社会发展限制，人民需要的公共服务并不多，自治团体自行决定征收的地方税也很少。目前所能见到最早有明确记录的英国地方税是济贫税。随着社会的近代化转型，贫困人口增加，中世纪的慈善性救济无法满足日益严重的济贫需要。1601 年，伊丽莎白一世颁布了《济贫法》，规定由教区征收济贫税来承担对贫民的救济任务。由于教区人口、规模、功能各地不一，为了提高济贫效率和降低济贫成本，一些教区进行了联合，形成了济贫联合区，济贫联合区在其区域范围征收济贫税并对区域范围的贫民提供救济服务。

因工业革命而出现的工业化和城市化对英国地方政治带来了巨大的挑战，由土地拥有者利益集团控制的原本拼接式的地方自治政府体制不能应对挑战所引起的复杂社会变化。③ 中央政府意识到重组地方政府结构的必要，于 1832 年颁布《改革法》（*Reform Act 1832*）、1835 年颁布《市政法案》（*Municipal Corporations Act*，

---

① 孙宏伟. 英国地方自治体制研究［M］. 天津：天津人民出版社，2020：101.

② 滕淑娜. 税制变迁与英国政府社会政策研究（18—20 世纪初）［M］. 北京：中国社会科学出版社，2015：26.

③ 孙宏伟. 英国地方自治体制研究［M］. 天津：天津人民出版社，2020：106.

1835)，开启了英国地方自治制度的民主化进程。《市政法案》剥夺了地方教会的行政管理权，将中世纪以来的一万多个城镇和教区拥有的分散单项特权整合进一个统一的框架；建立了民选自治市议会，改变了自治市通过向国王购买特许状而获得自治权的状况；确立了由选举产生多功能地方自治政府的原则。由选举产生的地方议会属综合性地方政府，行使政治和管理职能，可自行决定税率、征收地方税、决定其支出，具有很大的自由裁量权。地方支出主要来自地方税，所以其地方自治事务几乎不受中央政府干预但接受人民监督。19 世纪的英国，在确立多功能地方政府体制的同时，还形成了多个不同的提供专项公共产品或服务的单一目的特别政府，以 1834 年颁布《济贫法修正案》(*The Poor Law Amendment Act of 1834*) 为起点。该法案以民选的但由中央政府管理的济贫联合区和济贫委员会按照统一标准执行原来赋予教区的济贫功能。后又分别设立主管地方卫生(1848)、道路(1835)、教育(1870)等公共产品的地方卫生委员会、公路委员会、学校委员会等特别政府部门。到 1883 年，英格兰和威尔士约有 1006 个城市卫生区、47 个港口卫生当局、577 个乡村卫生区、2051 个学区、424 个公路区、853 个丧葬委员会辖区、649 个济贫联合区、194 个治安维持区、14946 个济贫教区、5064 个公路教区、13000 个宗教教区。① 每个特别政府都有独立的事权与财权，对辖区内居民提供特定类型的公共产品或服务，不受地方治安法官的管辖，缩小了郡治安法官的管辖范围，形成了民选官员对治安法官的分权。特别政府的出现产生了众多的地方税，如济贫捐、教育捐、道路捐、普通地区捐等，但这些捐税只征收于本辖区从公共服务中受益的居民且税款只能用于特定用途，如济贫捐只能用于社会救济，教育捐只能用于教育事业，道路捐只能用于道路桥梁的修建等。在这样的分散财政体制下，地方政府的事权与财权得到清晰划分，且便于地方政府因地制宜提供满足居民偏好的公共产品或服务。在地方政府事权、财权明确界定的同时，中央政府的事权和财权也逐步确定。中央政府负责国防、外交、中央行政、具有全国性的公共事务，相应支出由国库支付；税收已经成为中央财政收入主要来源，中央税包括关税、消费税、印花税、所得税、土地税等，其财政收入

---

① 陶易. 财政体制变迁研究——以分级财政为中心的历史考察[D]. 武汉：中南财经政法大学，2016：41.

进入国库。这一时期，中央与地方事权、财权都得到明晰划分，地方本级财政收入基本能满足本级财政支出，中央对地方转移支付非常少。分税制财政体制的格局基本形成。

单一目的特别政府和多功能地方当局并存的状况使得 19 世纪英国地方政府体制仍显混乱，无法满足工业化和城市化快速发展带来的社会需求。如税收专款专用降低了资金的使用效率；事权划分过于零碎化，不利于地方发展的统筹和协调；因外部性问题导致公共产品提供不足。为解决这些问题，19 世纪 80—90 年代，英国对地方政府进行一系列改革，颁布了一系列法令（1884 年《人民代表法》、1885 年《重新分配议席和选区划分法》、1888 年《地方政府法》、1894 年《地方政府法》、1889 年《苏格兰地方政府法案》），对地方政府体制进行了完全改组。将分散的、碎片化的地方特别政府的职能融合形成地方综合性政府，在全国建立起郡级（郡、郡自治市、伦敦市）—区级（城区、乡区、非郡级自治市）两级地方政府体系。其中英格兰和威尔士建立了 62 个郡议会、61 个郡自治市议会和伦敦郡议会，属第一级地方政府，在 62 个郡议会管辖范围内建立 535 个城区议会、472 个乡区议会、270 个非郡自治市议会，属第二级地方政府；苏格兰建立了 4 个郡自治市议会和 33 个郡议会，郡议会下又建立了若干非郡级自治市议会。所有自治市议会都由地区内人民根据选举法则选举产生，各种类型的特别地方政府卫生委员会、公路委员会、学校委员会、济贫委员会等被陆续取消，其职责移交郡级议会或区级议会。至此，英国两级地方政府体制完全建立起来，并形成了统一的地方行政区划和规范的自治体系。① 由于地方特别政府的合并，各特别政府的事权与财权也随之合并而转移给次级地方政府。所以，随着政府体制的建立和自治体系的规范，协调中央与地方财政关系的分税制财政体制同时确立。经过 19 世纪末的地方政府体制改革后，中央与地方政府的事权、支出责任及税收划分明确。中央事权有：国防、外交、殖民地事务、高等教育、通信（电报业务、邮政业务）、司法、全国性的公共工程、全国性的公益与慈善事业、环境保护，相应的支出均由中央负担，此外中央还需负担地方救济院的一半费用并对地方教

---

① 孙宏伟．英国地方自治体制研究［M］．天津：天津人民出版社，2020：108-110.

育经费缺口进行补助。① 中央财政收入包括税收、经营性收入和债务收入，其中税收有关税、消费税、印花税、所得税、遗产税、土地税、房产税，中央税收由中央财政管理机构征收缴入国库，使用时由国库支付。② 地方各级政府的事权、支出责任、享有的财权及转移支付在 1888 年《地方政府法》中均有非常明晰的划分和说明。郡级政府收入主要是郡捐，由郡议会自行决定税率和征管，另一个不容忽视的收入是来自中央的财政补助。郡级政府财政收入必须存入专门的郡基金账户，郡所有开支都从该账户支出。区级政府分为城市议会和乡村议会。城市议会收入包括针对市内普通居民征收的由市议会批准的普通地区捐，还可针对政府提供的公共服务的直接受益的特定人群征收私人获益捐；乡村议会由于地区分散，只能征收私人获益捐。另外，城市议会和乡村议会都有举债权，不过举债用途被严格限定且需要中央的地方政府委员会批准。英国在数百年的自治实践和代议制改革中逐渐形成了中央与地方事权财权界限明晰的分税制财政体制，被中国近代财政学者津津乐道，国民政府时期大量学者提出在中央与地方各级政府税收划分上采行英国折中式的分税模式。

在长期政策演变和实践基础上，学界提出了地方税概念，并对中央与地方收支问题展开讨论研究。1776 年，亚当·斯密在《国富论》中对中央和地方收支作了初步区分，认为"一项公共工程，如不能由其自身的收入维持，而其便利又只限于特定地方或某特定区域，那么，把它放在国家行政管理当局之下，由国家一般收入维持，总不如把它放在地方行政当局管理之下，由地方收入来维持，来得妥当"，并提出由地方政府和州政府管理地方收入和州收入。此外，还明确提出了地方税概念，即限于某特定城市或特定地区的税收。③ 1892 年，英国著名财政学家 C. F. Bastable 的 *Public Finance* 首次出版，Seligaman 评价该书是英国第一部研究新兴财政问题的科学著作，全书分为引言、公共支出、公共收入、税收原

---

① 隗易. 财政体制变迁研究——以分级财政为中心的历史考察[D]. 武汉：中南财经政法大学，2016：72-73.

② 隗易. 财政体制变迁研究——以分级财政为中心的历史考察[D]. 武汉：中南财经政法大学，2016：75.

③ [英]亚当·斯密. 国民财富的性质和原因的研究（下卷）[M]. 郭大力，王亚南，译. 北京：商务印书馆，2014：301-302，473.

则、租税各论、公债、财政行政管理七个部分。① 书中"公共支出"部分提出的三项中央与地方政府职能划分原则，对中国近代财政学者产生过重大影响。吴贯因、何廉、李锐及其他很多中国近代财政学者研究中国收支划分问题时都以该书中所提出的理论为根据，而且近代相当一部分学者撰写的财政学著作的参考文献中都可见 Bastable 的 *Public Finance*。Sidney Webb 在 *Grants in Aid：A Criticism and a Proposal* 一书提出的补助金制度理论是中国近代财政学者提出在中国实施补助金制度的最重要理论来源。Webb 在该书中回顾和描述了英国补助金制度的历史和现状，他支持补助金制度但希望改变当时很多不合理的制度安排。② 1888 年，英国 Goschen 勋爵以指定收入代替了补助金，Webb 希望废除该计划并恢复由国库向地方当局划拨补助金的制度，以支持地方政府的特定政策。③这是因为补助金制度可以纠正不公平的税收负担，通过监督和控制补助金来保证中央政府的权威，鼓励最符合社会公众利益的开支，实现议会规定的"最低标准"的公共服务。④ Webb 关于实施补助金制度必要性或好处的观点被中国近代学者认可和接受，也成为他们主张在中国实施补助金制度的重要理论支撑。此外，一些学者在中央与地方收支分权的框架下讨论了税收或支出问题，如 W. M. J. Williams（1904）的 *London's Share of the King's Taxes*，在中央与地方收支分离的基础上，探讨了伦敦对国家税和地方税的贡献额度。⑤

二、美国的分税制及分税制思想

"财政联邦制"源于对美国财政制度实践的高度概括和反映。这种分权型财政

---

① E. R. A. Seligaman. Bastable's Public Finance［J］. Political Science Quarterly，1892，7（4）：708-720.

② 佚名. Reriew：Grants in Aid：A Criticism and a Proposal by Sidney Webb［J］. Journal of the Royal Society of Arts，1912，60(3093)：442.

③ T. M. Reriew：Grants in Aid：A Criticism and a Proposal by Sidney Webb［J］. Charity Organisation Review，1911，30(177)：215-218.

④ W. M. J. Williams. Reriew：Grants in Aid：A Criticism and a Proposal by Sidney Webb［J］. The Economic Journal，1911，2(83)：401-406.

⑤ W. M. J. Williams. London's share of the King's Taxes［J］. The Economic Journal，1904，14（54）：219-234.

体制早在殖民地时期就已经萌芽，深受英国自治传统和分权型财政体制的影响，可以说，财政联邦制是美国联邦政府成立后一种自然而然的选择。

1607—1733 年，英属北美 13 个殖民地大致分为三个类型：皇室直属领地、授予贵族封臣的封地以及通过国王颁发特许状获得自治权的州。英国对他们的管理方式与中世纪对英国各郡的管理方式如出一辙，向各殖民地派驻总督、设立参事会和议会下院，几乎复制了英国的治理结构。首先，殖民地与母国的关系复制了英格兰各政治团体与国王的关系。他们依据封建权力义务观建立了双向的契约关系：国王因获得垄断贸易特权而向殖民地提供保护服务，各州以贸易垄断权授予国王而获得领地自治权。其次，殖民地的内部治理实行的是与英国地方自治团体几乎一样的自治模式。同时，由于殖民地远离母国，他们的自主性和完整性明显高于英国地方政治实体。英国政府权威仅触及殖民地生活的外围，英国议会基本只就政体性质的商业和外部事务进行立法，殖民地内部事务基本上由自己负责。在这样的行政事权划分下，殖民地与宗主国的财政天然分离。财政收入方面：英国政府在殖民地仅有征收关税权，而国内税征管权则由各殖民地议会行使。财政支出方面：殖民地的军事保卫支出全由英国政府承担，地方建设和行政支出则由各殖民地自行承担。殖民地时期，由于历史遗留政治习惯和经济情况的差异，各殖民地的税制是相互分割的，各地的主要税种互不相同。①

新英格兰殖民者根据英国地方自治传统和宗教契约精神锻造了美国地方政府体系的基础模型，即采取互订契约的原则将社区内的居民组织起来集体承担社区日常生活事务。民主和自治的理念在殖民地时期就在美国扎根。独立战争开始后，"新英格兰特有的地方组织的民主模式逐渐在北美各州广泛流行起来"②。美国逐渐形成乡镇、自治市、县、特别区等形式多样的地方政府组织。各州获得独立后，地方政府成为州级政府的下级单位。1868 年，约翰·狄龙法官有一段对州与地方政府关系的经典论述："州立法机关决定建立城市并赋予其各种权利。

---

① 刘畅. 美国财政史[M]. 北京：社会科学文献出版社，2013：2-3.
② ［美］文森特·奥斯特罗姆，罗伯特·比什. 美国地方政府[M]. 井敏，陈幽泓，译. 北京：北京大学出版社，2004：20.

它给予城市生命，没有生命城市就不能生存。州立法既可以创建一个城市，亦可取消它。如果它取消一个城市，它亦可减少对其控制。除非宪法对其权利加以限制，州立法机关可以通过一项法律——如果我们假设它是如此愚蠢并且能犯如此大的错误来彻底解散全州所有城市——而这些城市却束手无策。"①换言之，州政府可以合法地控制甚至解散地方政府，但出于地方政府对地方自治的固有权利，在政治上和实施上，州政府都不会轻易插手地方事务。地方政府在仅关系到他们自身的事务上是独立的，在关系到与其他地方政府单位的共有事务上服从于州。所以，州政府和地方政府从一开始在事权上就已经有了明确分工，并且各自在宪法和法律框架内对辖区内居民享有独立征税权，各自具有相对独立的财政地位。由于地方政府是由州政府按法律创立的，所以州要为其提供权力和职责框架，对其提供协助并监督其行为。州政府往往会对地方税收有所限制，以保证州政府的税收。

　　为巩固各殖民地反英同盟，第二届大陆会议于 1776 年 6 月委托以约翰·迪金森为首的委员会起草《邦联条例》，由于各州对土地问题的争议，该条例直到1781 年 3 月才宣布正式生效。根据该条例，组成了新的中央政府——邦联国会。但国会权力受到严重限制，各州实质上就是独立的国家。如《邦联条例》第二条规定："凡未经本邦联召集之国会明确授予合众国者外，各州保留其主权、自由、独立及所有权能、领域与权力。"②所以国会只是一个邦联行政机关，且只能执行邦联 13 州中至少 9 个州同意的事情。③ 国会行使被允准的权利所需的一切费用，按各州土地价值比例向各州摊派，邦联政府并无征税权，各州则享有独立的财政地位。邦联政府首任财政部长罗伯特·莫里斯就职后曾提出给中央政府 25 年的对进出口货物关税征收权，按自由民人口比例征税的办法取代按土地价值摊派税款的办法，但并未获得通过。邦联政府权力有限，各州自行其是，美国陷入严重

　　① ［美］乔治·S. 布莱尔. 社区权利与公民参与——美国的基层政府［M］. 伊佩庄，张雅竹，译. 北京：中国社会出版社，2003：21.

　　② ［美］汉密尔顿，杰伊，麦迪逊. 联邦党人文集［M］. 程逢如，在汉，舒逊，译. 北京：商务印书馆，1980：444.

　　③ 张友伦，陆镜生，李青，等. 美国的独立和初步繁荣(1775—1860)［M］. 北京：人民出版社，2002：47.

的经济萧条，劳动人民处境艰难，终因不断加重的赋税而爆发了谢斯起义(1786
年秋)。谢斯起义使统治阶级认识到必须遏制在革命中萌生的"过分民主"，同时
消灭邦联在政治上和经济上的分散状态，建立起强有力的中央政权。为实现这一
目标，1787年5月，12州(除罗德岛外)在费城召开制宪会议，经过四个月的讨
论制定了宪法草案，并于1788年6月获得9个州的批准而通过生效。《美利坚合
众国宪法》的通过不仅意味着联邦制取代了邦联制，也意味着财政联邦制在美国
的确立。

　　美国联邦政府第一任财政部长汉密尔顿认为货币是维持国家的生命和行动并
使它能够执行其最主要职能的东西，在社会资源容许范围内，有足够的权力获得
经常而充分供应的货币是每种政体不可缺少的要素。① 中央政府获得充分供应的
货币的主要办法是征税，所以他主张赋予中央政府征税权。他说，"一个国家没
有税收是不能长期存在的。如果没有这个重要的支柱，它就一定会丧失独立性，
降低到一个省份的地位"。② 美国联邦宪法之父麦迪逊也意识到，如果一个政府
没有自己独立的收入而只能靠其他政府的捐赠来获得收入，该政府不可能正常发
挥功能。在汉密尔顿、麦迪逊等联邦党人的努力下，联邦宪法赋予中央政府征税
权、铸币权和发债权，联邦财政制度基本形成。在麦迪逊的筹划下，联邦国会于
1789年7月通过了第一个关税法案，进口关税成为联邦政府的第一项税收。1789
年9月，汉密尔顿就任联邦政府第一任财政部长，就职后他立即扩大了关税征收
范围。1790年12月，又向国会提交了"公共信用报告"，建议立法对国内产品征
收消费税(征税对象主要是奢侈品和酒类)以增加中央政府的财政收入，获得通
过。国内税因杰斐逊竞选总统时的承诺于1802年被废。联邦政府职能少、机构
小、开支不大，内战爆发前没有开征新税。1789—1860年，关税收入占联邦政府
财政收入总额的85%左右。③ 在这一时期，联邦政府的财政支出主要有内政、军

---

① ［美］汉密尔顿，杰伊，麦迪逊. 联邦党人文集［M］. 程逢如，在汉，舒逊，译. 北京：商务印书馆，1980：146.
② ［美］汉密尔顿，杰伊，麦迪逊. 联邦党人文集［M］. 程逢如，在汉，舒逊，译. 北京：商务印书馆，1980：62.
③ 刘畅. 美国财政史［M］. 北京：社会科学文献出版社，2013：50.

事、外交、抚恤金①、债务利息支出及极少的公共工程（主要是道路建设）支出，其中军事和债务支出是最主要的两项支出。内战爆发使得中央政府支出大幅度增加，国会为筹集战争经费颁布了《1862年岁入法案》。该法案不仅设计了一套可行的个人所得税体系，还确立了一个综合性消费税体系。征收个人所得税大大扩展了国会财权适用领域，使得美国税收体系突破了战前的制度框架，为联邦政府税制变迁提供了外生推动力。1866年所得税占财政收入的13%左右，基于所得税良好的财政收入能力，国会为将所得税变为永久性中央税收作了不懈努力，②1873—1893年提出了68种不同的所得税议案但均遭最高法院驳回。③ 理由是国会对股票、证券开征个人所得税没有实行按人口在各州间分摊的原则，是违宪无效的。1905年，美国通过了《股票转让税法》《抵押税法》以及最高法院支持特许营业税的决议。股票转让税为国家税，抵押税在国家和地方之间平均分配，特许经营税则根据镇、市、县和州的一般财产税率在各级政府之间分配。④ 在强大的进步主义运动推动下，国会于1909年7月提出的宪法《第十六修正案》于1913年2月得到各州批准，规定："国会有权对任何来源的收入课征所得税，无需在各州按比例进行分配，也无需考虑任何人口普查或人口统计。"⑤此后个人收入所得税逐渐成为联邦政府的主体税种。美国联邦式财政分权制度深受20世纪20年代进步人士的欢迎，对中国1923年宪法中央与地方税收划分提供了借鉴。

　　20世纪初，美国各州进行如火如荼的税收改革时，一些财政学专家学者就相关问题发表了看法，联邦、州及地方政府税收来源分离成为一种共识。时任纽约市税务局和评估局局长的Lawson Purdy（1907）认为州政府和其下级地方政府税

① 主要是对退伍军人发放的福利性补助。最初只是发放给在战争中致残的老兵，后来扩展到所有参加独立战争的贫困老兵，1818年进一步将抚恤金发放范围扩大到所有为独立战争提供过服务和财产的人员。

② 《1862年岁入法案》宣布所得税只是一项战时临时性措施，将于1866年废除，实际上于1872废除。

③ [美]罗伯特·E.霍尔，阿尔文·拉布什卡. 单一税[M]. 史耀斌，等，译. 北京：中国财政经济出版社，2003：28.

④ Frank A. Fetter. Changes in the Tax Laws of New York State in 1905[J]. The Quarterly Journal of Economics. 1905, 20(1)：151-156.

⑤ 谭君久. 当代各国政治体制——美国[M]. 兰州：兰州大学出版社，1998：354.

收来源彻底分离，并赋予地方政府选择地方税收主体和确定地方税率的权力，不仅有助于创建一个更加公平的税收制度，而且有利于促进农、工、商业的发展和增进普遍的福利，最终实现自然机会均等。他列举了适于州政府和地方政府的税收来源，遗产税、贷款抵押税、保险税、商业税、矿权税以及公共服务公司税等适宜作为州政府税收，许可证税、营业牌照税、银行及信托公司税、国家不征税的个人财产税适宜作为县市地方政府税收。① 当时美国著名财政学家 T. S. Adams (1907)更是直截了当地提出应当将州和其下地方政府税收来源的分离作为财政改革的第一步。他认为 19 世纪末 20 世纪初纽约州、新泽西州等很多州进行的税收改革实际上已经导致了州和地方政府税收的分离，这是一个大致健康合理的改革方向。这种举措对经济学家、单一纳税人和企业家来说都极具吸引力。但他同时指出，实行州和地方税收彻底分离时，应加强州政府对地方政府的财政控制权，而不是在地方政府获得独立税收后放任自流。② 乔治·华盛顿大学财政学教授 H. Parker Willis(1907)论述了联邦、州及地方政府之间的税收关系。他指出任何财政或税收问题的研究都必须考虑现实情况和法律约束，作为联邦税的关税和消费税就是宪法规定和实践经验的结果。随着联邦支出的日益增加和税收的减少，以具有广泛性的所得税或州际贸易税作为第三种联邦税收来源是可行的。州和地方政府选择的税收应尽可能减轻大部分联邦税纳税人的税收负担，所以州和地方政府的公平税收方案主要致力于联邦法案未涉及的税收来源，比如州内垄断企业，必要时也可以征收有最高限额的所得税或资产税，且州和地方政府通过选择征税对象来减轻联邦税纳税人对州和地方政府税收贡献度。③ 享有财政学大儒之称，同时也是中国近代诸多博士留学生导师的美国著名财政学大家 E. R. A. Seligaman 在多篇论著中表达了其关于中央与地方各级政府税收分配问题

---

① Lawson Purdy. Outline of a Model System of State and Local Taxation[C]. State and Local Taxation: National Conference under the Auspices of the National Tax Association, 1907, 1: 54-74.

② T. S. Adams. Separation of the Sources of State and Local Revenues as a Program of Tax Reform[C]. State and Local Taxation: National Conference under the Auspices of the National Tax Association, 1907, 1: 515-527.

③ H. Parker Willis. The Relation of Federal to the State and Local Taxation[C]. State and Local Taxation: National Conference under the Auspices of the National Tax Association, 1907, 1: 201-210.

的看法，这些观点通过留学生对中国近代分税制思想产生了重要影响。他在 *The Separation of State and Local Revenues* 一文集中探讨了州和地方收入分离的问题。他指出，由于州和地方税收不分导致了财产税体系崩溃、税收负担不均、农民税收负担过重、阻碍商业经济发展等诸多弊端，州和地方税收来源分离对当时美国公共福利至关重要。他从州和地方收入来源分离的内涵、好处、州和地方税收体系的历史沿革及州和地方税收分离可能存在的风险四个方面进行了详细分析，最后指出，"美国的税收问题一年比一年复杂。为了解决这个问题我们必须牢记最终目标并准备采取第一步措施。最终目标就是使财政办法适应变化了的经济条件，第一步措施就是将州和地方税收分离"。[1] 1909 年，Seligaman 在 *The Relations of State and Federal Finance* 一文中重点分析了州和联邦政府的税收关系。他指出随着经济的发展，联邦、州和地方三级政府之间税收关系的调整已成为美国及德国、瑞士、加拿大等众多国家面临的难题。要协调好各级政府之间的财政关系，各级政府在选择可以作为永久性的税种时必须遵循效率、适合和充分三项原则，从这三项原则分别分析适宜作为联邦税、州税和地方税的税种。最后提出，由联邦政府根据联邦法律统一征税并按一定比例分配给州政府以确保所有适应性，尤其适用于联邦政府征收的公司税和遗产税。[2] Seligaman 的中央与地方税收选择三原则及中央与地方共享税的思想，被南京国民政府时期的财政专家学者普遍接受并在他们的建言下用于那时的收支系统改革，对中国近代分税制思想发展产生了举足轻重的作用。

三、日本的分税制及分税制思想

在戊辰战争中成长起来的维新政府先后于明治二年(1869)和明治四年(1871 年)实行了"版籍奉还"和"废藩置县"，日本开始走向近代化中央集权。"版籍奉还"改革中，各藩主将各自领土及辖下臣民还给天皇，结束了藩主割据的政治局

---

[1]　E. R. A. Seligaman. The Separation of State and Local Revenues [C]. State and Local Taxation: National Conference under the Auspices of the National Tax Association, 1907, 1: 485-514.

[2]　E. R. A. Seligaman. The Relations of State and Local Finance [C]. State and Local Taxation: National Conference under the Auspices of the National Tax Association, 1909, 3: 213-226.

面，建立了以天皇为中心的统一政府，但"各藩收入基本上由各藩使用，仅将藩收入的 1/20 左右上缴中央政府"①，中央财政相当困难。为改善中央政府的财政状况，1870 年 12 月，大藏省②提出《确立统一政体的建议》，强烈要求废藩置县以将财政权收归中央。1871 年 7 月 14 日，明治政府宣布"废藩置县"③。与此同时，从美国考察财政制度归国的伊藤博文以美国财政制度为蓝本提出了包含机构设置、租税征收、钱谷出纳、核算监督、预算编制等内容的全方位财政改革方案——《改制纲领》和《大藏省事务章程》。其在《改制纲领》中提出由大藏省主管全国财政，制定由政府作为法规批准的必须遵守的统一租税章程，并以公告形式向人民明示租税乃中央政府专有，设租税寮负责征收租税以充实国家财政。④ 大藏省采纳伊藤博文的建议，对国内财政进行全面的整顿和改革，将旧有藩主手中的征税权收归中央，奠定了国家财政基础。"废藩置县"中的财政改革虽初步确立了国家财政的地位和收支，但也背上了幕藩解体带来的沉重财政负担，如藩札、藩债及禄米等问题，中央财政依旧困难重重。此外，随着幕藩解体，明治政府一直无暇顾及的地方体制和地方财政也亟待改革。面对这些新问题以及日本向何处发展、如何发展等问题，明治政府并没有明确的改革方向和目标。为了改革和健全国内体制，建设一个能够与西方列强对抗的强大国家，1871 年 11 月，日本组成了以岩仓具视为全权大使，木户孝允、大久保利通、伊藤博文等为副使的约50 名成员的大型遣外使团赴欧美先进诸国考察其制度与设施。遣外使团历时 1年 9 个月，重点考察了英美，其次是德法，再次是意俄。⑤ 岩仓、大久保一行归

① 湛贵成. 幕府末期明治初期日本财政政策研究［M］. 北京：中国社会科学出版社，2005：166.

② 1869 年，日本制定《职员令》对政府机构进行改革，实行太政官制。太政官下设民部、大藏、兵部、刑部、宫内、外务六省以及神祇、集议院等，大藏省主管金谷出纳、秩禄、造币、营缮、用度。民部管户籍、租税、驿递、矿山、救济。1869 年 8 月和 1871 年 7 月大藏、民部两省两度合并。

③ 1871 年 7 月，全国 261 个藩改为县，与此前中央直辖的府县共计 3 府 302 县，到当年 11 月整顿为 3 府 72 县，1888 年整顿为 3 府 43 县。

④ 湛贵成. 幕府末期明治初期日本财政政策研究［M］. 北京：中国社会科学出版社，2005：170-172.

⑤ ［日］升味准之辅. 日本政治史（第一册）［M］. 董果良，译. 北京：商务印书馆，1997：114-116.

国后不久即掌握了政权并进行了大刀阔斧的改革，开启了日本历史上一个崭新的时代。在财政体制方面，则是经过一系列改革，建立起了以中央政府为统筹的中央—府县—市町村三级分税制财政体制。

国家层面的财政体制改革。明治政府初期，继承了幕藩时期的税收，但征税权仍掌握在各藩主手中，中央财政依靠各藩主上缴的税收和戊辰战争中没收藩领的田赋收入，年约 890 万石，十分匮乏。"废藩置县"后中央政府获得征税权，并逐步对幕藩时期制度各异的租税制度进行改革。首先，地税改革。废藩置县后，明治政府可以向全国征收地税，但各地区征税标准、方法各异，致使租税法极为混乱，租税负担极为不公。大藏大辅井上馨指出，"租税为保护人民之要务，其应以上下均一、贫富公平为宗旨"，主张改革税制，实现税收的公平统一。明治政府从最重要的地税着手开始了税制改革。1873 年 7 月，天皇下诏颁布《地租改正法》改革地租，以期"赋无厚薄之弊，民无劳逸之偏"。在允许土地自由买卖的基础上，将地税的计税基础由土地产量改为土地价格，以土地所有者为纳税人，税率为地价的 3%，[1] 在缴纳方式上由实物改为货币。地税改革实现了全国地税负担的公平统一，也使得地税成为明治政府最重要的国家税。[2] 其次，杂税改革。地税改革使得其他杂税不合理的问题日益凸显，各地纷纷要求改革、废除杂税[3]以消除地区间赋税不均衡的弊端。在此背景下，租税头松方正义建议进行税法改革，其要点是废除封建杂税，开征工商业新税。大藏省根据松方正义的建议于 1874 年 12 月提出了税制改革方案，次年 2 月得到太政官批准。1875 年，太政官相继发布多号布告：废除了 1500 多种杂税，同时重新制定了需继续征收的租税的税则（如酒税、船税、车税等）及新增税收税则（如烟草税、北海道出港税）。1877 年设立米商会所税，1879 年开征国立银行税，1881 年新

---

① 因改革加重农民负担而遭到反抗，1876 年一度爆发了农民起义，为缓和社会矛盾，1877 年 1 月 4 日，明治政府发布减租诏书，地税税率由 3%降为 2.5%。1884 年 2 月公布新地税法，将地税税率固定为 2.5%。

② 1879—1890 年，地税约占日本国家税收总额的 80%，其后占比虽有所下降，也都在 50%以上，如 1884 年占比 64.7%，1889 年占比 59.2%。

③ 明治政府在租税制度上基本因循了幕藩旧制，各地各类琐碎零星杂税多达上千种，且各地征税标准、课税方法、税率及纳税方式不一，加上明治政府新设的印花税、官员俸禄税等税收与旧有税收之间的矛盾，杂税必须从根本上加以统一整理。

增股票交易所税。① 经过改革，19 世纪末日本逐渐建立起统一的国家税体系，其国家税主要包括：地税、关税、矿山税、烟草税、官禄税、北海道物产税、酒税、印花税、邮便税、诉讼罚纸税、执照税、船税、车税、各商会社税、铳猎税、度量衡税、卖药税、牛马买卖准照税、版权执照税、海外旅券税等二十余种。所有的国家税由大藏省及下设的各寮司负责征收、管理。

地方政府层面的财政改革。明治政府成立之初尚无暇顾及地方体制改革，于 1869 年 9 月 12 日发布了"村名主组头定使给米等姑依旧惯"的布告，暂时规定各村落维持幕藩统治时期的旧制，幕藩时代的村方三役也被原封不动地保留了下来。② 1871 年 4 月，太政官发布第 170 号布告"户籍法"，将各府县分成数区或数十区，各区设户长以掌管户籍人口。随着改革的开展，户长管辖事务范围越来越大，与保留下来的村役人冲突不断。鉴于此种情形，大藏大辅井上馨建议"废旧来之名，都改称户长副，总括诸事，方为便宜"。明治政府接受井上馨的建议，于 1872 年 4 月发布太政官布告第 117 号、1872 年 10 月发布太政官布告第 146 号，宣布废除庄屋、名主、年寄等旧幕时代的村役，区设户长、小区设副户长，总揽地方事宜，形成了日本历史上短暂过渡性地方政府体制——大区小区制。大区小区制时期的地方财政被称为民费③财政，区内所有事物费用皆由民费出，民费由各区自行征收，由府知事、县令和区户长专断。1874 年，日本兴起了自由民权运动，许多府县、区自主召开民会，地方收支由民选的地方议会批准决定。围绕地方议会的召开，自由民权派以各大报纸杂志为基地大肆宣传分权主张而反对极度的中央集权。在这种情况下，1873 年 11 月就任内务省④省卿的大久保利通开始思考进行地方体制改革。在国外考察期间，大久保利通就对英、德等国的地方自治制度极为关注。西南战争结束后，大久保利通认为地方改革的时机到来，于 1878 年 3 月向太政大臣三条实美提交了"地方体制等改正之事上书"，提

---

① 湛贵成．幕府末期明治初期日本财政政策研究［M］．北京：中国社会科学出版社，2005：225-226.

② 郭冬梅．近代日本的町村自治研究［M］．北京：社会科学文献出版社，2019：22.

③ 民费相对于官费而言，是指国库或府县税收入支出以外的地方团体的费用。

④ 内务省于 1873 年 11 月设立，主管内政事务和地方事务，大久保利通任首任内务省省卿。

出改革地方体制、地方官制、设地方议会和地方公费赋课法。① 其中公费赋课法就是对地方财政方面的改革，他指出："从前本无赋课之法，不量民力而滥起事业，随起随课，加之属于土地、人民普遍之共同费用和属于一己之私义费用混淆，又应属于官费者亦作为民费等，实乃无谓之赋课。故今年之费额超过去年，明年之费额倍增于今年，终致民力不堪。"从大久保的论述可知，明治初年实际上无所谓地方财政，地方官员执行事务所有的费用都是根据需要随时征收，全无确定之法，具有极强的主观性和随意性，导致社会矛盾丛生。民费实际上是地方共同事项支出，故而他主张改民费为地方税并立预算以定课税额度，府县、郡、町村各级政府的地方税的征课及地方费的支出皆由各级议会决定并向各自上级政府报告。大久保提出改革方案 2 个月后便遇刺身亡。为实现其遗志，1878 年 7 月，明治政府以太政官名义发布了由内务省松田道之起草、工部卿井上馨②修改的《郡区町村编制法》(太政官布告 17 号)、《府县会规则》(太政官布告 18 号)、《地方税规则》(太政官布告 19 号)，史称"三新法"。《郡区町村编制法》主要是关于行政区划整顿，废除了大区小区制，确立了日本"府县—郡—(区)町村"三级地方政府体制；《府县会规则》正式承认府县设立府县会，并规定"府县会议定以地方税支付的经费的预算及其征收方法"；《地方税规则》对地方各级政府的财政制度作了初步规定，首先，"改从前以府县税及民费之名征收的府县费区费为地方税"，其次，"各町村及区内入费任由其区内町村人民协议，不在地方税的支付之限"。③《地方税规则》实际上把原来的民费分为府县税和区町村协议费，也就是地方税只涉及府县一级政府，府县以下郡和町村地方事业费仍旧由地方会议根据需要协议征收。府县税包括土地附加税(不超过正额五分之一)、营业税、杂税、渔业税、家屋税等，府县税由府县征收以供地方支用。府县支出主要包括：警察费、道路桥梁等公共工程费、府县会议费、流行病预防费、府县所立学校费及小学补助费、郡区办公费及吏员薪俸、病灾救济费、劝业费、辖区内布告费、

① 郭冬梅. 近代日本的町村自治研究[M]. 北京：社会科学文献出版社，2019：31.

② 大久保利通遇刺时，井上馨正在国外出游考察，被立即召回就任参议兼工部卿。原工部卿伊藤博文则接大久保利通的内务卿一职。

③ 郭冬梅. 近代日本的町村自治研究[M]. 北京：社会科学文献出版社，2019：35-36.

户长及以下政府职员职务费。① "三新法"对地方行政区划和地方财政体系进行了较为明确的界定，同时从府县优先原则整理了原来地方混乱的民费，初步建立起府县地方税体系，而对于府县以下的区町村的财政并没有明确规定。为进一步规范地方财政，1880年4月，明治政府发布太政官18号布告《区町村会法》，规定"区町村会议定其区町村内的公共事件及其经费的支出征收方法"，町村所有公共事业均由町村费开支。町村公共事业包括：町村请愿、神佛祭典、小学设置、劝业、税吏、卫生及府县委任事项。

明治十四年政变（1881年10月）后，松方正义就任大藏卿执掌财政，他针对当时日本出现的通货膨胀采取了紧缩的财政政策，不仅国家对地方的补助逐年减少，还把一些原属政府事务和开支转嫁给地方。为保证委任事务经费和地方必要事务经费，1884年5月7日明治政府发布太政官布告15号，赋予町村部分协议费以租税强制力。同日，内务省训示还规定了区町村的支出费目和征收科目。征收科目包括地价割、营业割、户数割等，支出费目包括：户长役所费、会议费、土木费、教育费、卫生费、救助费、灾害预防及警备费。② 这一次改革由于将诸多政府事务委任给地方，出于保证国家委任事务和地方固有事务的正常进行的目的，将町村协议费进一步分化为强制性的町村税和协议性的町村费，使区町村财政有了公共财政的性质。

1886年，被聘为日本内阁和内务省法律顾问的德国法学家阿尔伯特·莫塞③到达日本，莫塞的到来拉开了日本地方自治制度的帷幕。莫塞对日本地方进行了一番考察后，于1887年7月提出了《自治部落制草案》，经日本地方制度编纂委员会④审议修改，最终形成了《市制町村制草案》。后又经过内阁、法制局多次修

---

① 黄遵宪. 日本国志[M]. 长沙：岳麓书社，2016：600.

② 郭冬梅. 近代日本的町村自治研究[M]. 北京：社会科学文献出版社，2019：45-50.

③ 莫塞是欧洲著名法学家格耐斯特的高徒，1879年开始担任日本驻德使馆顾问，1882年开始作为格耐斯特的"代理人"相继为来访的日本政治家伊藤博文等讲授法学，对日本宪政改革和地方自治改革产生了深远影响。

④ 地方制度编纂委员会是内务卿山县有朋根据莫塞提议而设立的一个专门负责地方自治制度设计的委员会，成员包括山县有朋、莫塞、青木周藏（留学德国多年，对德国地方自治制度颇有研究）、芳川显正、野村靖、大森钟一（1886年受内务省派遣赴欧洲考察各国自治制度）、白根专一、荒川邦藏。

改和元老院审议，最终形成了《市制町村制法案》，于 1888 年 4 月 25 日公布。该法案规定："町村有负担其必要的支出及依从前的法律命令或今后的法律敕令属于町村的支出的义务"，为支付这些费用可以使用町村基本财产产生的收入及使用费、手续费、罚款等，仍旧不足的情况下可以征收町村税。町村税一是国税和府县税的附加税，二是对町村居民直接征收的税收。1890 年，在国会召开之前制定了《府县制郡制》。经过 19 世纪最后 20 年的一系列改革，日本建立起府县—郡—市町村三级地方财政体系。

第二节　西方早期分税制思想的东渐路径

西方早期分税制度与理论是随着西方财政学传入中国的。其范围的狭窄性和内容的专业性使得其传入中国的路径相对单一，主要是通过出国考察学习人员和留学生的著述传入中国，此外一些报刊和非留学生群体在译介西学时也涉及西方分税制思想与制度经验的介绍。

一、出国考察与考察报告

西方分税制思想最初是通过清末宪政考察大臣出国考察所编纂的考察报告为国人所了解。1905 年，清政府为预备立宪派员出国考察，史称"五大臣出洋"。五大臣出洋考察归来后，端方、戴鸿慈合辑的《欧美政治要义》《列国政要》《列国政要续编》对所考察诸国政治、经济制度做了较为详细的介绍。其中，《列国政要》一书在财政卷（29 卷），对德国、意大利和美国分税制度作了比较详细的介绍。戴鸿慈撰写的《出使九国日记》、载泽撰写的《考察政治日记》，以游记形式记录了所考察各国的政治、经济和社会概况。载泽在《考察政治日记》中对英国的地方自治制度以及分税制度大为推崇。他说：英国的特色"实在地方自治之完密……凡地邑、居民、沟渠、道路、劝工、兴学、救灾、恤贫诸事，则其兴办，委曲详尽，纤悉靡遗。以地方之人，行地方之事，故条规严密，而民不嫌苛。以地方之财，供地方之用，故征敛繁多，而民不生怨"①。这次出国考察和考察人

---

① 载泽．考察政治日记［M］．长沙：岳麓书社，1986：630.

员编写的一系列著述使得西方中央地方税收划然分离的制度直观、明了地闯入近代国人的视野，成为催生清末划分国家税地方税改革的重要外部思想推力。

1908 年，划分国家税地方税列为清政府宪政改革的重要内容之一。而中国自秦汉以来就形成了大一统的中央集权传统，所有财权税收皆为中央掌控，地方官员和府库都只是中央的附庸，按照中央的指令行事，并没有自主支配财政收入的权力。一些地方督抚为了更好地了解西方分税制度而用于本国本地财政分权改革，亦派出人员赴国外考察。目前收集到的地方官员考察西方税制度的报告性著作有：黑龙江公署秘书员何煜于 1910 年撰写的《日本财务行政述要》[①] 和 1910 年春赴日本专门考察财政制度的林志道撰写的《日本财政考略》。《日本财务行政述要》全书分《预算篇》《租税篇》和《公债篇》，其中《租税篇》共八章：第一章为《总说》，开篇便言"日本租税分为国家税地方税两大部分，国家税统归国家金库收入，以充国家行政各费。地方税统归各府县金库及市町村收入役分别收储，以充地方官治及自治行政"；第二章至第四章介绍了日本国税的确定、征收及报告检查制度；第五章至第八章介绍了日本地方税的确定、征收、报告检查制度及地方税官吏对纳税人之厚待。[②]《日本财政考略》共十四卷，内容包括日本财政历史沿革、财政机关、租税、地方财政等。其中卷七分国家税和地方税对日本的租税制度及相关税收条例、规章进行了非常详细的介绍，卷十四对日本府县、郡及市町村三级财政制度作了细致介绍。[③] 上述两本书都是从制度介绍层面介绍日本分税制，鲜少涉及财政学理。

二、出国留学与思想转述

1875 年，中国开始向欧美派遣留学生，但人数很少且主要学习方向为科技。20 世纪初，中国开始出现留学潮，越来越多的知识分子或通过官派出国留学，或自费

---

① 1910 年，黑龙江巡抚周树模派何煜赴日本考察财政、拓殖、实业，他在日本考察历时七个多月，其间考察财务约四个多月，该书是他回国后根据日本官署执务人员讲解及参考日本财务法规内规等典章编写而成，重财务行政实践而轻财政学理，在内容上以亟待筹办或变革的租税、国库及公债制度为主。该书对清末黑龙江财政改革和《黑龙江财政说明书》的编制具有重要影响。

② 何煜.《日本财务行政述要》，宣统三年铅印本。

③ 林志道.《日本财政考略》，宣统二年铅印本。

出国留学和游学。近代中国留学生在留学地域上具有较为鲜明的特征：清末民初，基于路近、费省、文同等原因，留学日本成为首选，且人数逐年攀升。1900 年，留日学生仅 159 人，1905 年增至 8000 余人，1906—1921 年总计 55218 人。① 民国以后，中国留学生的主要目的地开始逐渐由日本向转向欧美，特别是经济学高端留学生开始向欧美集中。② 近代财政学并未成为独立的学科，多置于法政科或经济学门下。这些留学海外学习法政商科或经济学的留学生通过编译或自撰财政学著作，将西方分税制及其思想引入中国，成为西方分税制及思想传入中国的桥梁。

1. 留日学生对西方早期分税制度与思想的引进

清末民初虽然留学日本并学习法政和经济学的人很多，但学术水平很低，大多是在速成学校学习，升入高等以上学校的不多。③ 但大量的留学生通过在日本的速成培训还是掌握了基本的财政知识并了解了日本的财政制度，同时由于知识的局限性和理论深度的缺乏，早期留日学生主要是根据其在日本学习期间授课老师的授课笔记编译财政学著作或是直接翻译西学书籍，并通过这些编译著作将西方的财政学理和制度经验介绍到中国。其中的一些代表性著述如表 1-1 所示。

表 1-1　　留日学生著有介绍西方分税制度与思想理论的代表性成果一览表

作者	成果名称	出版时间	说　明
钱恂	《财政四纲》	1901 年	主要介绍日本国家税地方税税收分配制度
金邦平	《欧洲财政史》	1902 年	比较零散地提及德国各邦的财政收入情况
胡子清	《财政学》	1905 年	该书第五编专论地方财政，介绍日本国地财政划分，同时阐述了建设地方财政的必要性和建议
叶开琼	《财政学》	1906 年	该书介绍了日本府县郡和市町村两级地方政府租税
黄可权	《财政学》	1907 年	该书主要论述国家财政并指出地方自治财政的重要性

① 孙大权. 中国经济学社的成长——中国经济学社的研究 [M]. 上海：上海三联书店，2006：2-3.

② 邹进文. 近代中国经济学的发展：以留学生博士论文为中心的考察 [M]. 北京：中国人民大学出版社，2016：61.

③ 邹进文. 近代中国经济学的发展：以留学生博士论文为中心的考察 [M]. 北京：中国人民大学出版社，2016：44.

日本留学生中在财政学方面取得较高成就并在民国时期影响力较大的当属贾士毅、陈启修和童蒙正。

贾士毅（1887—1965），1908 年赴日本留学，初入东京法政大学政治科，后转入明治大学法政科，获政治学学士，1911 年毕业回国。1912 年进入政府部门任职，先后担任北洋政府财政部参事、会计司司长、库藏司司长。1932 年以后任财政部常务次长、湖北省财政厅厅长、江苏省财政厅厅长等职。长期主持、从事财政工作，多次向中央提出国地财政划分意见，对民国时期中央地方财政制度改革产生了重要影响。其最具代表性的著作是《民国财政史》和《民国续财政史》，两部著作分阶段从制度沿革、机构调整、中央地方收支划分、清理财政政策、公债等多个维度对中国近代财政发展做了非常详尽的论述和分析。早在 1912 年他就写了《划分国家税地方税私议》一文，该文中他对划分国家税地方税的先决问题（包括先定国家与地方之界说、地方团体之级数、国家行政地方行政之范围、国家费地方费之费目），国家费地方费的划分，以及哪些税收应当划归中央、哪些税收应当划归地方提出了非常具体的意见。但他并不是单纯就中国问题而论中国中央地方收支划分，而是在介绍并借鉴欧美国家中央地方收支情况基础上提出中国财政制度改革的解决方案。该文中他介绍了英国、法国、德国、日本等国国家费与地方费年度总额和比例，论述了法国、德国、日本等国中央地方税收划分情况，据此提出适合中国国情的国地收支划分主张。

陈启修（1886—1960），1908 年赴日本留学，1917 年毕业于日本东京帝国大学，同年归国后执教于北京大学，主要讲授财政学。1924 年，他根据在北京大学授课的讲义编撰完成的《财政学总论》出版，该书不仅从学理上论述了国家财政与地方财政的关系，而且通过大量数据分析了英、法、德、日等西方诸国的国地支出和国地收入结构，并与中国地方收支进行了比较研究，直观而又明了地指出了划分国地财政的必要性和必然趋势。从 1924 年该书首次出版到 1934 年十年间，该书至少出版了 7 次，[①] 足见其影响之深广。1941 年，民国著名经济学家朱通九先生对该书做了如是总结："设以国人所编财政学出版日期之先后而论，则

---

① 王国清，彭海斌，胡黎. 中国首部《财政学》理论框架解析——兼论陈豹隐先生的财政贡献[J]. 财经科学，2018（2）：125-132.

以陈启修氏所著之《财政学总论》为最早，而读其书者之人数亦最多。"①陈启修不仅通过高校授课详细介绍了西方国家国地财政划分的基本制度，而且通过《财政学总论》一书的出版广泛普及了西方分税制思想与实践。

童蒙正(1903—1989)，1923 年毕业于北京中国大学商科，1926 年赴日本明治大学留学，专攻财政金融，1929 年回国后主要从事财政工作，撰写了大量财政金融方面的论文和著作。1926 年，童蒙正撰写《中国国家税地方税划分之施行问题》，对北洋政府时期中央地方财政制度变革进行了梳理和分析。1928 年，童蒙正翻译的日本近代财政学者北崎进的《日本大正时代财政小史》在《银行周报》第 12 卷第 11—16 期连载。该连载译著对日本大正时代(1912—1926 年)的财政情况及整理计划进行了细致的介绍与分析，其中包括日本中央政府与地方政府政费负担及中央与地方税收整理。1931 年，他根据日本财政学家泷本美夫的《瓦格涅的财政学》及松下芳男的《瓦格涅的社会政策论》两书编译而成的《瓦格涅财政学提要》一书由上海黎明书局出版，该书对近代德国著名财政学家瓦格纳所著《财政学》的基本内容进行了叙述和分析。该书分上下两篇，上篇主要论述资本主义国有化问题，即国家经营土地、森林、矿产、工商企业、银行业等营业所得，这是国家非税收入的重要组成部分；下篇主要论述瓦格纳租税政策，包括租税意义、租税原则、租税体系等，其通过租税政策调整所得和分配以缩小社会差距、按经济能力实行累进税制等财政社会政策对中国近代财政学人产生了巨大影响。其关于租税的原则，如伸缩性原则、便利原则、能力原则等常被国人延伸为国家税地方税划分标准。

2. 留美学生对西方早期分税制度与思想的引进

1872 年，在中国最早留美大学毕业生容闳的推动下，清政府开始向美国派遣官费留学生，但因保守派的阻挠，未到学业完成便全部召回。1909 年，中美达成利用"庚子赔款"向美国派遣留学生的协议，在此政策影响下，中国开始出现大批官费和自费留美学生。民国以后，留美学生以及学习经济学专业并获得硕士、博士学位的人越来越多，而且相当一部分学习研究财政问题。如陈锦涛(1906 年获耶鲁大学经济学博士学位)、魏文彬(1914 年在美国著名财政学家塞

①　朱通九. 近代我国经济学进展之趋势[J]. 财政评论，1941，5(3)：117-126.

利格曼指导下完成博士学位论文，获哥伦比亚大学经济学博士学位）、马寅初（师从塞利格曼，1914 年获哥伦比亚大学经济学博士学位）、朱进（1916 年获哥伦比亚大学经济学博士学位）、卫挺生（1918 年获哈佛大学银行财政专业硕士学位）、李权时（1922 年获哥伦比亚大学经济学博士学位）、何廉（1926 年获耶鲁大学经济学博士学位）、寿景伟（1926 年获哥伦比亚大学经济学博士学位）、杨汝梅（1926 年获密歇根大学经济学博士学位）、黄宪儒（1928 年获哥伦比亚大学经济学博士学位）、田炯锦（1930 年获伊利诺伊大学经济学博士学位）、周有壁（1942 年获芝加哥大学经济学博士学位），等等。他们对西方财政学在近代中国的传播以及中国近代财政学的发展都作出了重要贡献。其中李权时、马寅初、何廉等对中国近代财政学发展发挥重要作用的学人亦较为关注并引进了西方分税制度和思想理论。

李权时（1895—1982），1918 年从清华毕业后赴美国留学，1922 年获哥伦比亚大学博士学位。同年回国后在上海大夏大学、复旦大学、商科大学等多所高校任教，并长期担任《经济学季刊》《银行周报》等民国时期极具影响力的经济学期刊的主编。李权时是民国时期最多产的经济学家，先后发表了 110 多篇学术论文，撰写经济学类著作 37 本。在经济学诸多领域中，其研究专长是财政学，重点关注中央地方财政关系问题，在哥伦比亚大学师从美国财政学泰斗塞利格曼，并在其指导下完成博士学位论文《中国中央和地方财政：中央、省、地方政府财政关系研究》。该论文的一部分被翻译成中文，1923 年以《划分中央与地方财政问题》为题在《东方杂志》上发表，该文在梳理中国清末民初财政状况及国地财政划分经过后，对法国、德国、英国、美国等国家的分税制度做了比较详细的介绍和分析。同年《东方杂志》刊载了其撰写的《德国税制》，论述了德国的租税制度及税收在联邦政府和州政府间的分配。1930 年，其编写的《国地财政划分问题》作为经济学社丛书出版，该书第四章《列强的国地财政之划分》，再次详细介绍了法国、德国、美国、英国等国的分税制度。

马寅初（1882—1982），1906 年赴美国留学，1914 年获哥伦比亚大学博士学位，毕业后即回国。先后在北京大学、中央大学、交通大学等多所高校任教，除撰写学术论文和著作外，还积极开展经济学学术演讲活动，被誉为民国四大经济学家之一。1923 年，其在北京市民会所作的演讲以《地方财政》为题在《新闻报》和《浙江公立法政专门学校季刊》同时发表，该文主要介绍美国纽约市的财政制度，包括预决算制度、税收体系以及税收征管制度、公债制度等，属于一篇详细介绍美国地方财政制度的文章，对后来中国地方财政制度的建设具有一定借鉴意义。

何廉（1895—1975），清华津贴生，1926 年获耶鲁大学经济学博士学位，同年回国后任教南开大学，并创办南开大学经济学院，与马寅初同为民国四大经济学家。其与李锐合著的《财政学》一书 1934 年由国立编译馆出版，该书在正式出版前已作为授课讲义使用三年，其后又作为财政学教科书多次重印，是一部很有分量和影响力的财政学著作。虽然作者致力于财政学的"中国化"，但书中财政学原理基本取自于当时西方主流理论，大量事例和数据也都是以西方国家为例证。如第一编第五章《中央支出与地方支出之划分》，第一节中的中央地方支出划分原则采用英国财政学家 Bastable 所提出的三条分配原则，第二节则论述了法国、美国、英国等国的中央地方职务与支出划分制度与具体分配。第三编《租税》各章亦均是以西学原理和西方国家数据、事实为例证来说明，分析了西方各国具体财政收入年度岁入及其归属。可以说该书对西方近代主要财政学理论及主要国家的各项财政制度和实践做了较为详细的介绍。

3. 留欧学生对西方早期分税制度与思想的引进

留欧学生也有相当一部分专攻经济学或财政学。其中对中国近代分税制改革发挥过重要作用，并在引进西方分税制度和理论方面具有一定贡献的是尹文敬、刘秉麟和朱偰。

尹文敬（1902—?），1924 年北京法政大学经济系毕业，后赴法国留学，1929 年获法国巴黎大学法学博士学位，归国后进入政府部门从事财政工作，在四川大学任教。尹文敬是民国时期众多财政学者中尤为关注中央地方财政关系的一位，其撰写的多篇学术论文多与调整中央地方财政关系相关，如《我国财政困难之原因及其整理方法》（1924 年《东方杂志》）、《税制整理计划》（1925 年《学林》）、《如何调整国地财政》（1939 年《财政评论》）、《改良省制与调整地方财政》（1939 年《西北联大校刊》），这些文章虽是就中国国地财政划分问题提出改革意见，但其思想却源于西方，并且常征引西方国家分税制度实践为论据支撑其观点。1935 年和 1936 年其撰写的《财政学》和《非常时财政论》先后出版，其中对西方国家的分税制度亦有相当介绍。

刘秉麟(1891—1956)，英国伦敦大学政治学院研究生，德国柏林大学研究员班毕业。其翻译了美国近代著名财政学家亚当士的《财政学大纲》，1921年由上海商务印书馆出版，1933—1946年间，该书由商务印书馆再版6次，对民国时期财政学的发展具有重要影响。民国时期很多论述中央地方财政关系的论文都有引用亚当士所著该书的观点或将其列为参考书目。

朱偰(1907—1968)，北京大学毕业，1929年赴德国柏林大学留学，获哲学博士学位。回国后任教于南京中央大学，1940年起先后任国民政府财政部秘书、专卖司司长、关务署副署长等职。1930年，尚在德国留学期间撰写了《德国租税制度》，该文在《东方杂志》发表，对德国的租税原则、租税体系、联邦政府与各邦政府税收分配及税入概况做了介绍和分析，将德国分税制理论与实践引入国内。

三、报刊与西学译介

在留学生这一西学东渐重要传播主体外，近代一些报刊亦致力于译介西学，以为解决中国问题提供参考。清末民初，一些报刊对译介西方分税制发挥了重要作用。

1903年，《政艺通报》开设《政治图表·万国财政》专栏，专门介绍法国、英国、德国等欧洲诸国财政制度及财政收支情况。其第2卷第2期至第12期，主要介绍英国的财政制度与收支情况，包括中央地方公债、租税、年度岁入岁出、地方税收种类及税额等。1907年，《北洋政法学报》第22—30期连载王琴堂所编译的《地方财政学要义》，其在第1期"绪论"中即指出当有区分国家财政与地方财政之必要。第二编第一章介绍了日本府县、郡、市、町村等各级地方政府的政费支出项目及额度，第二章分析了英国、法国、德国、日本等国的国家经费与地方经费的年度总额与比例，第五章介绍了日本各级地方政府的税收种类、岁入总额及征收办法等，第六章介绍了英国、法国、德国等国的地方税收体系及征管、支用办法。

《湖北地方自治研究会杂志》开设"译述"专栏，主要翻译介绍西方与地方自治相关的制度与理论。宋仲佳译述的《地方财政上下篇》于1909—1910年在该期刊连载，1909 年第 6 期介绍了日本地方财政制度以及地方自治团体的课税权，1910 年第 8 期以法国、英国、日本等国地方公债制度及地方债券发行、偿还为例分析了地方政府发行债券的原则、偿还办法以及中央监督地方债券的必要性和监督方法。1912 年，《经济杂志》开设"万国财政观"专栏介绍西方国家财政制度与发展近情。其第 3—4 期连载介绍了日本明治四十五年至五十一年中央与地方财政整理情况，包括租税整理及整理后的增收效果。民国著名政论家章士钊先生主编的《独立周报》1913 年第 2 卷开设"译论"专栏，专门译介西学，署名逐微的作者译自日本《地球杂志》的德意志联邦财政制度和德意志地方财政制度在该刊第 1—11 期连载，对德国的财政制度、政府级次以及中央与地方各级政府的租税体系和税收多寡进行了较为细致的介绍和分析。1913 年《法政杂志》第三卷第 4—6 期连载了姚成瀚翻译的日本财政学家小林丑三郎所著《财政整理论》节选篇：英国现行租税制度、法国现行租税制度、德国现行租税制度，这三篇节译文章对英、法、德三国的租税体系、税收在中央与地方政府间的分配以及年税收总额做了较为详细的介绍。

四、其他重要译著

1903 年，上海商务印书馆出版了署名友古斋主翻译的日本学者石冢刚毅所著的《地方自治财政论》，该书论地方自治当以财政为基础，详征日、欧美诸国地方财政收支及征管制度以论证。全书分五章，其中第二章《岁出论》，介绍了日本以及欧美诸国的地方自治经费岁出状况、增加原因等；第三章《岁入论》主要论述西方各国地方自治团体的收入，包括国家税地方税的种类、区别、沿革及岁入状况等。该两章对近代西方主要国家的地方财政制度和地方税收做了较为详细的介绍。

1919 年，上海崇文书局出版了姚大中翻译的日本财政学家小林丑三郎所著的《地方财政学》，该书一共两卷，上卷论述英、法、德、日等国的地方财政制度、预算与收支结构，下卷论述英、法、德、日等国的地方税制及地方财政实务。

20 世纪 30—40 年代，对中国财政学界关于中央地方税收划分影响较大的几本西方财政学著作是美国财政学家赛利格曼的《租税转嫁与归宿》《累进课税论》《租税各论》和印籍财政学家薛贡时的《财政学新论》，其中《租税转嫁与归宿》和

《财政学新论》由许炳汉翻译，前书于 1933 年由商务印书馆初版，并于 1935 年再版；后书于 1934 年由商务印书馆初版，前后再版三次，书中着重介绍东亚各国尤其是印度财政制度及财政状况。《累进课税论》由岑德彰翻译，于 1934 年由商务印书馆初版，1935 年再版。《租税各论》由胡泽译，1934 年由商务印书馆初版，1940 年再版，该书论述了英美德等十余个国家的租税制度。塞利格曼提出的效率、适合、相当三原则以及薛贲时书中提出的充足、适合、管理、有效四原则成为 1930—1940 年代财政学界公认的国家税地方税划分标准。

第二章　晚清分税制思想（1894—1911年）

第一节　晚清分税制思想形成背景及基本情况

一、晚清分税制思想形成背景

（一）清末宪政改革的诉求与推动

庚子之役后，清政府沦为帝国主义统治中国的工具，民族危机日益加深。资产阶级革命派先后发动多次武装起义，试图推翻封建专制统治，政治危机日益严重。与此同时，资产阶级立宪派和统治阶级内部的开明人士纷纷举起立宪大旗，敦促清政府实施宪政改革，形成一股强大的立宪思潮。在民族危机和政治危机的双重压力下，在体制内和体制外两种力量共同作用下，清政府再也不能抱着专制政体不放了。① 日俄战争中，日本以小克大战胜俄国促使清廷决心预备立宪。因为日俄战争中日本的胜利，被国人一致认为是立宪政体对专制政体的胜利。在此契机下，立宪派积极奔走，民众呼声不断，统治阶级一些官员也意识到实行宪政的必要和好处。于是，清廷派五大臣率团出洋考察，以备立宪。光绪三十二年六月，考察团回北京后即得慈禧太后和光绪帝召见，垂问立宪之事。② 考察大臣载

---

① 柴松霞. 出洋考察与清末立宪[M]. 北京：法律出版社，2011：35.
② 考察团回国后，除李盛铎留驻比利时外，载泽、端方、戴鸿慈和尚其亨先后被清廷召见七次。其中载泽被召见两次、端方奉旨觐见三次，戴鸿慈和尚其亨各被召见一次。

泽、端方、戴鸿慈先后多次上折奏请立宪。七月十三，清廷发布预备立宪的上谕。[①] 以君主立宪为基调、开设议会为核心、地方自治为基础、改革官制为切入点、修订律法为保障的宪政改革在举国上下的关注中展开。宪政是近代民主政治的产物，其核心理念是以法律限制政府权力进而实现保护人权的终极目标。[②] 法律限制政府权力的要义是按照权力之间相互分工、相互监督的宪法原则来规范的配置横向和纵向的政府权力。[③] 横向的权力配置是指将最高国家权力在立法、司法和行政三大部门之间相互分立并使之相互制约，纵向的权力配置将国家权力在中央政府与地方政府之间进行合理的分配。[④] 纵向权力配置的核心在行政权力的配置，清末中央与地方行政权力的纵向配置主要通过官制改革和地方自治来实现。

光绪三十二年七月十三(1906年9月1日)，清廷在宣布预备立宪的上谕中提出仿行宪政当从改定官制入手，官制改革遂提上日程。两个月后(光绪三十二年九月十六)，庆亲王奕劻领衔、文渊阁大学士孙家鼐、军机大臣瞿鸿禨联衔上《厘定中央各衙门官制缮单进程折》，确定了中央官制改革三权分立、权责分明、分职任事的基本原则和设立十一部的基本框架，四日后清廷颁布批准实行的谕旨。同日，还发出著奕劻等编订直省官制上谕。清末，自上而下、由内而外的官制改革就此拉开序幕。相较于内官制改革而言，外官制改革要复杂得多。因为外官制的变动牵涉中央与督抚的关系及督抚权限甚至督抚身份地位的调整改变，这也是外官制改革的焦点和外官制迟迟难以确定的缘由。虽然外官制改革的具体方案多有争论，但划分中央与地方行政权限的基调却贯穿始终。如光绪三十二年七月初六(1906年8月25日)，戴鸿慈、端方在《奏请改定全国官制以为预备立宪

　　① 故宫博物院明清档案部. 清末筹备立宪档案史料(上册)[M]. 上海：上海人民出版社，1979：43-44.

　　② 柴松霞. 出洋考察与清末立宪[M]. 北京：法律出版社，2011：3.

　　③ 朱丘祥认为，近代资产阶级革命胜利后，出于保障人权的需要，权力之间的相互分工和相互监督成为配置政府权力的一条根本的宪法原则，为世界各国所普遍遵循和实践。

　　④ 朱丘祥. 分税与宪政——中央与地方财政分权的价值与逻辑[M]. 北京：知识产权出版社，2008：44.

折》中即提出"宜定中央与地方之权限，使一国机关运动灵通也"。① 光绪三十二年七月二十八（1906 年 9 月 16 日）出使德国大臣杨晟在《条陈官制改革大纲》中提出国家行政分中央行政与地方行政，在中央由各部分事而治，在地方则由各省分地而治并于省以下设立府、县两级独立行政机关。② 宣统元年五月初七（1909 年 6 月），考察宪政大臣李家驹在《奏考察日本官制情形并请速厘定内外官制折》中明确指出：中央与地方关系的一大要端为帝国行政与各省行政之关系，即当就"何种事务应归中央政府执行，何种应归地方执行，区而别之"，并就军事、外交、财政、民政、司法、教育、警察、卫生、实业、善举等各部各类事务当分属哪一级政府作了分析。事务的分配决定着中央与地方各级政府的责任，继而决定了中央与地方政府的权限。③ 宣统二年十一月十七日（1910 年 12 月 18 日），直隶总督陈夔龙奏请将国家行政与地方行政速为划分以纠督抚自为风气或与内阁政策互相歧出之弊。④ 宣统二年十二月初八（1911 年 1 月 8 日），经各省督抚往来函商、李经羲主稿、15 位将军督抚联衔、锡良译发的代表绝大部分疆臣关于官制改革意见的奏电中提出，中国官制"宜内外统筹分为三级：第一等级为内阁与各部，其权责在计划国务，统一政纲；第二等级为督抚，其权责在秉承内阁计划，主决本省行政事务；第三等级为府厅、州、县，各治一邑，不相统辖，其权责在秉承督抚命令，整理本属行政"⑤。在宪政改革的主旋律下，以划分中央与地方行政权力为基调的外官制改革必然要求开展划分中央与地方税收的财政改革。

关于地方自治，自上谕宣布预备立宪以来，朝野上下已就推行地方自治达成共识，认为地方自治是实行宪政、改良政体的基础，纷纷奏请颁行地方自治制度

---

① 故宫博物院明清档案部．清末筹备立宪档案史料（上）[M]．北京：中华书局，1979：369.

② 故宫博物院明清档案部．清末筹备立宪档案史料（上）[M]．北京：中华书局，1979：396-401.

③ 故宫博物院明清档案部．清末筹备立宪档案史料（下）[M]．北京：中华书局，1979：529-533.

④ 故宫博物院明清档案部．清末筹备立宪档案史料（下）[M]．北京：中华书局，1979：545-546.

⑤ 中国社会科学院近代史研究所近代史资料编辑组．近代史资料（总 59 号）[M]．北京：中国社会科学出版社，1985：75-79.

以推行地方自治。1906 年夏，上谕令直隶、奉天先行试办地方自治。1908 年，宪政编查馆将筹办地方自治作为预备立宪重要事项列入《逐年筹备事宜清单》。嗣后，清政府相继颁布了《各省谘议局章程》《城镇乡地方自治章程》和《府厅州县地方自治章程》，各级政府地方自治渐次展开。清政府宪政改革中地方自治的意旨为自治行政，与官治行政相对，二者是由于区别国家行政事务上的分配而起，皆统一于国家行政权之下。① 其要义是经国家授权认可的地方自治团体为增进地方公共利益自设机关在法令范围内得独立行之。具体办法是于各省设谘议局、府厅州县设议事会和参议会、城镇乡设议事会和董事会，并通过民主选举选出上述机构的议员和董事，分别议决各级自治团体应行之事。地方自治章程中明确、详细规定了各级自治团体权限、职任以及可由各级自治团体议办的事务。② 而自治团体在法律框架下和特定空间内举办自治事宜必须得有自治经费，根据各级自治章程规定，各地自治经费主要来源有二：一是地方公款公产，二是地方税收。地方税的征收管理使用在不违背国家法律和不抵牾国家税的情况下，均由各地方自治团体自行决定。疾风骤雨般的地方自治运动和自治制度的确立为划分中央财政与地方财政提供了重要契机。

　　财政体制是政治体制的重要组成部分，必须与一国的政体形态相匹配。③ 清

---

　　① 骆鸿年．城镇乡地方自治章程讲义[J]．广东地方自治研究录，1909(14)：45-64.

　　② 《城镇乡地方自治章程》列举了城镇乡自治事宜，并规定城镇乡自治经费主要来源为地方公益捐(特捐和附捐)和城镇乡公款公产，由城镇乡议事会拟具章程并议决管理方法，由董事会管理。《府厅州县地方自治章程》规定列举了府厅州县自治事宜，同时规定府厅州县自治经费的岁入岁出预算、决算及自治经费的筹集、处理均有议事会议决，自治经费的收支账目由参事会于会员中选举委员负责检查。自治经费来源包括：府厅州县公款公产、府厅州县地方税、公费及临时募集公债。《省谘议局章程》规定谘议局应办事项包括：议决本省应兴应革、岁出入预算和决算、税法、公债、担任义务之增加、权利存废、单行章程规则增删修改等事件，选举议员，申覆资政院、督抚咨询事件，公断和解本省自治会争议事件，收受本省自治会或人民陈请建议事件。

　　③ 邹进文教授认为政治体制与财政体制密切相关，而中央与地方分权所导致的中央与地方税收分享体制本身就是政治体制改革的内容(参见邹进文《民国财政思想史研究》(2008)第23-24 页)。王文素、梁长来认为财政体制是政治体制的一项重要内容，并通过对先秦时期政体形态变化和财政体制变迁的研究指出：财政体制必须与政体形态相匹配，政体形态的变化和财政体制的变迁存在直接的对应关系，财政体制改革必须与政治体制改革同步进行，并且财政体制改革需要政治体制改革为其提供制度保障(参见王文素，梁长来．我国先秦政体形态变化与分权财政体制变迁[J]．经济研究参考，2014(40)：45-51)。

末，中央集权的专制政体向中央地方分权的民主政体的转变，必然要改革建立在中央集权专制体制下的封建性集权财政体制，实行划分中央与地方财权的分税制财政体制。立宪语境下以官制改革为切入点和地方自治为基础的政治改革为推动财政体制的改革创造了良好的政治条件，为推进财政观念的嬗变营造了良好的氛围。

(二)财政困境的出现和应对

咸丰军兴以后，清政府出现了严重的财政困境，主要表现在两个方面：一是支出结构变化和支出规模急剧膨胀所导致的财用窘乏。二是咸同之际的数大变局造成的财权下移，① 中央政府对财政失去有效控制、地方财政各自为政进而导致的财权分散和财政混乱。入不敷出的财政赤字和财权下移所致的财政紊乱状况随着甲午战败和庚子之变所产生的巨额战费支出和战争赔款以及清末新政的推行而日趋严重。

镇压太平天国起义所需军费最初由户部筹饷调拨，但随着战区扩大、战费增加和税收减少，户部出款日增、进款日少：咸丰二年，户部银库收入 836.1 万两，支出却达 1026.8 万两；咸丰三年，户部收入仅为 444.3 万两，支出却达 847 万两。咸丰三年六月，户部库银仅存 22.7 万两，连兵饷都发不出更遑论筹拨军费。清廷财政开始陷入空前严重的财政危机。② 太平天国运动期间及其后，还相继发生了捻军起义、西北回民起义、西南及闽粤台各族人民起义，直到 1873 年战火才平息。据彭泽益估算，清廷镇压起义所耗军费约为 8.5 亿两，而据周育民的研究约为 6.2 亿两。③ 也就是说，从太平天国运动到 1873 年平定西北的 20 余年间，每年军费支出平均在 2600 万与 3600 万两之间。而太平天国运动发生之前

---

① 咸同变局主要包括四大端：以太平天国及捻军为代表的人民起义、英法发动的第二次鸦片战争、辛酉政变和洋务运动。太平天国起义所导致的财政困难是财权下移的直接原因，而咸同变局所造就的地方势力的崛起、中央集权财政体制赖以存在的基础的破坏和西方列强的侵略都无可避免地促使财权下移(参见陈锋.中国财政通史·清代财政史(下)[M].长沙：湖南人民出版社，2013：86-87)。

② 周育民在《晚清财政与社会变迁》一书中对太平天国运动所引发的财政危机有较为详细的论述。

③ 周育民.晚清财政与社会变迁[M].上海：上海人民出版社，2000：153.

清朝每年正额财政收入约为 4000 万两,太平天国运动之后因战争破坏、自然灾害频发及赋税减免等,正规的财政收入自是难以维持庞大的支出。太平天国运动结束后,同治年间和光绪初期,清廷先后采取了系列整顿财政的措施,财政状况有所好转。但很快就因甲午战败(对日赔款 2.3 亿两白银)和庚子之变(庚子赔款总额 4.5 亿两白银,分 39 年偿还,年息 4 厘,本息合计约 9.8 亿两)再次陷入不可逆转的财政危机中。财政赤字由此前的每年约 1300 万两增至 3000 万两,相当于年财政收入的三分之一。[①] 后相继开展的新政在在需款,进一步加剧了清末的财政危机。财政问题成为朝野关注的焦点和思想界讨论的热点。

咸同数大变局不仅导致了政府财政困难,还造就了地方势力的形成和崛起,破坏了高度中央集权财政体制赖以存在的基础,其直接后果就是财权下移。[②] 中央政府对财政失去有效控制,地方财政于实际上形成。晚清财政开始陷入地方各自为政、财政局所林立的散漫混乱状态,并在甲午战后巨额战争赔款、外债本息摊派和清末新政需款的财政压力下越陷越深。庚子前后,一位关注中国财政的日本学者对当时紊乱的财政状况颇有感触,他声称当时中国二十一行省俨若二十一国,"皆各有半独立之象,又各相联络,而后成此散漫无纪之国",在财政上表现得尤为显著。[③] 光绪三十四年,监察御史赵炳麟则对晚清紊乱的财政做了更加形象的描述:"各部经费各部自筹,各省经费各省自筹,度支部臣罔知其数。至于州县进款、出款,本省督抚亦难详稽。无异数千小国,各自为计。"[④]一中一外、一学者一官员,不同视角不同立场不同身份的两人在同时期对清廷财政表达出惊人相似的紊乱印象,足见晚清财政散漫混乱之严重。这种散漫混乱的财政状况使得晚清中央财政与地方财政由控制与被控制的关系转变为既相互依存又相互斗争的关系。一方面,中央政府对财政失去有效控制,其所需各款只能依赖于各省上解的摊派款项,而各地方又常以各种理由拖欠,中央财政受制于地方。另一方

---

① 邹进文.民国财政思想史研究[M].武汉:武汉大学出版社,2008:21.

② 陈锋.中国财政通史·清代财政史(下)[M].长沙:湖南人民出版社,2013:86-87.

③ 日本东邦协会.中国财政记略[M].吴铭,译.上海:广智书局,1903:1;刘增合:财与政:清季财政改制研究[M].北京:生活·读书·新知 三联书店,2014:349.

④ 《掌京畿道监察御史赵炳麟奏请统一财权折》,《政治官报》第 233 号,光绪三十四年五月二十三日:5-7。

面，地方财政虽于实际上形成，却得不到中央政府的认可，缺乏制度保障，使得中央对地方予取予夺，地方财政又受中央钳制。面对这种上下交错、内外失衡的混乱局面，中央与地方都迫切寻求挽救之法。

收不抵支而致的财政危机和财权下移而致的散漫纷乱使得解协款制度瓦解、奏销制度流于形式，旧的封建集权财政体制已然崩塌，急需确立一个新的财政体制来恢复财政秩序、理顺中央与地方财政关系。在这样的财政困境下，无论是以地方利益为重的疆吏，还是心系中央的部臣，甚至是胸怀大局的地方小吏，他们提出的解救办法如出一辙：划分国家税与地方税以统一财权。

(三)税收体系和税收结构的变化

咸同变局之前，清朝财政收入的主要构成是田赋、盐课、关税、杂赋。① 从顺治到道光年间，这几项赋税收入在财政总收入中构成比例略有变化，但以田赋为主，盐课次之，关税再次之和杂赋末之的基本结构没有变化。从顺治到嘉庆年间，税收结构变化大致如下：田赋占税收总额的比例略有下降，初为80%以上，后略降为70%左右；盐课略有上升，从最初的8.7%逐渐增至14%左右；关税有较大幅度上升，从最初4%左右逐渐增至12%左右；杂赋变动不大，基本上保持3%左右。即使是在鸦片战争后的十年间，税收结构也基本上维持上述比例，田赋始终是财政收入的主要来源。②这一时期，清朝财政支出结构相对稳定，偶有临时例外支出也能通过前期库存银和捐输等临时性收入得以勉力供应，在量入为出的财政原则下，太平天国运动前国家财政基本能够收支平衡。

咸丰初年以后，持续不断的战祸、规模不小的洋务运动、数额巨大的战争赔款、数端并举的新政改革，瓦解了清朝赖以运行的集权财政体制，摧毁了封建财

---

① 田赋又称地丁，主要是对民田、屯田的田产收益征收的直接税，此外于山东、河南、江苏、浙江、湖北、湖南、安徽、江西八省征收"漕粮"供京城各衙门局所、文武官员、旗人和驻军之需。清朝前期的关税是一种通过税，据征收隶属关系分为户部关和工部关。盐税主要是对食盐消费者征收的一种间接税，也有少额对食盐生产者征收的直接税。杂赋分为三类：以"课"命名的芦课、茶课等，以"税"命名的田房契税、牙税、当税、落地牛马猪羊等，以"租"命名的旗地租、学田租、公田租等(参见陈锋：中国财政通史·清代财政史(上)[M].长沙：湖南人民出版社，2013：368)。

② 陈锋.中国财政通史·清代财政史(下)[M].长沙：湖南人民出版社，2013：261.

政赖以存在的小农经济基础，扩大了财政支出规模，改变了财政支出结构，使得清末财政陷入紊乱无序和赤字严重的困难境地。财政困境催生了以工商业发展为基础的新税以及大量掌控在地方督抚手中的苛捐杂税。这些新税主要包括厘金、海关税、鸦片税，而增加的苛捐杂税则不胜枚举且各省不一。第一，厘金。厘金是一种商税，征之于行商坐贾，种类繁多、税率各异。1853年，太常寺卿雷以诚为筹补军需在扬州创办，随后各省或领兵将帅纷纷效仿。咸丰年间，有些省份厘金收入多达三四百万两，少的也有50多万两。而在1885—1894年间，全国厘金收入平均每年约为1500万两，宣统三年预算则达到4318万两，厘金日益成为晚清财政尤其是地方财政的一大支柱。第二，海关税。五口通商后，海关税渐次发达。第二次鸦片战争后，随着通商口岸的进一步增加和西方列强对华商品输出及原材料掠夺力度的加大，中国对外贸易快速增长并带动海关税大幅度增加。1849年海关税约为221万两，到1861年已超过500万两，1871年突破千万两，1887年越过2000万两大关，1903年越过3000万两大关。[1] 海关税逐渐成为财政收入的重要组成部分。第三，鸦片税。鸦片税是指对本国所产和进口鸦片从量征收，国产鸦片于1857年正式征税，进口鸦片税则于1858年11月中英签订《通商章程善后条约》后正式开征。咸丰年间，鸦片税年征收额约270万两，光绪年间税厘合征年收额约1500万两。[2] 第四，杂税杂捐。清朝前期的杂税主要有矿税、当税、牙税、契税、酒税、落地税和门面税等，以及以"课"命名的芦课、渔课和以"租"命名的旗田、官田、公田等田租，种类相对较少，数额也不多。由于财政支出日益增加，原属零星杂税的矿税、契税、当税、牙税、酒税、茶税等逐渐发展成为一种主要税收。其他名目各异的杂税杂捐在甲午之战和庚子之变后纷至沓来，税目多如牛毛。如奉天、黑龙江的杂税杂捐达60余种，吉林有30余种，其他各省亦不相上下。杂捐杂税皆属于工商税性质。虽因战乱频仍、财政纪律松懈、财政制度流于形式等多种原因，难以对咸丰军兴以后的财政数据作出准确的统计，但一些学者的研究也能大致反映当时财政税收结构的变化。据刘岳云整理

---

① 汤象龙. 中国近代海关税收和分配统计(1861—1910)[M]. 北京：中华书局，1992：63-67.

② 陈锋. 中国财政通史·清代财政史(下)[M]. 长沙：湖南人民出版社，2013：343-344.

的《光绪岁入总表》，1885—1894 年间：地丁杂税约占全部税收的 40%，盐课占比为 8%~9%，常关为 3%左右，厘金高达 18%，海关税在 18%~20%，其他杂税杂捐在 10%左右，少数年份达到 17%。① 根据宣统二年的预算计算，各项税收占全部税收总额情况大致如下：田赋约为 22.6%，盐茶课税约占 22.7%，常关约为 3.4%，海关税约占 17.2%，厘金约占 21.2%，杂税杂捐约占 12.8%。②

由上可知，咸同变局后清朝税收系统和税收结构发生了根本性变化：以土地收益为基础的农业税收日益减少，以工、商业发展为基础的工商税种不断增多、税额不断增加，逐渐成为晚清财政支柱。而这些新增的工商税收多与地区经济发展息息相关，多由各省督抚设立局所征收管理，其所得税收也多掌握在地方督抚手中，成为清末地方财政实际形成税收基础。新的工商税种的出现尤其是大量地方性工商税种的开征，为清末国地税收划分创造了条件。

(四)西方分税制及其思想的引进和传播

鸦片战争后，中国门户大开，西方官员、商人、记者和学者及传教士大量进入中国，他们通过各种途径将西方的财政思想零星、断续的传入中国。同时，中国的驻外使臣、出国考察团、留学生及一些具有出国游历经验的进步人士等，在接触或了解西方进步的财政制度和思想理论后，亦不遗余力地把它们介绍到国内。③ 在国内、国外两股力量的共同作用下，西方近代财政制度经验及思想理论在清末开始源源不断地输入中国。其中，以日本的分税制度与理论介绍为主导。

1. 西方分税制思想在中国的引进

第一，驻外使臣的介绍。1876 年，郭嵩焘出使英国并在英国设立大使馆，开启了近代中国向国外派驻使臣的先河。此后，清政府陆续向多个国家派驻使臣。这些驻外使臣多有关于外国各项制度或风土人情的著述留世。其中，对外国

① 转引自陈锋. 清代财政收入政策与收入结构的变动[J]. 人文论丛，2001(00).
② 根据陈锋《中国财政通史·清代财政史》(下)，第 267 页"宣统年间预算岁入统计表"数据，扣除非税收入"官业收入"和"杂收入"后重新计算各项税收占全部税收比例。
③ 邹进文. 民国财政思想史研究[M]. 武汉：武汉大学出版社，2008：24.

分税制做了较为详细介绍的是出使日本参赞黄遵宪①于 1878 年开始构思并收集材料，1887 年最终完成的《日本国志》。该书第十六卷《食货志·租税》比较详细地介绍了日本的分税制："租税别为二课，全国人民以供一国岁用输纳之大藏省者，为国课"，有地租、海关税等二十余项，涵盖除营业税外的全部税收；"国税之外有地方税，由各府县征收输纳之各府县以供地方之用"，包括地租（附加税）、营业税、杂税、计户税；此外，各区町村可在地方区域内与民协商征收民费，限于一区一村一町内支用。②

　　第二，出国考察人员的引进。这里所说的出国考察人员包括中央政府派出的考察团③和各地方政府或官员派出的考察人员两类。前者主要是指日俄战争后，

---

　　①　黄遵宪（1848—1905），字公度，广东嘉应人，清末杰出外交家、史学家和诗人。1877 年被任命为出使日本参赞，随出使日本大臣何如璋出使日本。1882 年初驻日本期满即被调往美国任旧金山总领事，到 1885 年回国。1889 年被任命为驻英二等参赞，随出使英、法、意、比四国大臣薛福成出使英国，到 1891 年夏被调任为英属新加坡总领事。1894 年冬，李鸿章向清廷奏请黄遵宪协助其工作，电邮其回国。回国后，黄遵宪主要办理并参与中日苏杭谈判，随后积极参与维新变法运动。因维新变法失败，被放归故乡。到日本第二年（1878 年），黄遵宪在广泛结交日本士大夫、读其书、习其文的过程中萌发了撰写综合性研究日本的史书的想法，即《日本国志》。以全面介绍日本社会风俗、典章制度，加强国人对日本的认识。他于 1878 年夏开始构思并广泛搜罗日本史书文献等材料，1882 年初完成初稿。调任美国旧金山总领事期间因公事繁忙而无暇修改《日本国志》初稿，遂于 1895 年秋乞假回国，闭门两载专心编纂《日本国志》，于 1887 年夏完稿。书稿完成后，黄遵宪先后将书稿呈送北洋大臣李鸿章和两广总督张之洞，并恳请二人代为转呈总理衙门，但均未得到重视而被束之高阁。黄遵宪希望通过官方渠道刊印《日本国志》的愿望落空。1890 年书稿交由广州富文斋刊印，于 1895 年正式出版。

　　②　黄遵宪．日本国志[M]．长沙：岳麓书社，2016：584-585.

　　③　19 世纪 60 年代到 20 世纪初，清政府先后四次派出政府官员出洋考察。第一次是 1868 年由蒲安臣（原为美国驻中国公使，其回国之际清廷任命他为中国"中外交涉事务使臣"）带领的约三十人的外交使团赴欧美各国访问。出使期间，蒲安臣独揽大权，擅自与西方列强签订了一些有损中国权益的不平等协约。这一次出洋的目的在于外交而非考察学习，因而对引进西方进步制度或思想并未产生影响，但也在一定程度上开拓了出洋人员的眼界。第二次是 1887 年清政府通过考试选拔出 12 人，钦定为海外游历使，分为五组，派遣至亚、欧、美洲等二三十个国家进行为期两年的游历考察。他们撰写了几十种对外国调查研究的著作、报告及海外游记、日记及诗文集。但出于各种原因他们回国后并没有得到重用，湮没在历史尘埃中鲜为人知。第三次是 1905—1906 年为预备立宪而派员赴日、欧、美等国考察的，晚清规模最大、规格最高、影响最深、历史有名的"五大臣出洋"。考察团分两路：载泽、尚（转下页）

在民族危机日益加深和立宪呼声日益高涨的情形下，清政府为预备立宪于1905—1906年派出的由载泽①和端方②、戴鸿慈③、尚其亨④、李盛铎⑤五大臣率领一批随员前往日、欧、美各国考察宪政的考察团。后者则主要是地方政府为举办新政事业或改革各项制度而派员赴日本考察。⑥ 这些官绅赴日考察的对象涵盖政法、实业、商务、教育、军事及社会文化等，以政法、教育、实业为主，并写下

（接上页）其亨和李盛铎一路，率领正式团员24人，各省选派随员6人；端方和戴鸿慈一路，率领正式随员33人，各省选派随员4人。两路人马历时半年左右，前后到达14个国家。考察期间，他们参观了所到国家的议会、政府机关、工厂、银行、学校、警察、图书馆、博物馆、公园、监狱等机构，并请外国政治家、学者讲解宪政原理和各种制度，并大量购买、翻译国外书籍、典章资料。这次考察成果丰硕，考察官员们眼界大开，且为清政府预备立宪进献了大量书籍资料和立宪政策建议，对清末预备立宪和制度改革发挥了重要作用。第四次是1907年9月，清廷确立预备立宪基本国策后为进一步确定宪政实施的具体步骤和宪政改革的具体内容，派出学部右侍郎达寿（1908年7月，达寿回国后，驻日公使李家驹接替了他的考察任务）和邮传部右侍郎于式枚分赴日本和德国考察宪政，同时谕令驻英公使王大燮考察英国。此次他们的考察重点是宪法史、比较各国宪法、议院法、司法、行政和财政六大类。达寿回国后整理考察所得材料共五编十五册，李家驹编写了《日本官制通释》《日本自治制通释》等书，王大燮考察英国后编纂了《宪政要目答问》《英国宪政要义》等14种著作。

① 载泽（1876—1928），爱新觉罗氏，系光绪帝平辈，是深得慈禧宠信的皇室宗亲。1907年开始任度支部尚书，1909年兼任筹办海军事务大臣和督办盐政大臣，1910年充任拟定宪法大臣，1911年入皇族内阁任度支部大臣。

② 端方（1861—1911），满洲正白旗人。1898年任直隶霸昌道，后出任陕西按察使、布政使。庚子之变后升任湖北巡抚兼署湖广总督。1904年调任江苏巡抚并代理两江总督，1905年调任湖南巡抚，1906年9月出任两江总督，1909年调任直隶总督，1911年被委任渝汉铁路督办，因将民办铁路收归国有激起保路运动，当年11月27日因新军哗变被杀害。端方锐意新政，积极创办新式学堂，于近代文化教育事业方面建树颇多。

③ 戴鸿慈（1853—1910），字光孺，广东南海人。光绪二年进士，授翰林院编修。考察归国后调任法部尚书，并入军机处任参与政务大臣。1910年2月病逝。

④ 尚其亨（1859—1920），海城人。光绪十八年进士，曾任福建布政使、山东督粮道、山东布政使等职。

⑤ 李盛铎（1859—1934），江西德化（今九江）人。光绪十五年进士，授翰林院编修、国使馆修办。1892年任命为江南道监察御史，戊戌政变后受命出使日本大臣，义和团运动之际回国补授内阁侍读学士，1904年署理太常寺卿，1905年任命为出洋考察大臣，考察结束即就任使比利时大臣，1909年回国后任职于顺天府丞，1911年调任山西提法使、山西布政使。

⑥ 1898—1911年间我国赴日考察人数约1200人，多数是公费派遣的各级地方政府不同衙门局所的公务人员，少数是自费的实业家。

了大量的东游日记。①

五大臣出洋考察归来后，将考察所得编译成书交考察政治馆②，并拟写条陈奏章提出改革意见。端方、戴鸿慈合辑了《欧美政治要义》《列国政要》③《列国政要续编》④。此外，戴鸿慈撰写了《出使九国日记》，载泽撰写了《考察政治日记》，以游记形式记录了所考察各国的政治、经济和社会概况。《列国政要》一书在财政卷(29卷)，对德国(7卷)、意大利(15卷)和美国(4卷)分税制度作了比较详细的介绍。地方政府派赴日本考察人员撰写的对外国分税制度做了较为详细介绍的著述有：1910年黑龙江巡抚周树模派赴日本考察财政、拓殖、实业的何煜撰写的《日本财务行政述要》，1910年春赴日本专门考察财政制度的林志道撰写的《日本财政考略》。上述两本书都是从制度介绍层面介绍日本分税制，鲜有涉及财政学理，但林志道所书内容比何煜所书更丰富更全面更细致。

第三，留学生及游学人员编译的西方财政学书籍。甲午战争后，中国掀起了留学日本浪潮，不仅有官派日本留学生，更有大量自费前往日本留学、游学的进步人士。这批具有海外留学或游学经历的进步人士通过编译或自撰财政学著作，将西方分税制及其思想引介至中国，成为西方分税制及思想传入中国的桥梁。这一时期编译或自撰的外国财政类著作中介绍分税制的有：友古斋主翻译的日本学

---

① 20世纪40年代，日本学者实藤惠秀对清末官绅东游日记进行了研究，其所列东游日记目录258部，东京都立图书馆实藤文库馆藏东游日记227部，其中晚清时期达150部。而据另一位日本学者熊达云的统计，清末中国官民赴日考察各类著述达183部，其中教育类34种、政法类43种、工商实业类24种、军事类6种、一般视察类60种、大使馆员著述16种。王宝平主持汇编晚清东游日记，冠名《晚清东游日记汇编》，已经出版的有《教育考察记》(1999)、《日本政法考察记》(2002)、《日本军事考察记》(2004年)。

② 载泽一行人成书67种共146册，另外采辑东西方书籍434种，送交考察政治馆。并将其中30种分别撰写了提要，缮写正本二份，进呈慈禧太后和光绪帝御览。

③ 《列国政要》着重介绍了美、德、意、奥、俄五国的相关制度，有些部分顺带介绍了其他国家的制度。《列国政要》(1907年出版)全书分为11类："宪法"10卷、"官制"10卷、"地方制度"5卷、"教育"19卷、"陆军"23卷、"海军"18卷、"商政"7卷、"工艺"2卷、"财政"29卷、"法律"8卷、"教务"1卷，共132卷。

④ 《列国政要续编》(1911年出版)全书分为"宪法"5卷、"官制"4卷、"地方制度"15卷、"民法"7卷、"商法"5卷、"学校"1卷、"陆军"21卷、"海军"13卷、"农政"7卷、"财政"8卷、"法律"6卷、"教务"2卷，12类94卷。

者石冢刚毅所著的《地方自治财政论》（1903年，上海印书馆出版）；钱恂①根据留日学生所讲述的其日本老师授课内容编写而成的《财政四纲》②（1901年）；胡子清③根据其本科（早稻田大学）讲师日本法学士冈实先生上课口授内容以及冈实明治三十七年所写的讲义编译而成的《财政学》④（1905年），由于冈实先生的口

---

①　钱恂（1854—1927），浙江归安（今吴兴）人。1884年，入幕薛福成。1890年，随薛福成出使英、法、意、比各国。1892年出洋任满回国后升任知府，不久随龚照瑗出使欧洲。1895年，钱恂回国并入幕张之洞。1899年，张之洞委派钱恂为留日学生监督，驻扎日本。期间，钱恂除了负责管理湖北留日学生外，更在张之洞的授意下穿梭于日本外务省、陆军省、参谋部等多个部门探取日本对华态度，同时常就练兵、译书、设厂、聘请洋教习等事宜与日本朋友商谈。1901年请辞留日学生监督一职回国后，被张之洞改派为湖北筹办处及交涉事务委员。1904年随驻俄公使胡惟德出使俄国。1905年任出洋考察参赞，1907年被任命为驻荷大使，1908年调驻意大利，1909年被免职。辛亥革命期间，领导了湖州光复运动并出任湖州军政分府民政长。民国肇造后，任浙江图书馆馆长，还曾被袁世凯聘为总统府顾问，因袁世凯复辟帝制而退出政界，1927年病逝于北京。

②　该书是钱恂任湖北留日学生监督期间（1899—1901）编写，大约成书于1901年8月，成书后曾多次刊印发行。有学者评价该书是"迄今已知国人出版的最早对西方税收知识作专门介绍的著作"。但叶世昌先生认为从内容的详细而系统来看，钱恂的《财政四纲》不可能仅根据学生的口译写成，一定是抄录其笔记或讲义，性质相当于编译。"财政四纲"分别为租税、货币、银行和国债。在"租税"纲开篇论述税收分类时，钱恂即提出，一国国内税分为国税和地方税二种，"国税者，统全国征收而一归于中央政府，以备支给全国之费用，而国君俸金即取于此；地方税者，府县市町村等于国税外别为征收，虽亦报闻于中央政府，然其款专供府县市町村地方行政之费用"。随后具体介绍了日本的国家税、地方税划分情况（参见钱恂《财政四纲》，清末铅印本）。

③　胡子清（1868—1946），原名庆源，湖南湘县人。1904年初由湖南官费派送日本留学，1906年卒业回国后入湖南仕学馆和湖南法政学堂任副监督，并开授《财政学》等主干课程。1912年入职财政部赋税司，1930年回湖南任省政府审计委员会主任委员，1938年告老还乡，1946年病逝。代表作有《历代政要表》（初版于1903年）、《财政学》（初版于1905年）、《殖民政策》（初版于1906年）、《财政学讲义》《财政学讲义二编》。

④　该书是《法政粹编》（《法政粹编》是1905—1906年，一批学习政治、法律的留日学生将日本老师在课堂上的授课内容加以整理、翻译，出版的一套丛书，该套丛书至少有21册19卷，由日本东京并木活版所出版）第16册，许康和高开颜考证这是百年前中国最早的《财政学》，胡子清是《财政学》最早的引进者。邹进文（2008）评价胡子清的《财政学》是国人自撰财政学著作，而根据胡子清在该书《凡例》所言，"本科讲师为日本法学士冈实，故是编仍用讲师语气以存庐山真面"，"讲师口授时以时间短促，于财政学理之观念、历史、预算、公债、地方财政等皆语焉不详，是编特据其本校明治三十七年度讲义译入，以揭纲要而示全模"，兼采其他内容亦多处照搬，所以该书并不能作为完全自撰之作，其性质亦属编译。胡子清的《财政学》全书分五编：总论、经费论、收入论、收支适合论和地方财政，其写作体例开创了中国财政学著作的新范式。

授和讲义内容"详于学理而略于实例"，所以兼采《日本明治财政史》《法规大全》和下村宏的《财政学》所纪事实以补所未备，① 书中以日本地方租税制度为蓝本，分节分析了市町村税和府县税的种类、用途、税率等；叶开琼、何福麟根据其老师冈实先生授课笔记并参考小林丑三郎《比较财政学》（下册）编译的《财政学》（1906 年，湖北法政编辑出版），书中介绍了日本府县郡和市町村两级地方政府征收的租税并提出了其对于划分国家经费和地方经费、国家税和地方税划分的主张；黄可权根据日本财政学名家松崎藏之助和神户正雄在早稻田大学的讲义录编译的《财政学》②（1907 年，丙午社出版），该书主要论述国家财政，同时指出其他政治团体如地方自治体的财政也不可不研究。

第四，新兴办新式教育。学习西方进步制度及思想无外乎两条路径：一是往而求学，二是请人来教。甲午战败后，严复、梁启超、章炳麟、林乐知等就倡言废八股、兴西学。1898 年维新变法运动中，维新派领袖康有为、梁启超等多次进言废八股、改策论、改书院、办学校，以兴西学、开风气。1898 年 6、7 月间，光绪帝先后下谕考试改策论、改书院为学校同时各省设学堂，并在京城创办京师大学堂。随即因戊戌变法失败，教育改革一度停滞，但京师大学堂被保留下来。庚子之变后，清政府宣布实行新政，兴办新式教育成为新政的重要内容之一。1901 年，清廷先后颁布上谕：禁用八股、停止武科考试设立武备学堂、改书院为大中小学堂、令各省派学生出洋学习。光绪二十七年十二月初一（1902 年 1 月10 日），上谕称兴学育才为当今急务，而京师作为首善之区，从前所办京师大学堂即切实着办，并委派张百熙为管学大臣。③ 京师大学堂重开，自此各省各地新式学堂遍地开花。经过赴日考察、官员商讨、中外人士议论、翻译日本校令章则等系列准备后，张百熙进呈学堂章程折，当日上谕即准照所拟办理，并颁行各

---

① 胡子清．财政学（法政粹编第十三种）[M]．东京：并木活版所，1905：凡例．

② 该书共分三编十二章：第一编"财政学总论"，第二编"经费论"论述经费的意义、种类、原则并介绍不同种类经费；第三编"岁入论"是该书的核心，论述了岁入的意义、种类、原则、沿革及统计，作为公经济主要、大宗收入来源的租税以及官有财产及官营事业等收入。"租税种类"一节中指出租税可以分为国税与地方税。

③ 璩鑫圭，唐良炎．中国近代教育史资料汇编·学制演变[M]．上海：上海教育出版社，2007：8．

省。该《钦定堂章程》所定学制史称"壬寅学制"。其中《钦定京师大学堂章程》①规定在预备科政科的第二年和第三年开设理财学课程，并聘用外国教习讲授；仕学馆则三年学制中均安排了理财学课程，其中第一年讲习通论类知识体系，第二年讲习国税、公产、理财学史等，第三年讲习银行、保险、统计学等。但此章程颁行未久即废止。1903年6月，张百熙奏称《钦定学堂章程》尚存不足，并认为张之洞为其时通晓学务第一人，请与张之洞会商重拟学堂章程。② 光绪二十九年十一月二十六日(1904年1月13日)，张百熙会同张之洞、荣庆上《重定学堂章程折》，并附《初等小学堂章程》《高等小学堂章程》《中学堂章程》《大学堂章程》《初级师范学堂章程》《优级师范学堂章程》等系列学堂章程，合称《奏定学堂章程》，史称"癸卯学制"。修改后的学制从中学堂即开始开设理财学课程。《奏定学堂章程·中学堂章程》规定第十门课为"法制及理财"，于第五学年即最后一学年开设。"讲法制理财者，当就法制及理财所关之事宜，教以国民生活所必需之知识，据现在之法律制度讲明其大概，及国家财政、民间财用之要略"。③《奏定学堂章程·高等学堂章程》规定第一类学科④开设理财学课程，于第三学年讲授，主要内容为理财学通论。《奏定学堂章程·高等学堂章程》将大学分为八科⑤，其

---

① 京师大学堂为各省卒业生升入专门正科学习之地，由于当时各省尚无学堂卒业生，京师大学堂学生无所取材，于是特创办预备科。大学预备科卒业后乃进入大学专门科学习，专门科分政科、文学、格致、工艺、农业、商务、医学7科，预备科分政、艺两科，政科者卒业后升入政治、文学、商务专门科，艺科卒业后升入格致、工艺、农业、医术专门科。除预备科和专门科外，京师大学堂还设速成科，分为仕学馆和师范馆。仕学馆主要是招考已入仕途之人入馆肄业以培养推行新政所需的得力干部，其主要目的是开官智，因而所学以政法为主。师范馆主要招考举贡生监入学肄业以培养新教育所需新教员，其主要目的是开民智，其课程中特加入教育学。

② 璩鑫圭，唐良炎.中国近代教育史资料汇编·学制演变[M].上海：上海教育出版社，2007：297.

③ 璩鑫圭，唐良炎.中国近代教育史资料汇编·学制演变[M].上海：上海教育出版社，2007：331.

④ 高等学堂科分为三类：第一类学科为预备入经学科、政法科、文学科、商科等大学者治之；第二类学科为预备入格致科、工科、农科大学者治之；第三类学科为预备入医学大学者治之。

⑤ 这八科分别是：经学科、文学科、政法科(分政治门和法律门)、医科、格致科、农科、工科、商科。其中政法科和医科之医学以四年为限，其余学科学制均为三年。

中政法科大学政治门开设全国人民财用学(第一年和第二年)、国家财政学(第一年和第二年)、各国理财史(第一年到第四年)、各国理财学术史(第四年);法律学门也开设全国人民财用学和国家财政学(均在第二到第四年开设)。另外,在商科大学和农科大学的林学门及农学门内也将国家财政学作为主课。这些财政学类课程多聘有外国教习尤其是日本学者。新式学堂的普遍开办和财政学类课程的广泛开设,使得西方财政学理和日本、欧美等国财政制度被大规模引进和介绍给中国青年学子,为近代中国财政学的现代化发展和财政思想的现代化转型营造了良好的学术氛围。

从 19 世纪后期到 20 世纪初,三十余年的时间里,在驻外使臣、考政大臣、留学生及新式教育推行者等各界人士的努力下,西方的财政分权制度经验和思想理论源源不断地涌入中国,极大地开拓了国人的视野,解放了国人的思想,更为中国集权财政体制向分权型财政体制转型指明了方向、提供了蓝本。西方分税制制度经验及思想理论是近代中国分税制思想的源头,其传入为清末分税制思想的肇兴创造了思想条件和提供了理论基础。

二、晚清分税制思想基本情况

滥觞于清末的分税制思想最初主要由具有出国留学或游学经历的留学生及出国考察官员传入,后因宪政改革而得各界人士积极讨论。分为三个阶段:

(一)思想理论界的倡议

国内最早提出划分中央与地方收支的是何启与胡礼垣。1894 年冬,在甲午之战中国战败已成定局的危难时刻,何启和胡礼垣①撰写了《新政议论》,提出:"兹当玉弩京张之会,金瓯动荡之辰,将欲再奠元黄,永安社稷,则必奋然改革,

---

① 何启(1858—1914),字沃生,广东南海人。1872 年赴英国留学,先后入帕尔玛学校、阿伯丁大学和林肯法律学院学习。1882 年回国,主要从事律师职业,是香港议政局议员。1895 年曾参加孙中山筹划的广州起义。胡礼垣(1847—1916),字翼南,广东三水人,买办商人家庭出生。二人合著的《新政真诠》是他们在清末时所写的 9 篇文章汇编,这些文章大多由何启用英文写成,而后由胡礼垣译成中文并"阐发之"。

政令从新。"①实行新政必然需费巨大,"将何设法,以使裕如?"。他们认为首要办法在筹措经费而使财无不生,即向因实行新政而受益的地方居民抽收相应的税捐。如兴办捕役、水喉、电灯、救火及其他前所未有的城邑街道等地方事业所需经费,民各自为之其费必重,若有官府派员司理,合而为之其费必轻。人民未有不靳出其重而愿出其轻者也,因此可从民居屋宇的租项抽收相应数额的捐税,"多则十取其一,少则二十取其一,务以足其经费而止"。由此类推,地方修建桥梁、水道、铁路、轮船等所需经费,亦可向地方受益之居民抽收税捐。② 1898 年春,他们在专谈理财的《新政始基》一文中再次强调了革新政治的必要性和紧迫性,而其中最急最重,"将以延国脉而奠生灵,扶颠危而全大局者,非首在理财之一事哉"。③ 理财的重要一端为划分中央财政和地方财政。他们认为,班朝治军与莅官行法等权操君上的财用和整顿地方及保护居民等当听诸庶民的财用不可混而为一,否则"有国事而无民事,知君需而忘民需,情既不通,事亦不达"。④缉捕、救火、修路等城市乡村必需之事,国家多未有为之而是乡民自出其钱为之,所以地方所征的各项饷款及拟征房屋租项应当归各省的城市乡村自主。由地方绅耆会议讨论下一年度地方应举办事项所需钱款,设善后局按照量出为入的原则于县内征收,若有盈余则为该县将来之用,若不足则归入下年之数不足。"如此,则用无不足之患,亦用无或滥之虞,即以地方之财,尽为地方之用,且经地方绅耆熟议而后行,则民无怨言,而君上亦可省其宵肝之劳,国库亦可免其繁耗之费,上安下全,无以过此。"⑤这是国人关于划分中央和地方事权及财权的首次呐喊。由于《新政真诠》各文主要是由何启用英文完成后,再由胡礼垣"阐发之",因而划分中央财政与地方财政的主张首先也是由何启提出,而何启的这一思想无疑是源于其在英国留学十年期间对英国政治制度、地方自治及社会文化的了解并深受其影响的结果。《新政始基》刊登后不久,康有为、梁启超领衔组织的维新变法运动在风行全国百日后即因顽固派的阻挠最终失败。所以被誉为"早期维新思

① 何启,胡礼垣. 新政真诠[M]. 沈阳:辽宁人民出版社,1994:104.
② 何启,胡礼垣. 新政真诠[M]. 沈阳:辽宁人民出版社,1994:143.
③ 何启,胡礼垣. 新政真诠[M]. 沈阳:辽宁人民出版社,1994:193.
④ 何启,胡礼垣. 新政真诠[M]. 沈阳:辽宁人民出版社,1994:228.
⑤ 何启,胡礼垣. 新政真诠[M]. 沈阳:辽宁人民出版社,1994:228-230.

想家和启蒙思想家"的何启和胡礼垣所提出的划分中央与地方收支的主张自然也湮没在顽固派的守旧腐朽思想中。

甲午战后，随着立宪思潮高涨，地方自治议论日触于耳。1903年，署名"攻法子"①的留日学生在《敬告我乡人》一文中提出中国应当实行地方自治。地方自治改革又以人才和经费为要，"以地方之人任地方之事则人易得，以地方之事需地方之费则费易筹"。他从地方自治的需要出发呼吁划分国家和地方收支。② 经历甲午之战和庚子之变沉重打击的清政府于1901年决定实行新政。前有对日和庚子巨额赔款，后有练新军、办实业、兴教育等新政事业的巨额耗费，清政府本就纷乱如丝和收支日绌的财政到了崩溃的边缘。1905年初，《时报》记者在该报发表《论统合预算财政法》，痛陈清末收支条理不明、中央地方界限不清的乱象，提出当借鉴西方各国将租税分为由中央政府收支管理的国家税、由地方政府收支的地方税和由地方自治团体自征自用的附加税，以克服紊乱的财政状况。③ "五大臣出洋"考察行至日本期间，曾问政梁启超，梁启超遂写下《中国财政改革私案》。④ 他在文中指出凡属中央行政系统事务岁出应由国家税支应，属地方行政系统事务则由地方税支办。地方团体可分为省、府州县和城镇乡三级，其财政应当各划界限以支应各级自治团体的地方自治事业。并且每一级团体都应当有通过法律规定的主要税目，城镇乡的主要税目为家屋税、府州县的主要税目为营业税，省主要税目为田赋附加。⑤ 梁启超的划分中央地方收支思想基本源于日本的分税制度。

从何启、胡礼垣的《新政议论》，到梁启超的《中国改革财政私案》，寥寥几

---

①　据陈灵海考证，"攻法子"为被誉为近代中国"法系"概念输入第一人的浙江嘉兴籍吴振麟（1877—1943）。他1898年赴日本留学，主修法律，1904年7月从东京帝国大学毕业。约1905年回国后任农工商部主事，1907年充任宪政编查馆馆务，1910年被任命为中国驻日使馆代办。

②　攻法子．敬告我乡人［J］．浙江潮，1903（2）：1-11.

③　佚名．论统合预算财政法［J］．东方杂志，1905（2）：15-17.

④　梁启超于丁卯年补录《中国改革财政私案》文末有言："门人徐良得此稿于冷摊中，确然为吾手藁也，顾不能记为何年作，大抵清廷派五大臣赴欧美考察宪政时，有人过横滨而问政者，辄拉杂以告之耶。此稿未经印行，他日当录副存之。"据此判断，该文初次应作于1906年上半年。

⑤　梁启超．梁启超全集（第二卷）［M］．北京：北京出版社，1999：650-651.

位深受西方进步思想浸染的走在变法图存之路前端的呼吁革旧立新的开明人士，对划分国家税与地方税的孤独呐喊，终被淹没在激荡的时代洪流中。

(二)政府官员的谏言

五大臣出洋考察团归来后，西方财政分权制度和思想在政界得到广泛传播。一些开明的朝廷大臣先后提出划分国家税地方税的主张和建议。1906 年 7 月(光绪三十二年五月)，时任奉天将军赵尔巽①上折奏请设立行政、诉讼、税务、粮租等地方专官并明确其各自职责权限以修举民政、培养民生。该折实为改革地方官制之论，地方官履其责必需相应经费。所以他提出当将名目烦琐的征敛各款统名为税并将租税分为国家税与地方税，以振庶政。② 黑龙江巡抚程德全③于 1907 年 9 月(光绪三十三年八月)在《奏遵旨胪陈管见折》中指出，"立宪国之财政，贵统一不贵分歧，忌放任尤忌混弊"，而我国上自皇室经费、中有各官经费、下至各省局款项多紊乱不清，以致司农④莫究其实存。所以，当"严饬各省速将我国向有内结外销各款即照国家税地方税划分清晰。其关乎国家者不容由外间稍挪分

① 赵尔巽(1844—1927)，隶汉军正蓝旗籍。同治甲戌科进士，选翰林院庶吉士，历任按察使、布政使、湖南巡抚、户部尚书、盛京将军、四川总督、东三省总督等职，是清廷颇为倚重的封疆大吏。民国初年任东三省都督、奉天都督，1912 年 11 月辞官归隐青岛。后出任清史馆馆长，主持编修清史，至 1927 年去世。"五大臣"出洋考察之际，委派张大椿、周宏业随考察团出洋考察。

② 《奉天将军赵奏酌设各地方裁判粮税专员并定地方官行政权限折》，光绪三十二年五月中旬，《四川官报》第十五册。

③ 程德全(1860—1930)，字本良，号雪楼，四川云阳(今属重庆市)人。因在庚子之役中英勇抗俄得清廷重用，擢升为直隶州知州，1903 年晋升为道员，1905 年被任命为黑龙江将军(这是清朝 200 多年历史中首次由汉人担任这一职务)，1907 年黑龙江设省后又任黑龙江巡抚，1908 年 10 月因腿疾奏请开缺。1910 年 5 月调任江苏巡抚。1911 年 11 月 5 日，身任江苏巡抚的程德全主导苏州"和平光复"并出任江苏都督，成为辛亥革命中第一个主动投身革命的清政府高级官员。苏州"和平光复"在五天内带动了江苏、广西、广东、安徽、福建、浙江等六省"和平光复"。东南六省独立使辛亥革命转危为安，清朝土崩瓦解之势已成。此外，程德全还以苏州财力组建江浙联军，督师攻克南京并在南京确立了新的革命基地。

④ 司农，古代官名。上古时代是负责教民稼穑的农官。在汉朝是九卿之一，掌钱谷之事，又称大司农。程德全这里所说的司农应当是清朝掌管全国财政事宜的户部，1906 年宣布预备立宪后改为度支部。

毫，其关乎地方者尤不得由内间故为牵制"。① 这对当时上下牵混、内外交错的纷乱财政状况来说，是一剂良方。但由于其还提出为免徒托空言，划分国家税地方税应当自核定皇室经费始，以为各省清理财政、划分租税起良好的示范作用。程德全欲通过划分国家税地方税之契机来限定皇室经费糜耗无度的意图可谓非常明显，自然难以获得慈禧太后的允准。

除封疆大吏外，一些京官或地方官员亦谏言划分国家税地方税以厘清中央与地方财政关系。其中最重要的当属监察御史赵炳麟②于1908年6月(光绪三十四年五月)所上的《奏请统一财权整理国政折》。他在该折中直陈清末财权纷乱所致的财政散漫乱象，"各部经费各部自筹，各省经费各省自筹，度支部臣罔知其数。至于州县进款、出款，本省督抚亦难详稽。无异数千小国，各自为计。蒙蔽侵耗大抵皆是"。财政散漫以致百政空有言而无实效，强烈要求清廷统一财政，将"租税分作两项，一国税以备中央政府之用，一地方税以备地方行政之用"。同时提出改革财政机构，在各省设度支使统管全省财政收支，征收国家税地方税；在各州县设主计官，分收各州县租税。度支使由度支部直管，州县主计官则归度支使管辖，从上而下形成一种垂直的财政管理模式。此外，提出要求各省将每年进款、出款若干详细报部，要求在京各部分造概算书和预定经费要求书送度支部办理，使得度支部对各省及各衙门的收支能够了然于胸。"租税界限分明，疆臣无拮据之虑，出纳造报确实，部臣有统核之权。"③这是一种典型的收权于中央的分税制思想。从奏疏所言观之，赵炳麟统一财权并划分国家税地方税的思想来源两方面：一是唐宋时期中央政府直接派员征收郡县租税的国税独立之法，二是泰西各国尤其是日本明治维新所采用的国税独立之法。赵炳麟关于划分国家税地方税

---

① 《署黑龙江巡抚程德全奏遵旨胪陈管见折》，《政治官报》第64号，光绪三十三年十一月。

② 赵炳麟(1873—1927)，号柏岩，广西全州人。1895年参加康有为领导的"公车上书"运动，并于当年殿试得光绪帝赏识，任职翰林院编修。1898年参与康有为组织的保国会。1906年擢升为督察院侍御史，任福建道京畿监察御史，官居御史期间上奏折60余篇，内容涉及政治、财政、农林、铁路、吏治等多个方面，1911年去职。民国期间曾先后任国会议员和山西实业厅厅长，1925年辞职，1927年病逝。

③ 《掌京畿道监察御史赵炳麟奏请统一财权整理国政折》，《政治官报》第233号，光绪三十四年五月。

的建议引起当权者的注意，会议政务处在覆奏中称赵炳麟所言"将国税地方税划分两项而统其权于度支部深合立宪国之通例，亦为中国扼要办事之因，自应酌量筹办"。但考虑到此前清查外销款项核定各部经费之难，认为需先通盘调查各省出入之款而后由各省"将何项应入国税何项应入地方税，详拟办法"，否则只是"以凭空之理想遥为臆断，势难权衡"。① 换言之，当时中央政府对财政工作的重心在于调查各省外销款项，而对划分国家税与地方税尚无决断。另一位对晚清国家税地方税划分产生过重要影响的是熊希龄②。他曾随"五大臣"出洋考察，是端方一行最重要随员之一，主要负责草拟考察奏折条陈和编纂供朝廷预备立宪参考的书籍。③ 担此重任的熊希龄在这个过程中对西方各项进步制度和思想有了切实的了解和较深的认识。光绪三十三年七月（1907 年 9 月），向掌管度支部的载泽上书，条陈整理财政办法。他指出财政是"国脉之所恃以安危也"，古今中外政局之乱莫不源于财政之失。针对当时中央库藏奇绌、各省财政紊乱以致内外相交责难、国家善良之策不得行的危急状况，宜"将中央与地方出入之款划清，与地方应办之事同时并进"。他认为中国地广人众，集权财政不仅"精神不贯，能力薄弱、事未必行"，且有碍民业发展。所以当仿德、美等国采用分权之法统筹全国财政，分别确定归之中央和分之地方者为何税。④ 此外，度支部侍郎刘次源 1907 年向度支部上帖，建议划分国家税地方税。⑤同年，时任江西萍乡张县令向沈提学上《论国家理财书》，请为代奏。在上书中，他提出借鉴西方国家租税分为国税

① 《会议政务处奏议覆御史赵炳麟奏统一财权整理国政折》，《政治官报》第 281 号，光绪三十四年七月十二日。
② 熊希龄（1870—1937），字秉三，湖南凤凰人。1894 年 5 月参加殿试后钦点翰林院庶吉士，甲午战后入幕张之洞充两湖营务处总办。1898 年 6 月返湘，跨入湖南维新运动的行列，先后主持创办湖南时务学堂及湘报，后因维新变法失败遭革职。1903 年赵尔巽抚湘期间，熊希龄深受赵尔巽赏识而重获政治自由。1904 年 9 月赴日本考察实业，回国后又深得端方器重。1905 年端方授命出国考察，奏请熊希龄任其出洋考察随员。考察归国后，即接赵尔巽调令出任奉天农工商局局长和地方自治局长。赵尔巽调往四川后，熊希龄入幕苏州巡抚陈启泰，得陈启泰和两江总督端方争相委用，身兼六职。1909 年 4 月，授四品卿衔，充任东三省财政监理官。
③ 柴松霞. 出洋考察与清末立宪[M]. 北京：法律出版社，2011：79.
④ 周秋光. 熊希龄集（第一册）[M]. 长沙：湖南人民出版社，2008：298-301.
⑤ 中华书局. 孙宝瑄日记（下）[M]. 北京：中华书局，2015：1169.

与地方税两等，"国税者为练兵、外交及官吏俸禄、补助公立事业而设；地方税者为地方举行要政之需"的简明税制，按"量出为入"的原则确定地方支出的基础上划清国家税与地方税的界限，以解地方举办新政用款浩繁之困难。① 具有海外游学经历的度支部主政屈蟠（1907 年）在《上度支部论整顿财政书》中指出，在中国"新政伊始，百废待兴"之际，应当借鉴西方中央财政与地方财政并重做法和地方自治制度，明确划分中央财政与地方财政，并于府县和市町村分设议会来公决地方财政收支。②

此外，王琴堂撰写的《地方财政学要义》③和以倡导宪政改革、宣传立宪思想为己任的预备立宪公会日常事务执行人孟昭常④为开启民智以推进立宪而借鉴日本公民读本编写的《公民必读初编》亦大力倡导划分国家税地方税。此二人都是从发展地方自治需要的视角提出了划分国家财政地方财政的必要性，并就如何划分国家税地方税提出了各自的主张，其著述对划分国家税地方税理念在民间的宣传推广发挥了重要作用。

---

① 《上沈提学论国家财政书》，清末铅印本。

② 《屈主政上度支部论财政书》，清末铅印本。

③ 《地方财政学要义》虽是王琴堂以自撰口吻撰写，但将其与友古斋主所译的由日本学者石冢刚毅所写的《地方自治财政论》仔细比对后发现，王琴堂的《地方财政学要义》与《地方自治财政论》一书高度相似。笔者推测，《地方财政学要义》是王琴堂根据《地方自治财政论》编写，因为二者不仅在结构安排上完全一样，而且绝大部分内容都完全一样，少数内容是将《地方自治财政论》中的几个章节删减合并而成，使书的内容、结构看起来更合理，逻辑更清晰。但《地方财政学要义》在语言上较《地方自治财政论》更加简明、通俗。换言之，王琴堂的《地方财政学要义》就是进行适当增删和调整的《地方自治财政论》。

④ 孟昭常（1871—1918），字庸生，别号沤风，江苏阳湖县人。光绪辛卯科举人，1898年入南洋公学师范班，1906 年 4 月—1907 年 4 月留学日本法政大学专为中国留学生开设的"法政速成科"（第四班）研习法政，1907 年 4 月回国后即入预备立宪公会，先后任驻办员、副会长，主持公会庶务，并先后主编《预备立宪公会报》（光绪三十四年正月二十八日到宣统元年十二月十三日）、《宪政日刊》（宣统二年四月初一到十二月十二月二十五日）、《宪报》（宣统三年二月十六到九月）三份机关报。1909 年当选为江苏谘议局议员，1910 年当选为资政院议员，1918 年病逝于大连湾。其毕生致力于通过翻译西方书籍、传播法民主思想、推进中国宪政改革，代表著作有《公民必读初编》《公民必读二编》《城镇乡地方自治宣讲书》《沤风诗文初集》等，并在其主编的三份机关报上发表时论文章数十篇，在清末政坛影响甚大。

（三）朝野内外的讨论

光绪三十四年八月初一（1908 年 8 月 27 日），宪政编查馆和资政院向清廷提交的《逐年筹备事宜清单》中，确定了九年预备立宪期间逐年应筹办事宜，其关于划分国家税与地方税的有关规定如下：第一年颁布清理财政章程；第二年调查各省人户总数及出入总数；第三年厘定地方税章程；第四年颁布地方税章程，厘定国家税章程；第五年颁布国家税章程。① 上谕认为该九年预备立宪逐年应行筹办事宜"均属立宪国之要政"，要求在京各衙门、地方各省府照单开各节依限认真举办。② 从光绪二十年首次提出以地方之财办地方之事，到光绪三十四年正式颁布划分国家税地方税的谕旨，经过十余年酝酿和发酵的近代化分税制思想在以"大权统于朝廷"为思想根基的制度改革中破土而出。随后，度支部即遵照要求拟定《清理财政章程》，经过反复讨论和修改，于 1908 底正式颁行，凡八章三十五条。其中，第十条要求各省在财政说明书中将税项"何项应属国家税，何项应属地方税"划分清楚，第十四条要求各省在预算报告册内，"将出款何项应属国家行政经费，何项应属地方行政经费，划分为二，候部核定"。③ 自此，朝野上下掀起讨论国地税收划分的热潮。大致可分为三股力量：发动和主导财政体制改革实践的政府官员、关注财政问题的进步人士、着力于宣传报道时事热点的新闻舆论界。

这一阶段，清末官员关于划分国家税地方税的主张，主要存在于晚清各省清理财政局所编制的财政说明书中，以及督抚之间、度支部与督抚和派驻地方的财政监理官之间的往来电文中。1910 年，22 省在陆续送交的《财政说明书》中将各省现行租税根据一定的原则划分为国家税地方税，集中反映了清末官员的分税制思想。1910 年冬，一些省督抚通过函电讨论外官制改革时引发了关于地方税分级的争论，他们就地方税是否应当进一步划分交换了意见。

---

①　故宫博物院明清档案部 . 清末筹备立宪档案史料（上）[M]. 北京：中华书局，1979：60-61.

②　故宫博物院明清档案部 . 清末筹备立宪档案史料（上）[M]. 北京：中华书局，1979：67-68.

③　度支部《清理财政章程》，清末铅印本。

进步人士关于划分国家税地方税的意见则主要体现于他们所撰写的时评文章中，主要有：何械的《英国地方行政与地方财政》(《预备立宪公会报》1908年第 17—18 期)，他在文中指出行政与财政不可分离，国家财政与地方财政密不可分，因而撰文介绍英国地方行政和地方财政发展概况以供我国整理行政、改革财政提供参考；吴冠英的《论地方税之性质》，他文中指出了中央财政与地方财政划然分离的必要性和紧迫性，并对中央税与地方税划分标准问题进行了深入分析；梁启超的《立宪九年筹备案恭跋》《地方财政先决问题》《论地方税与国家税之关系》，这三篇文章主要论述国家税与地方税厘定先后顺序及地方税分级问题。

第二节　晚清分税制思想主要内容

晚清是近代中国分税制思想的萌芽期。在救亡图存的主旋律下，一些进步人士和开明官员提出整顿财政、明确划分国家税地方税以厘顺中央与地方财政关系，进而振兴庶政。自 1894 年何启和胡礼垣在《新政议论》中初次提出"以地方之财办地方之事"这一国地分税理念，到清廷宣布预备立宪后一些政府官员陆续提出划分国家税与地方税，再到 1908 年资政院和宪政编查馆在《九年筹备事宜清单》中明确提出先后厘定地方税章程和国家税章程并得上谕肯定批示。经过十余年的呐喊和提议，以"划分国家税地方税"为核心的分权型财政体制改革方案的讨论在《清理财政章程》颁布后正式掀开帷幕。通过划分国家税地方税来厘清中央地方财政关系成为清末政府官员和知识阶层的共识，但囿于传统思想的束缚和对西方财政学理认知的不足，晚清对分税制的讨论限于划分国家税地方税，主要围绕国家税地方税厘定的顺序、国家税地方税划分标准及地方税分级等三个问题展开讨论。

一、同步厘定国家税地方税思想

宪政编查馆拟定的《九年筹备事宜清单》拉开了国家税地方税划分讨论大幕。该清单计划在第三年颁布厘定地方税章程，第四年颁布地方税章程并厘定国家税章程，第五年颁布国家税章程。即先定地方税，再定国家税。1910 年，梁启超在《国风报》①上接连发文批评、阐述、解释国家税地方税厘定先后顺序问题。他指出先定地方税章程后定国家税章程这一看似有条不紊的次序实则大乖财政学理，且于实际上决不可行。要使一国租税既足国用又不病民，需按照租税原则并参考本国情形来确定租税系统，"而租税系统者，则国税先定，然后地方税随之"。② 地方财政岁入以租税为大宗，地方税虽有独立税与附加税两种，实则以附加税为中坚。且无论是从附加税还是从独立税来看，都需先厘定国家税然后地方税从之。③ 先定国税而后地方税的原因主要有二：首先，从地方附加税来看。附加税是国税之附加，与国税为主从关系，"主既未立，从将焉丽"。而且国税中适于征收地方附加税的需降低国税税率亦减轻纳税人负担，因此，从租税系统和作用来看亦需先定国税；其次，从地方独立税来看。一方面，地方独立税虽与国税不相附丽，但纳税人既是地方团体公民也是全国国民，其纳税能力是一定的，若地方税竭泽而渔，"则民无复余力以负担国用而国且殆矣"。另一方面，地方对地方所产物课税易影响国民生计。出于不加重纳税人之负担和不损害国计民生的考虑，地方独立税目的选择必须慎重，其要义是与国税相剂而毋或相犯，只能以地方税避国税而不能以国税避地方税，国税未定以前地方独立税不可得而议也。未定国税以前先定地方税，"必鲁莽灭裂，致国家与地方交受其病"。所以只有先定国家税而后地方税，如此组成的租税系统方能既足国用又不病民。④ 王履康在同年8月5日上奏清廷的一封奏折中就该问题提出了与梁启超一样的看法。他指出："今值国税未定之时，断不能先从地方税为入手办法。何也？国税未定，倘或仓促从事，非独地方税不能成立，臣恐种种胶葛，缘是而起。盖也国税为地方税之先导则可，以地方税为国税之张本则不可；以地方税避国税之重复则可，以国税避地方税之矛盾则不可。"所以，必俟国税既定后，再厘定地方税章程，方于国计民生两有裨益。王履康的这一奏谏得到军机处的重视并得到度支部的回应。宣统二年八月初二（1910年9月5日）度支部称王履康所奏"厘定地方税章程当以国家税为标准，拟俟国家税厘定以后再行拟定地方税"诚不为无见。继而提出"国

---

①　《国风报》立宪派喉舌，1910年1月创刊于上海。

②　沧江. 立宪九年筹备案恭跋[J]. 国风报，1910，1(1)：23-42.

③　沧江. 地方财政先决问题[J]. 国风报，1910，1(2)：15-21.

④　沧江. 论地方税与国税之关系[J]. 国风报，1910，1(4)：3-6.

家税地方税名义虽分，征权则一。查各国地方税多有附加之税，自非与国家税同时厘定，恐无所依据以为准则"。奏请将国家税地方税章程于宣统三年同时厘定，并于宣统四年同时颁布。①

宣统三年正月十四（1911 年 2 月 12 日），度支部尚书载泽在奏请试办全国预算折中提出令各省在预算册内"将国家岁入、地方岁入详究性质，暂行划分，仍俟国家税地方税章程颁布后，再行确定"。② 度支部随折还提交了《试办全国预算暂行章程》，章程第二条规定"各省应编国家岁入预算报告册、地方岁入预算报告册并比较表送达度支部，限于四月十五日以前送到。各省文武大小衙门局所，应编造国家岁入、地方岁入预算报告分册并比较表，限于二月初十日以前送清理财政局汇总编制"。第五条规定"各省应编国家岁出预算报告册、地方岁出预算报告册并比较表，按照各主管预算衙门所管事项，分别咨送各该主管衙门，并将全分册表咨送度支部，统限五月十五日以前到部。各省文武大小衙门局所，应编造国家岁出、地方岁出预算报告册并比较表，限于三月初十日以前送清理财政局汇总编制"。③ 均获准允。各主管预算衙门和度支部收到并覆核地方造送的预算报告册后即电咨各省编制预算案，而后提交谘议局议决。宣统三年，度支部开始主持编纂全国预算，在预算案内已经要求在京各衙门、在外各省将岁入岁出分别国家税和地方税、国家经费和地方经费，以划分中央财政和地方财政进而厘清中央与地方政府财政关系。根据宣统三年八月二十七（1911 年 10 月 18 日）度支部奏报第四年第一届宪政筹备事宜及筹备情形折中所言，"嗣据各省督抚将各该省岁入情形，列表繁说，先后咨送到部。臣等遴派司员，按照各省送部原表，证以历年成案，近年各省清理财政季报、年报及宣统三年、四年预算册表，参以学说，逐项审查，大纲略具。除各项成法及施行细则，再饬详细覆查，妥慎编订外，现经酌拟厘定国家税、地方税章程，俟咨送内阁法制院辅查后，即行奏交资政院覆

---

① 度支部. 度支部奏议将国家税暨地方税章程同时厘定颁布折[J]. 江宁实业杂志，1910（3）：24-25.

② 故宫博物院明清档案部. 清末筹备立宪档案史料（下册）[M]. 北京：中华书局，1979：1044.

③ 故宫博物院明清档案部. 清末筹备立宪档案史料（下册）[M]. 北京：中华书局，1979：1046.

议"，度支部于宣统三年实际上同时草拟了国家税、地方税章程。

二、繁杂的国家税地方税划分标准

宪政筹备以清理财政为基础，清理财政以划分国家税地方税为要领。1909年初，度支部会同宪政编查馆确定了《清理财政章程》，明确要求各省将所征各项税收当属国家税或是地方税于财政说明书中划分说明、各项出款当为国家费或为地方费于预算报告册划分为二。朝廷内外就租税当划分国家税地方税达成共识。度支部便着手准备清理财政并划分国家税地方税。其准备之一就是在度支部内成立专门负责清理财政和划分国家税地方税的组织机构——清理财政处，并要求各省成立清理财政局以统筹各省的财政清理和国地税收划分工作；准备之二是向各省派遣正副财政监理官以督促指导各省的财政清理和国地税收划分工作。宣统元年(1909年)一季度，清理财政处暨各省清理财政局陆续设立完毕，正副财政监理官亦陆续到位。在具体开展国家税地方税划分工作时，度支部、派遣至各省的财政监理官、各省清理财政局所面临的首要难题是：究竟哪些税项当属国家税，哪些税当属地方税？其划分标准是什么？国家税地方税划分标准是划分国家税地方税的关键。因为划分标准决定了税收在中央与地方政府之间的分配，直接影响各级政府的财政收入。在划分国家税与地方税的共谋局面下，中央政府和以省为中心的地方政府利益诉求是存在差异的。中央政府企图借清理财政、明定租税界限之机集财权于国家，敛赋税于国库以控全局，这从以"大权统于朝廷"的宪政基调即可见端倪。而地方政府则希冀借改革契机为太平天国运动以来逐渐形成的客观存在的地方财政确立合法保障，希望分财权于地方，留税收于府库以行自治，划清中央与地方的财政界限以摆脱中央政府对地方财政无限制的摊派。中央地方动机不一，省情形各异，两税划分标准自多分歧。

(一)政府官员的税收划分标准

在前述奏疏或上书划分国家税地方税条陈中，赵尔巽、程德全及熊希龄曾论及以何依据来划分国家税与地方税。赵尔巽提出："如税课钱粮等解部之款及由省支销之款皆为国税，应由税务粮租盐法各局解省备用。其截留地方办事之款如车捐、灯捐、巡警捐之类，皆为地方税，除绅董经收者不计外，凡各局代收之款仍令照案解交各地方官以备公用。"①可见赵是以旧有之税收去向作为国家税地方税划分界限，而且其将省支用的税款亦作为国家税，说明他对国家与地方的界限尚不明晰。程德全则提议："将我国内结外销各款即照国家税地方税划分清晰，其关乎国家者自不容由外间稍挪分毫，其关乎地方者尤不得由内间固为牵制。"②即主张以内结和外销之别作为划分国家税地方税的标准。赵尔巽和程德全所提出的划分标准完全来源于经验判断而没有任何学理依据，其基本立场是保护地方政府既得财政权益。熊希龄则是借鉴德、美税项划分成例，对当前税收何项归国家税，何项归地方税作了明确界定："关税、邮电皆有趋于统一之势，此外钱、漕、盐、烟、丝、茶，皆可一律归之中央，其余如销场税、车船税、家屋税、印花税及一切杂税。似皆归之地方。凡地方抽税之事，不得有违法律而碍于国税，国税有余时，亦可补助地方之所不足。如此，权限分明，内外兼重，则中央亦不足恃。"③若说赵氏的划分标准是全凭经验，那么熊氏的划分标准则是奉行拿来主义，即未结合历史传统，也未考虑中国实情。

统管全国财政的度支部虽在《清理财政章程》中要求各省将租税划分为国家地方二等，但对于国家税地方税划分标准也是毫无头绪。其作为主导国家税地方税划分工作的领导部门，又不得不为各省两税划分提供标准。鉴于当时各省收支有内销外销之分，正款杂款之别，极为紊乱，而内销外销之别又不足为两税划分之标准，"目前办法，惟有以外销作为杂款……内销者分别何项为正款，何项为杂款……于正款杂款之中分别性质，何项向供国家行政之用应属国家税，何项向供地方行政之用应属地方税，如是而已。"④简言之，度支部提出的是按照税收用途作为划分国家税地方税的标准。但在当时，究竟何为国家行政、何为地方行政并没有明确界定，所以此项划分标准实际上是含混不清，不具可操作性的。专为指导清末各省财政清理和两税划分工作而设的清理财政处对国家税地方税划分的困

①　《奉天将军赵奏酌设各地方裁判粮税专员并定地方官行政权限折》，《四川官报》第十五册，光绪三十二年五月中旬：5-7。

②　《署黑龙江巡抚程德全奏遵旨胪陈管见折》，《政治官报》第 64 号，光绪三十三年十一月：8。

③　周秋光．熊希龄集（第一册）[M]．长沙：湖南人民出版社，2008：300．

④　《清理财政章程讲义》，清末铅印本：7-8。

难有清醒的认识，所以对两税划分标准只给了"博稽学理，参酌现情"①八个字。中枢机关对于两税划分标准的不明确，不仅给朝野上下关心两税划分的官员士子谏言抒臆的机会，也使得各省在财政说明书中划分税项时有了较大的发挥空间。

从日本留学归来的时任度支部员外郎陆定，于宣统元年七月对《清理财政章程》逐条阐述，认为《清理财政章程讲义》中关于国家税地方税划分有斟酌不妥之处，质疑度支部既然外销之款不足为两税划分之区别，"则正款杂款可为国家税与地方税之界限乎，犹未能也"。显然，对日本分税制有清楚了解的陆定不认同度支部的划分标准，进而提出"国家税与地方税有可从税项上分者，有可从税率上分者。由税项上分者，如指地丁、漕折、关税、盐厘、厘金为国家税，指税契、牛、牙、当税为地方税。由税率上分者，如地丁漕折为国家收入之大宗，皆有国家与地方之关系，国家明定此等税法曰国家税，各地方亦可依此税法课本税十分之二三之附加税曰地方税"，属国家的部分地方不得截留，属地方的部分国家亦不可动拨，如此"国家税与地方税界限始明而分别多寡之标准亦定"。②并就当时现有税收哪些划归国家，哪些归属地方进行了详细具体的划分。③ 然而这二项标准仍旧是模糊说辞。首先，哪些属国家行政哪些属地方行政，未明也，以用途为划分标准自属空谈。其次，所谓国家税与地方税划分标准，即是税项或属国家或属地方之依据，因而以税项为划分标准实则是以问题回答问题，毫无意义。最后，所谓税率标准其实是对皆有国家与地方之关系的大宗税收按国家税的一定比率征收地方附加税，那么哪些税项属此类呢？其征收率又如何确定呢？这些问题不解决，陆定所提出的划分标准也是无源之水。但相较于度支部所言，陆定的税收划分标准更加具体、明确，所以度支部清理财政处将该《清理财政章程解释》寄送各省作为参考，对一些省份划分国家税地方税也起到了一定的指导作用。如河南省在翻印版本扉页中称陆定"举清理财政章程逐条推阐，义蕴毕宣。虽纯以解释为主，而于立法之精神，昭然若揭。比承度支部财政处寄示，爰付石印，期

---

① 《清理财政纲要》，收入《清理财政处现行章程》清末铅印本，无页码。

② 陆定. 清理财政章程解释［M］. 无出版地：河南省清理财政局印行，1910.

③ 陆定在《清理财政章程解释》中提出，田赋、漕粮、盐课盐税盐厘、茶课茶税茶厘、土药税、关税、厘金和印花税当为国家税；地丁附加税、漕折附加税、营业税、杂税、杂捐应划为地方税。

与当事者作考镜之资"。①

宣统二年（1910年），各省陆续上交度支部要求编造的财政说明书。② 其中，有18省③在财政说明书中对税收进行了划分或作了说明但主张各有不同。只有奉天、江苏与广西认为税项划分，"究需先定标准"。奉省提出划分五项标准：其一数目标准，"田赋、关税、盐课、统捐等多额数目之收入，悉划为国家税。……各项特别税、附加税等少额数目之收入为地方税"；其二物品标准，盐、硝磺、矿等应为国家所有之资源物品所征之税当为国家税，其他零细物件，各省或有或无之物所征税收如碳捐、木柴捐等划为地方税；其三性质标准，如关税、契税等具有国家性质者划为国家税，而房捐、道捐、桥捐、庙捐等"皆依地方特异之情形，办法不同，其性质不合于国家税者，悉划为地方之特别税"；其四税则标准，"凡统捐税则（税率）之有一定者，悉划为国家税"，无一定之税率则划归地方；其五系统标准，如"木税，既列为国家税，凡木税之系统者，如旗属木税、木植新捐等，皆应列入国家税"，而"屠售税既列为地方税，则凡属屠兽税系统者，如验牲税，亦应列为地方税"。④ 江苏于《苏属财政说明书》提出七条国家税标准：人民普及负担者、收额巨大确实者、非国家名义不能征收者、人事财产行为因受国家制裁或保护而征收者、社会上无益有损以税法去之而征收者、因军事外交之关系临时增课而事后停免者、因指定用途一时骤难改变者，符合上述任

---

① 陆定．清理财政章程解释［M］．无出版地：河南省清理财政局印行，1910.

② 度支部在《清理财政章程》中第十条规定："清理财政局应将该省财政利如何兴、弊如何除、何项向为正款、何项向为杂款、何项向系报部、何项向未报部，将来划分税项，何项应属国家税、何项应属地方税，分别性质，酌拟办法，编订详细说明书，送部候拨。前项说明书限至宣统二年六月底陆续咨送到部。"各省财政说明书于宣统元年起陆续编纂，有些省份很快完成，多数省份是依限完成或稍有延误，还有些省份则拖延至年底或次年。但清末22省基本上都根据度支部要求完成了财政说明书的编纂。晚清财政说明书基本是一省一种，其体例和详略各有不同。初版的财政说明书分散于全国各地，1915年北京经济学会汇集刊印了清末22省财政说明书。2015年，武汉大学出版社重新出版了以1915年北京经济学会《财政说明书》为底本、以各省清理财政局初刻本为参较本点校整理的清末22省财政说明书，冠名为《晚清财政说明书》，共分九卷。

③ 清末22省皆编制了财政说明书，但山东、四川、新疆、云南四省说明书中并未见税项划分及说明。

④ 陈锋．晚清财政说明书（第一卷）［M］．武汉：湖北人民出版社，2015：215-236.

意一项国家税标准即划为国家税。两条地方税标准：地方税附加定率、地方独立税。按这样的划分标准绝大部分税收皆归中央，而地方税仅有自治章程中所定附捐、特捐而已。① 广西清理财政局对各国税项划分之标准逐一阐述分析后认为主体资格之标准最为合宜，"而仅言主体资格仍未完全。兹于主体资格之外参酌本款性质，主体、性质俱属国家者，国税也，主体属国家而性质两近者，亦国税也。惟性质专宜于省税，则虽见诸奏案及向入奏销之款，亦以省税待之"。据此标准，将田赋及附加、契税、常关、盐税、矿税、当税、牙税、土药税八项划为国家税，将统税及其他杂税杂捐共计十五项划为地方税。②

其余各省虽未详论税项划分标准，但从其对税项为何划归国家为何划归地方之说明，可将其税项划分依据总结为以下几类：一是按税款用途来划分，如黑龙江"兹复再三讨究，剖析异同，以用途属于中央事业者为国家税，以用途属于地方事业者为地方税"；③ 吉林省"夫国家税与地方税之界限，大要供国家行政者曰国家税；供地方行政者曰地方税"；④ 陕西省"兵饷也，赔款也，练兵经费也，皆国家之用也，则缘是而税者不谓之国家税不可。教育也，巡警也，自治也，其用皆地方行政费也，则缘是而税者不谓之地方税不可"。⑤湖北和福建以国家正供及用于军需、赔款、河工船工及国家行政之用等税项划为国家税，以用于地方教育、巡警、行政等地方事业者为地方税。⑥ 如山西将用于国家支出的藩库税收划为国家税，而用于地方支出的各府厅州县征管税项划为地方税。⑦ 二是按税项性质划分，如直隶认为田赋、盐课、常关税、海关税、厘金五税正杂各款及契税、当税、烟酒税、印花税等杂税九项共计十四税皆按性质论划为国家税，渔税、竹马牛羊等杂税及各类杂捐，"皆为兴办新政，就地筹款而设，俱系地方税性质"而

①　陈锋．晚清财政说明书(第五卷)[M]．武汉：湖北人民出版社，2015：221-223.
②　陈锋．晚清财政说明书(第八卷)[M]．武汉：湖北人民出版社，2015：36、40-43.
③　陈锋．晚清财政说明书(第一卷)[M]．武汉：湖北人民出版社，2015：391.
④　陈锋．晚清财政说明书(第一卷)[M]．武汉：湖北人民出版社，2015：549-550.
⑤　陈锋．晚清财政说明书(第四卷)[M]．武汉：湖北人民出版社，2015：373.
⑥　陈锋．晚清财政说明书(第六卷)[M]．武汉：湖北人民出版社，2015：381-408. 陈锋.晚清财政说明书(第九卷)[M]．武汉：湖北人民出版社，2015：561-758.
⑦　陈锋．晚清财政说明书(第三卷)[M]．武汉：湖北人民出版社，2015：113.

归为地方税。① 三是依《城镇乡地方自治章程》，仅附加税与特捐划归地方税，余皆为国家税者，如河南、江西。四是参日、美等国成例，将现有税项归类为营业税、消费税、收益税等项，而后据西方学理划分，如湖南将地丁漕粮等与土地相关之税、盐课、茶税、厘金、正杂各税等税项定性为消费税、营业税或产业行为税而划为国家税；将杂捐中定为营业税、收益税之如谷米捐、牙帖捐划为国家税，而其中定为所得税之如船捐、屠捐等划为地方税。② 五是各种不同标准杂糅者，如甘肃因地丁、盐课、茶课、统捐等项"为报部正款，故划入国家税"，但又因药税、西税、集税等项"性质、用途皆属地方，故划入地方税"。③ 安徽划归为国家之税项有因为报部正款者、有因循他国成例者、有本属地方税性质而因军饷、赔款征收者，划归地方之税项多为于国家正税之外加征之附加税且用于地方新政事业者。④ 浙江将由国家机关征收者、供国家事项支出者、税收普及一般人民者、有国外所称营业税所得税消费税性质者皆划归国家税，征收限于一隅且用于地方事业者则划归地方税。以此划分标准，浙江税收"大部分俱属国家税"。⑤ 六是仅有税项划分而没有划分标准或说明者，如广东、贵州。

度支部在收到各省造送的财政说明书和国家税地方税简表后，对于五花八门的税收划分亦感无奈。度支部分析，造成这种情况的原因有三：一是各国的税收划分标准或因学说异同或因沿革差别而不一，进而对各省的国地税收划分产生了不同的影响；二是我国官制未定、行政范围尚无界限，中央与地方政费难分以致税收划分亦难得合理依据；三是各省情形不同、税捐名目既殊、征收方法亦异、用途又出两歧，以致斟酌适中殊无良策。不确定一个合理适用的国家税地方税划分标准，国家税与地方税的划分几无可能。所以，度支部同仁共同研究以下主张：地方附加税仅征之于田赋，盐税、茶课、厘金及海关常关税为国税。⑥ 并撰写《划分国家税地方税之标准》和《租税系统略说》两个文本下发各省。在《划分国

---

① 陈锋. 晚清财政说明书(第二卷)[M]. 武汉：湖北人民出版社，2015：1-90.
② 陈锋. 晚清财政说明书(第六卷)[M]. 武汉：湖北人民出版社，2015：439-522.
③ 陈锋. 晚清财政说明书(第四卷)[M]. 武汉：湖北人民出版社，2015：483-567.
④ 陈锋. 晚清财政说明书(第六卷)[M]. 武汉：湖北人民出版社，2015：3-94.
⑤ 陈锋. 晚清财政说明书(第五卷)[M]. 武汉：湖北人民出版社，2015：544-684.
⑥ 度支部. 度支部致各省划分国家地方税函[J]. 广益丛报，1911(265)：35-39.

家税地方税之标准》文中，度支部列举了西方各国从学理上论之可作为划分国家税地方税的标准：第一，凡课税物件之确定而少移动者为地方税，反是则为国家税。因为地方政府更容易掌握对此类课税物件的价格、收益等情况据，有利于税收征课公平。据此原则，地租适宜为地方税，消费税适宜为国家税。第二，一切租税皆定为国家税而地方但收附加税，因为有利于统一财权和节省征收经费。第三，凡征收权属于国家者为国家税，征收权属于地方者为地方税。因为国家税地方税的区别源于权力之所在。第四，凡税项之充全国经费者为国家税，税项之充地方经费者为地方税。因为中央政府与地方官地方团体的职务各异，其征收款之用途自别。但度支部认为其上任意一说皆不足为中国国家税地方税划分标准。根据第一说地租当划为地方税，而我国地租向为大宗收入，在关税协定情况下，地租若划为地方税必致国家经费竭蹶。根据第二说一切租税皆为国家税而以附加税为地方税，不仅会使得地方自治因缺乏经费而规模狭隘，并且中央政府与地方团体冲突将自兹而起。第三说以征收权为划分标准，对于税法未定、征收权不易辨析的晚清来说无异于缘木求鱼。第四说于当时中国亦不可取，因为中央与地方权限责任未定、地方经费为数甚微，且有明为国家税而拨充地方经费者，明系地方税而拨充国家经费者，用途纷杂，殊难确定。经过对西方学理和中国实际的综合考量后，度支部提出"举向来固有之税项而折中以上诸说为划分之基础"，同时参照国家地方岁出之多寡，以支配税项而得其平衡。具体意见如下：第一，除田赋以外，凡房捐等课税物件之少而移动者皆划为地方税。第二，以地丁耗羡等向附之于正赋者定为附加税，另择他项适于地方经费的税项为地方独立税。第三，税法未定之前，视租税的征收机关为国家或地方而推测之。如盐税归盐运使专管，则属国家税无疑，各项杂捐由地方征收者则属地方税无疑。第四，斟酌情形，遇向充地方经费之收入中，含有国家税性质者举而划归国家税。向充国家经费之收入中，含有地方税之性质者，举而划归地方税。[①] 由上观之，度支部划分国家税地方税的宗旨是"以事实为重而以法理佐之，若系大宗巨款虽名义应属地方而实际仍应归诸国税"。因为地方财政不足可以国税补助之，但若划归地方后再行收

---

① 度支部. 划分国家税地方税之标准[J]. 北洋政学旬报，1911(8)：1-5.

归国税，不仅"势逆难行，又与舆情有拂"。①

（二）知识阶层的税收划分标准思想

吴冠英在《论地方税之性质》一文论述了当时迫切需要解决的国家税与地方税划分标准问题。《城镇乡地方自治章程》《府厅州县地方自治章程》和《省谘议章程》相继颁布意味着立宪之义大定，中央与地方行政分权之势已成。而政治上的机关欲收实行之效无一不需经费，所以有政治之事必有财政之事。在中央与地方行政权限基本划分的情况下，中央与地方的财政必当划然分离。因而吴冠英指出，在谘议局开会前"中央地方之权限一切之事皆宜先为划分，而租税尤最重要者"，中央地方财政不分必将阻碍地方政治行进前途。而财政中最重要之务无逾租税，所以中央地方财政划分最重要的乃为中央税与地方税划分问题。②

吴冠英首先对当时比较流行的以间接税和直接税为划分国家税地方税标准和"以一切租税皆为国税而省税但收附加税"的两种主张进行了透彻分析。他认为以间接税为国家税以直接税为省税的理论虽好，但实际上"直接税不尽宜为地方税，间接税亦有可以为地方税者也。"如直接税之所得税、财产税不适宜为地方税，因为容易导致漏税和税负不公平之弊。所以直接税间接税不足为划分国家税地方税的标准。欲求地方事业发达，须在政权范围内予以行政自由，在财政范围内予以征税自由。中国行省领域广，行政经费仅限于附加税则无法图地方之发达和人民之幸福；且中国直省有独立的行政权，应当匹配独立的征税权。所以，"一切租税本体为国税而以其附加税为省税"的做法在中国是行不通的。在他看来，之所以有种种不适用于中国的国家税地方税划分标准，是因为不了解地方税的性质。所以，他提出，要划分国家税与地方税的界限不可不先明地方税的原理。首先，地方税仅负担对内国之经费而不负担对外国之经费，即军事、外交活动经费不在地方税负担范围内。因为军事、外交等具有对外性质的事权皆操于中央，其所需之经费自应由国税供应之。所以地方税仅供地方政府之用而绝对不含有对外经费之性质。这一理念实际上暗含事权划分是税收划分的基础这一逻辑。其次，地方

---

① 度支部. 度支部致各省划分国家地方税函[J]. 广益丛报，1911(265)：35-39.

② 吴冠英. 论地方税之性质[J]. 宪政新志，1909(1)：81-93.

税可征收自国内而不可征收自国外。因为地方税的课税原理是"课一方之财以办一方之事"，所以地方税征收当限于其财源出自地方。而具有国际关系的事务皆有中央政府承担责任，所以有对外关系的税收——关税应为国家税。最后，地方税更接近于报酬之负担而非义务之负担。人民负担租税根据其是否明显受益可分为义务性质的和报酬性质的两类，地方政府经营的事业多是带有经济性质而能给地方人民带来一定收益或相应报酬的，所以地方税是一种报酬性质的租税。"而地方政府能为利者，又仅限于一地方"，因而地方税的征收也只能限于一地方的人与物。① 合理划分国家税地方税的前提是了解国家税与地方税的性质。吴冠英从税收用途、税收来源及税收效果三个方面分析了国家税与地方税的性质，并认为，综合以上三要素的国家税地方税性质是一个更加可靠的税收划分标准。

三、地方税分级思想

1910 年初，梁启超在《地方财政先决问题》一文中提出地方财政面临的第一个问题是自治团体的级数，"无论何级之自治体皆不可无自治经费"，所以非决定自治团体级数则地方财政不可得而议也。但自治团体级数不可太多，因为自治经费皆取诸于民，"自治体多一级，即其地方人民多一重负担"。西方国家有经一级而达中央者如英美，有经两级而达中央者如普日。借鉴西方经验，考量清末已颁布的自治章程法令，梁启超认为中国自治团体分为城镇乡、厅州县和省三级较为合适，所以地方税亦当分为三级。②梁启超这一地方税当分三级的思想深受日本分税制的影响，这与他在日本旅居多年，对日本各项制度的了解和深入研究是分不开的。

宣统二年(1910 年)秋冬，各省督抚函电交驰讨论开国会、设内阁及官制改革事宜。宣统二年十二月初八(1911 年 1 月 8 日)，时任东三省总督锡良③将经各

---

① 吴冠英. 论地方税之性质[J]. 宪政新志，1909(1)：81-93.

② 沧江. 地方财政先决问题[J]. 国风报，1910(2)：15-21.

③ 锡良(1853—1917)，字清弼，蒙古镶蓝旗人，晚清名臣。早年在山西任职二十年，1903 年调任四川总督，1909 年调任东三省总督。历经同治、光绪、宣统三朝，为官以正直清廉、勤政务实著称。

督抚电商由云贵总督李经羲①执笔的厘定官制电文译发军机处。各省督抚就中央与地方内外官制关系所达成的一致意见是："似宜内外统筹，分为三级：第一级为内阁与各部，其权责在计划国务，统一政纲；第二级为督抚，其权责在秉承内阁计划，主决本省行政事务；第三级为府厅州县，各治一邑，不相统辖，其权责在秉承督抚命令，整理本属行政。"②其时，度支又致电各省，要求各省划分国家税地方税并于年内列表送部核办。在此情势下，两广总督张鸣岐③提出："此次区分税项，凡各省预算册内各种税捐，应归地方税者，均就其征收之主体，参酌本款性质，分为省税，府、厅、州、县税，城、镇、乡税三种。"张鸣岐(1911 年 1 月 11 日)提出地方税分三级的理由有二：第一租税等级当与行政区划等级为一正比例。前经各督抚电商，外省官制分为省和府厅州县两级，同时中央奏定的《城镇乡地方自治章程》中又明确城镇乡为一级自治团体。是以，张鸣岐认为："将来地方行政应以省为一级，府、厅、州、县为一级，城、镇、乡为一级"，行政分三级，税收亦当分三级。第二，各级行政事务应由各级税收支办，以免界限不明而行政受牵掣。张鸣岐认为："一省共同之事，当以省税支办之；一府厅州县共同之事，当以府厅州县税支办之；城镇乡共同之事，当以城镇乡税收支办之。界限分明，各就其财力盈虚以为三级办事之标准。"④

　　张鸣岐借度支部电令各省划分税项之机，提议会衔电奏度支部将地方税分为省税、府厅州县税和城镇乡税三级，此言论一出，各省督抚函电交驰，各抒己见。有对于地方税分三级完全赞同毫无异议者。如两江总督张人骏、吉林巡抚陈

　　① 李经羲(1860—1925)，李鸿章之子，历任四川永宁道、湖南盐粮道、按察使、福建布政使、云南布政使等职。光绪二十七年升为广西巡抚，旋调云南巡抚。1902 年 12 月署贵州巡抚。1904 年 5 月，调任广西巡抚。1905 年冬任安徽铁路矿务总理。1907 年病免。1909 年 2 月，升任云贵总督。

　　② 中国社会科学院近代史研究所. 近代史资料(总 59 号)[M]. 北京：中国社会科学出版社，1985：76.

　　③ 张鸣岐(1875—1945)，山东无棣县人。戊戌变法前后成为岑春煊的幕僚。岑氏对张鸣岐极为赏识和认可，1903 年督粤期间保荐张鸣岐为广东布政使。后广西巡抚林绍年调职时又极力举荐张鸣岐继任广西巡抚，于是 1906 年三十岁的张鸣岐便升任广西巡抚。1910 年 10 月 27 日，两广总督因病奏请开缺得准，旋即调张鸣岐署两广总督。

　　④ 中国社会科学院近代史研究所. 近代史资料(总 59 号)[M]. 北京：中国社会科学出版社，1985：79.

昭常。张人骏说"坚帅(即张鸣岐)真电悉,苫筹甚佩",表示愿意联衔电奏度支部。陈昭常则直言我国行省制度是地方特别阶级,在税法厘定之始"如不标立三级名目,恐部中规定税项仅列总名,必省城经费地步,彼时求之国税而国家不应,取之地方而地方不应"。《申报》《大公报》和《盛京时报》均全文报道了张鸣岐和陈昭常关于地方税分三级致各省督抚的电文,引起了社会广泛关注。有明确反对地方税分级者。江苏巡抚程德全向各省督抚连发两电表示反对地方税分级。首先城镇乡只能纳于府厅州县之中而不能别于其外,且难以有支撑其作为独立一级的税收;其次,分级过多不仅民力不堪重负且征收手续繁杂。所以他认为"税法只分国家、地方二级。国家税收入由中央支配;地方税收入由督抚支配,地方用途,或省、或府、厅州、县、城、镇、乡等支出皆在地方税范围之内,不必多分等级"。在程德全的反对意见出来后,其他督抚对二者的意见进行了综合。如山东巡抚孙宝琦既赞同张鸣岐地方税分级,又认可程德全所言"立级太多,未免烦琐"。所以他提出将地方税分省和府厅州县两级,城镇乡地方自治经费可照《城镇乡地方自治章程》由公款、公产和公益捐支出,"听各属酌量民力自由抽捐,无庸比附税则"。其他赞同地方税分级但认为当前情形不容立办。如四川总督赵尔巽曰"坚帅谓地方税应分三级,至为精确,惟须先将国家、地方两大部划定,再就地方一部按各省情形,细为区分较为妥当"。云贵总督李经羲电曰:"地方税分为三级,……伟论至佩。"但此宪政过渡时期,新政浩繁,需款在在,地方财政分三级恐难以自顾。地方各税某项应归某级,"宜各省酌量情形,先就分级后力能自顾之处,分别厘定;其必须合力始能办事者,暂不急于划分",免生窒碍。贵州巡抚庞鸿书发电附议李经羲。湖广总督瑞徵亦认为"改革之际,似宜先将国家、地方两税划定,徐图分别等级,较有次序"。两江总督张人骏"赞成坚帅区分地方税为三级之意也。……但地方税分级,应俟国家、地方两税划清,方能议及"。直隶总督锡良发电表示同意赵和瑞的意见,认为"目前划分税法,只能就国家税、地方税两大部分着手,俟官制颁布后,按照筱帅与次帅(赵尔巽)、莘帅(瑞徵)两电,义亦相贯"。① 换言之,当前税项划分按照度支部要求办理,地方税暂不

① 中国社会科学院近代史研究所 . 近代史资料(总59号)[M]. 北京:中国社会科学出版社,1985:80-85.

分级。张人骏等嗣后发电表示同意锡良的意见。

张鸣岐和陈昭常划分地方税为省税、府厅州县税和城镇乡税三级的主张与他们抚桂和抚吉期间的清理财政局不无关系。张鸣岐于 1910 年 10 月调任两广总督前任广西巡抚，广西清理财政局在向度支部编送的《广西全省财政说明书·凡例》中即指出："划分税项为本书最要关键，就地方税系统论，应分省税、府厅州县税、城镇乡税三级。"①吉林清理财政局在编送的《吉林全省财政说明书·拟分吉林全省税项总说明书》中同样指出"绌译原文，注意于国家、地方两税性质之分，以为逐年筹备实行厘定张本"，划分税目虽以国家、地方为主体，但地方税又分为省税、府厅州县和城镇乡税三等。并详细列举了各级税目。② 此外，黑龙江清理财政局及时任黑龙江巡抚亦均提出地方税当分省税、府厅州县税和城镇乡税三级。③ 奉天清理财政局借鉴日本税制分层经验认为地方税当分为省税和府厅州县税。④

第三节　晚清分税制思想述评

在清末宪政改革浪潮下，面对紊乱不堪的国家财政，西方财税理论和分税制度的引进，为国人探讨财政体制变革问题提供了全新的理论依据和视野，划分国家税地方税成为朝野上下的共识，这是对中国集权财政体制的一次重大思想突破，是中国财政思想史上的一个重要创新。虽然，晚清分税制思想仅论及税收划分，且对划分标准尚未形成统一意见，清朝便已覆亡。但其为民国时期分税制立法和制度的尝试、确立发挥了先导作用，对近代中国分税制思想的发展具有开创性意义。综观清末分税制思想，其来源、主体、内容、深度呈现出以下特征：

第一，思想来源上导源西籍，取径东瀛。滥觞于清末的分税制思想是推行立宪政体与应对财政危机情境下，移植西方分税制制度经验与思想理论的产物。即清末分税制思想来源于西方，但在引进、借鉴日、欧、美各国的财政学理和实践

---

① 陈锋. 晚清财政说明书(第八卷) [M]. 武汉：湖北人民出版社，2015：3.
② 陈锋. 晚清财政说明书(第一卷) [M]. 武汉：湖北人民出版社，2015：549-550.
③ 陈锋. 晚清财政说明书(第一卷) [M]. 武汉：湖北人民出版社，2015：391.
④ 陈锋. 晚清财政说明书(第一卷) [M]. 武汉：湖北人民出版社，2015：218-219.

经验过程中，日本的分税制经验及理论对清末分税制思想的影响占绝对主导地位。简言之，清末分税制思想呈现出典型"导源西籍，取径东瀛"的特征。首先，"导源西籍"。无论是倡言划分中央财政与地方财政抑或对国地税收划分具体方案积极建言献策的朝野各界人士，他们关于划分国家税地方税的思想无不来自他国。如何启，因留学英国十年而深受英国地方自治制度和"以地方之财，办地方之事"地方财政理念的影响，率先提议划分中央财政与地方财政。再如，较早奏请划分国家税地方税的朝廷官员，他们在谏言时皆以西方各国为例，程德全奏称"泰西公款有国家地方之分……拟请严饬各省速将我国向有内结外销各款即照国家税地方税划分清晰"，赵炳麟奏言"泰西各国亦多用国税独立之法"，熊希龄上书言道："宜统筹全国财政而支配之，分别之，归之中央者何税，分之地方者何税。譬之德意志国，分为联邦税、各邦赋税两种……又如美利坚合众国，中央所征者为海关税、烟酒税，地方所征者为产业税……此皆中央与地方划定界限之制度也。"其次，"取径东瀛"。晚清国人划分国地两税的理念虽受到日本、美国、德国、英国、法国等多个实行分税制国家经验和理论的影响，但受日本的影响最大。主要体现在两个方面：一是时人对国家税地方税划分标准及地方税分级的主张。朝野上下对国家税地方税划分标准虽五花八门，但有一个共同点就是将税基广、税额大的税收都划归中央，地方税多为一些零星杂捐及附加税，这是典型的日本式分税制。如《奉天全省财政说明书》中划田赋、关税、盐税、矿税、契税等为国家税时，皆以日本为镜鉴。① 留学于日本早稻田大学的度支部侍郎陆定提出的"于国家税上征收十分之二三的附加税为地方税"、督抚提出的地方税分级的主张均是对日本分税制经验借鉴。二是清末撰写或编译有关介绍西方分税制的著述绝大部分都取材日本。如黄遵宪的《日本国志》、何煜的《日本财务行政述要》、林志道的《日本财政考略》、钱恂的《财政四纲》、胡子清的《财政学》、黄可权的《财政学》、叶开琼的《财政学》、友古斋主翻译的《地方自治财政论》（原著日本石冢刚毅）、王琴堂的《地方财政学要义》等。

在中央集权专制政体框架和传统纲常伦理文化束缚下，以中央与地方行政分权为基础、以划分国家税地方税为中心内容的分税制思想不可能内生于存续了二

---

① 陈锋.晚清财政说明书（第一卷）[M].武汉：湖北人民出版社，2015：227-228.

千多年的封建性集权政治生态环境中。旧的财政体制已经瓦解，迫切需要一个新的理念来构建一种新财政秩序以适应国家与社会的发展趋势，而自身又无法创造出能够改造现有财政秩序的理念时，便需要向外借鉴成功经验。西方的分税制经验及思想在这种境况下被国人发现并引介到中国，成为清末国家税地方税划分改革的重要牵引力量。在这个过程中，日本成为国人重点学习对象，主要原因有二：一是文同、路近、费省，往返日本学习、考察更加方便容易；二是晚清所面临的内外环境与日本明治维新之前颇为相似，日本明治维新的成功为清末宪政改革提供了良好的示范。

第二，思想主体以政界官员为主，知识分子为辅。率先发出划分中央财政与地方财政或国家税地方税呼声的虽是思想界，但真正掀起国地税收划分改革讨论浪潮的却是政府官员。何启、攻法子、《时报》记者及梁启超等早期呼吁划分国家税地方税的提议并未受到重视。赵尔巽、程德全等奏请划分国家税地方税的谏言虽也未被采纳，但厘定、颁布国家税地方税章程被写进预备立宪《九年筹备事宜清单》，说明划分国家税地方税的思想已经得到中央枢臣和掌部大臣的接受和认可，尽管他们对如何划分国家税地方税尚无具体可行方案。不久，度支部根据《九年筹备事宜清单》的要求拟定了《清理财政章程》，要求各省编制报送财政说明书，而财政说明书的一个重要内容即是划分国家税地方税。如《直隶财政说明书·绪言》称："窃绎上项《章程》之意，说明书以分别地方、国家两税为最重要。"①东三省总督锡良向度支部咨送《黑龙江财政沿革利弊说明书》的呈文中说："职局编订说明，略本斯旨，蠲除苛细，力诸求戒。期于剔弊兴利而止。至于划分税项，尤为要图……故于篇末特附划分国家税、地方税意见书一通，以备参核。"②随后，各省设立清理财政局，度支部向各省派驻财政监理官，朝廷上下开始了划分国家税地方税方案的大讨论。这场大讨论的主要参与者是度支部及其所属官员、各省督抚及其他关注财政的官员，如度支部主政屈蟠、侍郎刘次源及随考察团出国考察的熊希龄、江西张县令等通过上书方式向度支部或上级领导谏言划分国家税地方税，御史赵炳麟及赵尔巽、程德全等地方大员通过奏折向统治者

---

① 陈锋. 晚清财政说明书(第一卷)[M]. 武汉：湖北人民出版社，2015：3.
② 陈锋. 晚清财政说明书(第一卷)[M]. 武汉：湖北人民出版社，2015：392.

提出划分国家税地方税。宪政编查馆拟定将划分国家税地方税作为预备立宪重要事宜后，度支部颁布《清理财政章程》要求各省在拟编制的财政说明书中将国家税地方税划然分离，随即在编写的《清理财政章程讲义》对国家税地方税划分标准作了进一步说明书。针对度支部对国地税收划分标准含糊不清的阐述，度支部侍郎陆定编写了《清理财政章程解释》，提出了更具可行性的税收划分标准。嗣后，各省清理财政局在编订的财政说明书各省税收进行了划分，各省督抚就地方税分级问题展开了热烈讨论。由于中央与地方政府划分国地税收动机不一，部臣与疆吏对税收划分标准意见多歧，导致争论多年始终无法形成统一可行的划分标准。而对于地方税分级问题，各省督抚由于立场、意图或利益诉求的差异也存在不同的意见。鉴于政府在分税制改革方案讨论上迟迟无果及对关键问题分歧良多，梁启超、吴冠英跳出政争的围栏从财政学理层面就上述问题撰文发表见解。

划分国家税地方税是清末财政改革的重要内容，关系到中央与地方各级政府的切身利益，自然引起以度支部为轴的财政官员及地方行政长官的高度重视。同时划分国家税地方税意味着地方分权性财政体制对中央集权性财政体制的取代，从制度层面上打破中国两千多年专制皇权框架下的"家财政"。清末倡导划分国家税地方税以政府官员为主，其根本原因在于清末的宪政改革是一场自上而下的强制性制度变迁，决定了与行政改革相配套的财政改革也是以政府为主导的自上而下的。另一不可忽视的原因是，清末大量官员出国考察使得他们能够更直接、较系统地了解西方财政制度。从西方内外有序的财政制度反观清末杂乱无章的财政秩序，必然使得他们提出借鉴西方将国家税地方划然分离的做法来改变中国散漫紊乱的财政局面。

第三，内容上重研税收划分，忽视支出划分。政府为满足履行职能、提供公共服务所需支出，必要取得一定的财政收入，收入和支出是财政的一体两面。实行分税制不仅要划分国家税地方税，也要将国家支出与地方支出划然分离，不可偏废。但从前文梳理可知，何启、攻法子、《时报》记者、梁启超等早期思想家从发展地方自治的角度提议划分国家税地方税，主张"以地方之财办地方之事"，并未论及国家地方支出划分。1906—1908年间，纷纷奏请、上书划分国家税地方税的大小官员亦仅陈税收划分之必要和重要，而忽略支出的划分。《清理财政章程》第十一条要求各省在财政说明书中将所征税项划分国家税地方税，第十四条要求各省在预算报告册内将国家与地方行政经费划分为二。度支部在《清理财政章程讲义》中提到："欲划分国家税与地方税必先知何为国家行政何为地方行政，行政之界限清、税项之划分易而经费之统计可定。故各省预算报告册先定岁出岁入之大纲固矣，而岁出之中又当划分国家行政经费与地方行政经费，但以各省之意见不同，各项之税章未定，往往同一款项甲省有指为应属国家行政经费者，乙省有指为应属地方行政经费者，办法不能统一，彼此徒多纠纷，此本部所以有核定之权也。"度支部所制定的国家行政经费包括：行政总费(各衙门局所办公费及官吏薪俸役食)、解京各款、协款、军政费、交涉费(教案赔款恤款、接待赠答各费、游历考察等费)、交通费(官办铁路、电报文报电话局等经费)、裁判费、典礼费；地方行政经费包括：教育费、监狱费、工程费(河工海塘经费、道路桥梁修缮、公园修建)、各衙门局所建筑及修缮费(实业、农事试验场及商品陈列所等费、工艺局矿务局等官立官办制造厂等经费)、民政费(谘议局经费、警察饷项及消防卫生、赈恤各款、警务学堂及医院等费、探访局等费、习艺所及孤老院清节堂等费)。① 但梳理朝臣奏章、搜诸报刊舆论、检索时评论著，1909 年后到清朝覆亡，朝野上下掀起对国地两税划分的大讨论却鲜见对划分国家地方行政经费的讨论。仅度支部在预算表式中厘定了国家行政经费，各省根据此表编制国家岁出预算。此外，1908—1909 年相继颁布的《各省谘议局章程》《城镇乡自治章程》和《府厅州县自治章程》中规定，各级自治团体的自治事宜、经费支出由各级议事会或参事会议决。也就是说，地方岁出由地方自治团体自行决定，中央与地方岁出划分被自动忽略。是以，清末分税制改革方案讨论重国地税收划分而轻视国地支出划分。度支部虽提出既要划分国家税与地方税，也要划分国家和地方行政经费，但在以清理财政为契机而展开的划分中央财政与地方财政的改革中，政界和学界的讨论都完全偏向于税收划分而忽略了经费划分。

　　清末的财政分权改革之所以重税收划分：一是因为税收划分是厘清中央地方紊乱财政关系的有效办法。将中央与地方政府的税收划然分离，并以法律章程明确界定各自的税收，可有效改善上下交错、内外牵混的紊乱财政局面；二是因为行政分权改革和社会结构变化为税收划分创造了条件。轻支出划分是因为无法将

———————————

　　① 《清理财政章程讲义》，清末铅印本。

全部支出在中央与地方之间进行明确划分，根本原因在于中央与地方行政界线不明，事权不清。清末的宪政改革虽确定了中央与地方分权的改革方向却并未对中央与地方的政务范围进行明确界定，即中央与地方的事权没有明晰划分。而支出责任的划分依赖于事权的划分，中央与地方事权边界的不清晰导致支出责任难以明确划分。这是由中国自秦汉以来所形成的大共同体本位的社会结构所决定。

第四，思想深度上流于经验介绍，缺乏学理分析。一个对外应对他国侵略的战争能力和对内提供公共产品的治理能力都很弱的国家，迫切希望通过借鉴他国成功的制度经验和学习他国进步的思想理论来改造自身，以实现其消弭内乱、抵御外辱的愿望时，经验的借鉴往往走在理论学习的前面。清末关于划分国家税地方税改革方案的讨论遵循的就是这样的路径。何启等早期思想家以及赵尔巽、熊希龄等朝臣，他们提议或奏请划分国家税地方税时仅提及西方国家行此之法及由此带来的益处，中国当借鉴西方国家划分国家税地方税的做法来厘清中央与地方的财政关系，而对国家税地方税划分的理论基础及中国为何仿行西方国家分权型财政体制的深层次的学理性缘由并未分析。1909 年以后，在讨论国家税地方税划分标准及地方税分级问题时，也只是简单地套用各国的国地税收划分经验，而缺乏学理性分析。清末的分税制思想呈现出的"流于经验介绍，缺乏学理分析"特征，主要是因为清末分税制思想的主体多为政府官员。面对亟待破解的紊乱财政局面，他们迫切的希望能寻求到解决之法。所以当他们看到和了解到西方列强的分税制财政体制及该体制所带来的财政秩序井然、税收体系清晰、上下权责分明的良好政策效果时，便迫不及待地想要将其套用到清末的财政改革中。套用一种外来的且与过往完全不同的财政制度，必须要详细的了解该制度并分析其优点以减少制度移植的阻力。同时政府官员更关心的是政策的制定和实行而非理论研究，所以他们在引介西方分税制时亦侧重于制度经验的介绍。正是由于对西方分税制的引介重于制度经验介绍而缺乏学理性分析，导致西方分税制在清末植入中国时出现了种种水土不服的问题。

第三章 北洋政府时期分税制思想
（1912—1926 年）

第一节 北洋政府时期分税制思想发展背景及基本情况

一、北洋政府时期分税制思想发展背景

（一）民主政治制度初步确立

辛亥革命结束了中国数千年君主专制政体，开启了民主立宪政体的新纪元。民主立宪政体的核心就是民权主义和分权制衡，以法律为手段限制政府权力滥用和保障人民合法权益。1912 年 3 月 11 日，孙中山以临时大总统的身份公布施行由临时参议院通过的《中华民国临时约法》，规定中华民国是资产阶级性质的民主共和国，实行资产阶级三权分立（参议院行使国家立法权、大总统和国务院行使国家行政权、法院行使司法权）的国家政治体制，国民一律平等并享有人身、财产、言论、出版、集会、结社等自由和选举、考试、请愿、诉讼等权利，还确定了保护私有财产的原则和发展资本主义经济的方案。[1] 这是中国历史上第一部具有资产阶级民主共和性质的大法，从法律上确定了中华民国的国体和政体，赋予了人民言论自由和参政议政的权利，也推动了地方自治运动的进一步发展。《中华民国临时约法》虽遭到袁世凯的破坏和废除，却明确了中华民国是民主共和国的国家性质和奠定了中华民国民主立宪政体的制度框架。在这样的政治框架下，

---

[1] 张皓. 中国现代政治制度史［M］. 北京：北京师范大学出版社，2020：21.

任何企图破坏民主共和与实行帝制集权的行为必会遭到全国人民的一致反对和声讨。封建集权的时代已经一去不复返，民主分权才是符合时代潮流和历史规律的政治选择。

袁世凯在复辟帝制失败辞世后，北洋集团分裂，中华民国陷入军阀割据混战的泥淖。但国人对建立美国式的民主、共和、自由的宪政国家的愿景却始终不变。在新文化运动洗礼和"五四"爱国政治运动喧嚣下，联省自治思潮高涨，引发了中国 20 世纪 20 年代初的联省自治运动，湖南、浙江等多个省份纷纷宣布自治并制定省宪。民主政治理念一时风头无两，但自治不过是军阀为缓和社会矛盾，迫于舆论、民众压力而实行的伪民主。"联省自治"运动虽未能实现"五四"知识精英和平改造中国，建立真正民主共和国的目标，却使得行政、立法、司法三权分立和中央地方分权而治的宪政主张愈加清晰。

财政为庶政之母，以民主立宪政体取代封建专制政体的政治变革必然带来财政体制的变革。因为"立宪必由自治始，而民主自治就意味着要和中央分权，分权意味着分产分财，分税制财政体制呼之欲出"。①

(二)国民经济快速发展

北洋政府时期，由于军阀割据、内战频仍，中国并不存在民族经济发展所需的稳定的社会环境、良好的市场和交通运输条件。但在欧美国家发生第一次世界大战的外部有利环境和国内市场扩大、企业家积极努力的形势下，北洋时期民族资本主义有了较快发展。根据杜恂诚统计，1912—1927 年的 16 年中，中国历年所创办资本额在 1 万元以上的工矿企业总数约 1984 家，创办资本额约 4.5 亿元。相较于 1840 年到 1911 年的 953 家和 2.04 亿元，新创办的企业数量和新增投资额均增长 1 倍有余。② 财政收入以经济发展为基础，工商经济的发展对北洋时期财政收入数量和格局产生了较大影响：一是政府税收尤其是工商税收有了较大幅度增加。根据现有统计资料，这一时期除田赋没有增长外，关税、盐税、契税、烟

---

① 李向东．民国北京政府分税制研究[M]．北京：中国社会科学出版社，2020：9．
② 杜恂诚．民族资本主义与旧中国政府(1840—1937)[M]．上海：上海人民出版社，2014：93．

酒税、印花税等税收数额均有不同程度的增加。如关税在这一时期稳步增长，尤其是 1919 年后增幅逐年加大，到 1923 年突破 1 亿元，1926 年为 1.28 亿，相较于 1912 年增长了 193%；再如盐税 1914 年为 6900 万余元，1919 年达到 9000 万余元，到 1922 年接近 1 亿元，1925 年后略有下降，为 7700 万~7900 万余元；印花税从 1913 年的 57561 元增加到 20 年代的 300 万元。① 二是为新型工商税种的征收创造了有利条件。随着国民经济的发展，北洋政府为充实国库和优化税制，在整理旧税的同时相继开征了印花税、通行税(运输税)、所得税、交易所税等新型工商税种。但由于经济发展缓慢及工商界人士和平民百姓的抵制，新设税种的实行并不顺利，根据 1925 年预算数据，新设各税所得税收约占税收预算总收入 10%。② 三是改善了中国税收结构。工商税逐渐在国家税收体系中占据主要地位，改变了长期以田赋为主的农业税占主导地位的局面，具体见表 3-1。

表 3-1　　北洋政府五个预算年度中各项税收在预算收入总额中所占比重表

单位：千元

项　目	1913 年占比	1914 年占比	1916 年占比	1919 年占比	1925 年占比
岁入(总计)	100.00	100.00	100.00	100.00	100.00
田赋	14.71%	20.71%	20.67%	18.46%	19.52%
盐税	13.92%	22.19%	17.96%	20.15%	21.41%
关税	12.24%	20.76%	15.29%	19.16%	26.07%
厘金(货物税)	5.87%	8.94%	8.54%	8.00%	9.9%
正杂税捐	7.5%	8.6%	10.78%	7.63%	7.3%

资料来源：国家税务总局.中华民国工商税收史纲[M].北京：中国财政经济出版社，2001：129.

根据上表还可计算出税收占全部财政收入的比重：1913 年为 54.24%、1914 年为 81.2%、1916 年为 73.24%、1919 年为 73.4%、1925 年为 84.2%。这组数

---

① 黄天华.中国财政制度史(第四卷)[M].上海：上海人民出版社，2017：2471-2476、2487.

② 黄天华.中国税收制度史[M].上海：华东师范大学出版社，2006：701.

据说明北洋政府时期，国家财政收入主要依靠税收，而税收又以工商税收为主。民族经济的发展和赋税收入的增长为中央税与地方税收划分奠定了经济基础。最明显的影响便是田赋划归地方，由于关税、盐税、货物税等工商税收的增加，一些官员或学者便提出田赋已不再是中央不可或缺的大宗收入来源，可以也应当划归给地方以充实地方财政收入。总之，经济的发展所带来的工商税种的增加和税收的增长一定程度上缓解了国家税地方税划分中的紧张和矛盾，使得国家税地方税划分法案的出台和政策的实施成为了可能。分税制思想在这一过程中亦得到一定发展。但另一方面，由于受军阀割据、战乱破坏和外国资本压迫等多重因素的影响，国民经济发展所带来的税收增长也是有限的，并不能充分的满足中央到地方各级政府及各地军阀支出需求。正如时人所说："现在国内所有税项，在赋税系统中，惟收益税与消费税稍稍发达，而营业税、行为税与所得税尚在萌芽时代。赋税系统亟未完备，则国家与地方税制划分自不能尽据乎纯粹之学理。"[1]在税收有限而支出漫无限制的情况下，中央政府与地方军阀相互争夺赋税的问题是无解的。这也是为什么这一时期分税制方案反复出台却又常常流产的一个重要原因，而这又在一定程度上制约着分税制思想的发展。

(三) 央地财政紊乱分裂

紊乱分裂北洋政府时财政状况的基本特征。这一时期的财政状况以袁世凯逝世为分界点大致可分为两个阶段：第一阶段，1912—1916 年袁世凯掌权时期。辛亥革命虽然推翻了腐朽的清政府，却无力扭转清末以来财权下移及由此导致的财政紊乱局面。有学者称清王朝在"一个一统天下的专制财政体系中孵化出了大大小小的地方财政"，[2] 并将其作为一笔遗产留给了民国政府，而这也成为民国政府既想解决又无法解决的难题。民国元年各省纷纷宣布独立后，于都督府下设财政司统管全省租税，各省财政均为都督所把持。关税和盐税两项大宗收入来源因外债抵押而被国外势力所掌控，田赋、厘金又为各地方势力所截留，中央并无稳定可靠的税收，以致民国成立之初中央政府只能靠外债维持。由于税收掌握在各

---

①　贾士毅. 民国财政史[M]. 上海：商务印书馆，1934：113.

②　周育民. 晚清财政与社会变迁[M]. 上海：上海人民出版社，2002：前言 3.

地方都督手中，各地方自行确定税率自行征收自行支配，既未形成统一的税收体系，也没有统一税制章程。陈锦涛、熊希龄、周学熙等几任财政部长均提出解决财政紊乱的有效办法是划分中央财政与地方财政，在周学熙的规划和组织下，1912年冬厘定了《国家费地方费划分标准》，1913年冬颁布了《国家税地方税划分法案(草案)》，但1914年便被废除。为保证中央政府财政收入，袁世凯恢复解款制度，国地财政划分半途而废，财政紊乱如故。在财政收入严重不敷支出而地方势力膨胀的情况下，中央与地方财政关系是一个无法解决的难题。第二，1917—1926年军阀割据时期。袁世凯执政时期因其权威，中央尚对地方有一定的威慑力而能够从地方获得相对稳定的赋税，袁氏殁后，"北洋集团四分五裂，各自为政，全国演变为军阀割据局面，涌现无数大大小小的军阀"①，这些大小军阀为争夺地盘战争不断。军阀之间的武力争斗使得前期好不容易树立起来的中央权威再度衰退丧失，中央政权不停易主。政治和军事上的分裂导致财政上的分裂，1916年后向中央解款的省份和数量均大幅减少，到1919年只有三省向北京中央政府解款，额度约为500万元。联省自治运动后，湖南等省纷纷宣布脱离中央并颁布省宪法，明确各省赋税由各省自行决定征收、管理和使用。国家财政俨然分裂为地方军阀财政，毫无统系和章法可言。而划清中央与地方财政界限成为当时政界和学界共同认为的统一财权以解决紊乱财政局面的唯一路径。如南京临时政府财政总长说，"整理财政以统一财权为归，统一财权尤以划清界限为要"，只有将中央地方财政划分清楚，中央地方才有分途并进之功而无彼此掣肘之患。②贾士毅说："究今日财政紊乱之源，为将来财权统一之计，是在划清中央与地方财政之界限。"③

(四)持续传播的西方财政学理

经过清末的中西交流，北洋政府时期西方财政学在中国的传播上了一个新台

---

①　李细珠. 再论"内外皆轻"权力格局与清末民初政治走向[J]. 清史研究，2017(2)：9-23.

②　沈式荀. 中华民国第一期临时政府财政部事类辑要·总务编[M]. 台湾：学海出版社，1970：50.

③　上海经济世文社. 民国经世文编(第五册)[M]. 北京：北京图书馆出版社，2006：3188.

阶。与晚清西方财政学理在中国传播以政府官员所撰考察类著作为主不同，北洋政府时期，西方财政学理在中国的传播主要通过翻译国外财政学著作以及高等教育等途径。

第一，翻译的国外财政学著作。关于中央与地方财政划分的论述一般包含在财政学原理或财政史类著作中，这一时期翻译出版的论及西方分税制财政体制及其实践、思想的国外财政学著作主要有：熊元楷、熊元襄根据京师大学堂日本学者授课讲义编译的《财政学》(1912 年，安徽法学社)；黄敦慗根据日本法学博士高野岩三郎讲述编译的《财政学》(1913 年，长沙正街集成书社，政法述译第九种)；叶春墀根据日本大藏省官员讲演录编辑的《日本国库事务纲要》①(1914 年，山东国税厅筹备处出版)；陈启修翻译的日本财政学专家小林丑三郎撰写的《财政学提要》(1914 年，上海科学会编译部出版)；东方法学会编译的《财政学要览》(1914 年，上海泰东图书局，法政要览丛书第十七编)；孟森根据日本学者泷本美夫的讲述编译的《财政学》(1916 年，上海商务印书馆出版)；孟昭常、汤一鹗、过耀根、沈逢甘、杨志洵等根据日本学者田中穗积、田稻次郎、堀江归一及德国学者瓦格纳等人原著翻译合集《财政渊鉴》(分租税、公债、会计、货币、银行、财政学)(1917 年，上海中华书局出版)；张家骥翻译的日本学者松崎藏之助所著《最新财政学》(1918 年，上海商务印书馆出版)；姚大中翻译的日本财政学者小林丑三郎所著的《地方财政学》(1919 年，上海崇文书局出版)；刘秉麟翻译的美国财政学家亚当士(H. C. Adams)所著的《财政学大纲》(1921 年，上海商务印书馆出版)。这些由国外译述而来的财政学著作向国内学者传播了西方进步财政学理，极大的开阔国内学者的视野，加深了国内学者对西方分税制的了解和认识，为近代中国分税制思想的发展提供了养分。

第二，高等教育。北洋政府时期，随着中西交流的增强和归国留学生的增加，中国高等教育发展进入一个新时期。这一时期的高等教育大致可分为大学和各类专门学校。1913 年 1 月 12 日，教育部公布了大学规程，其第二条规定大学

---

①　此书系山东国税厅在 1910 年派员赴日本考察时，日本大藏省官员的讲演录，叶春墀将其辑译成书，于 1914 年出版。该书介绍了日本的国库机关组织、制度、国家财政岁入、岁出、统计、簿记等各项财务情况。并附录了日本财政制度大纲、中国会计法草案、会计实行细则。

分文科、理科、法科、商科、农科、工科和医科，其中法科下设政治学门、法律学门和经济学门，商科下设银行学门、保险学门、外国贸易学门、领事学门、关税仓库学门和交通学门，法科和商科两大科共计十个学门下均设置有财政学课程。1912—1916 年间，经批准设立的公立大学有三所，私立大学有七所。十所大学中，国立北京大学、直隶北洋大学和山西国立大学等三所公立大学均开设了法科，京师私立中国公学和私立北京中华大学均开设了法科和商科，也就是说这些高校都开设了财政学类课程。此外，一些达不到大学办学要求的地区但又为培养社会发展所需专门人才，多地开办了农科、工科、商科等专门学校。1912—1926 年，各地相继设立了十所商业专门学校①，商业专门学校以培养商业专门人才为宗旨，主要讲授商品学、商业学、经济学、法学、统计学、会计学、财政学等财经类课程。北洋时期，财政学授课内容几乎都是西方财政学理，这些高等学校的财经类课程多是聘请具有国外留学或游学经历且对国外财政学理比较熟悉和有较深研究的学者讲授。各大学和商科专门学校中广泛开设财政学课程，为西方财政学理在中国的广泛传播提供了良好的平台，而西方财政学理在中国的持续传播自然推动了中国近代财政学科和财政思想的发展。

二、北洋政府时期分税制思想基本情况

经过清末数年的讨论，以划分国家税地方税为核心的财政分权理念已深入人心。北洋政府初期，借着晚清分税制思想的余热和民主共和的东风，一些官员力主划分国家财政与地方财政，通过向大总统或国务院上贴、致电的方式阐述了其关于划分中央财政与地方财政的观点。20 世纪 20 年代，随着一批欧美留学生归国，越来越多的学者也积极参与到财政体制改革方案讨论中来。这一时期政学两

---

①　北洋时期经批准设立的十所商业专门学校分别是：国立武昌商业专门学校（1916 年 9 月开办，1924 年改设商科大学）、山东公立商业专门学校（1915 年 3 月开办，1926 年并入山东大学）、山西公立商业专门学校（1917 年始有毕业生核准）、福建公立商业专门学校（1912 年开办，1916 年停办）、福建公立商业专门学校（1925 年 9 月由中等商业学校改办）、四川公立商业专门学校（1918 年第一班学生毕业后停办，1921 年恢复核办）、湖南公立商业专门学校（1912 年开办，1920 年后无案卷）、直隶商业专门学校（由前清高等商业学堂改办，1915 年并入公立法专校）、北京私立新华商业专门学校（1915 年备案，1924 年 8 月部令撤销）、北京私立通才商业专门学校（1924 年 3 月备案开办，1927 年 12 月呈请停办）。

界论述分税制的文献主要有以下几类：

第一，政界人士就中央财政与地方财政划分问题的意见书、上帖、函电。主要有：1912 年 1 月，时任南京临时政府财政总长陈锦涛向孙中山的上书——《上总统意见书》，他提出"所以巩国基而维民用者，莫急于财政统一"，"然欲求完美财政统一之法，非将中央财政及地方财政分辨不可"。① 不久，陈锦涛又向孙中山和参议院递交了《划分中央地方财政范围意见书》，提出了划分中央岁入和地方岁入的标准，并比较具体地列举了应当划为中央的收入和地方的收入；1912 年，共和建设讨论会向北京政府提交《论今日整理财政宜先划定国税与地方税范围》，该文对国家地方税划分标准问题做了比较深入的分析；1912 年夏，江苏都督程德全发布《为划分国家地方经费事致各督文》，指出整理财政必先从划分国家经费与地方经费始，并提出将地税划归省有；该文发出后，直隶都督张锡銮撰文《条陈划分国家税地方税文》回应之，他在文中提出了划分中央财政与地方财政需要考虑的四项因素，并提出关于支出和收入划分的具体意见；在一些省督抚就国家税地方税划分问题函电交驰之际，广西都督陆荣廷《上大总统论国家税与地方税》，提出了关于划分国家税地方税的五点意见；周学熙就职财政总长后，于1912 年 9 月和 11 月向国会呈交了《财政政见书》和《财政方针说明书》，就划分中财政与地方财政的划分做了比较系统的分析；1913 年 2 月，熊希龄在中央与江浙就漕粮归属问题争执不下之际向袁世凯上书——《建议划漕折为地方税、田赋为国税上大总统函》，提出将漕粮划归地方而田赋仍归中央的折中意见；江苏、江西、福建等十二省议会代表向中央联名提交《请划分全国税源以实行地方民治促进中央统一而维国本案》，提案分析了国家财政与地方财政需要划分的缘由并提出了国家税与地方税的具体划分意见。

第二，学者们就中央财政与地方财政划分问题发表见解的论文。从这些论文刊载时间来看，主要集中于民国成立之初以及 20 世纪 20 年代"联省自治"运动之后。前一阶段的期刊文献主要有：尚希宾的《上袁大总统论地租宜改归地方税书》（《庸言》1913 年第 6 期），该文从田赋性质、征收方法、缴纳手续、利弊得失、

---

① 沈式荀．中华民国第一期临时政府财政部事类辑要・总务编[M]．台湾：学海出版社，1970：15.

效果、税制改革、改革机会等七个方面阐述了田赋划归地方的益处，建议将田赋从国家税划为地方税；吴贯因的《划田赋为地方税私议》(《庸言》1912年第1期和第2期、1913年第1期连载)，该文从学理和事实两个角度论述了田赋宜划归地方税的十五个理由；吴贯因《中央经费与地方经费》(《庸言》1913年第1卷第10期)，该文论述了国家经费与地方经费的划分；贾士毅的《划分国家税与地方税私议》(1912年)，论述了划分国家税地方税的先决问题，即在划分国家税地方税之前需要先行解决的问题，否则国家税地方税无从划分。在此基础上，提出了国家税地方税的具体划分意见；次年贾士毅又撰写了《论划分田赋当先决前提》(《庸言》1913年第11期)，该文对民国初年政学两界就田赋、漕粮归属之争作了总结性评述，并指出田赋究竟当属国家税还是宜为地方税应当先解决地方团体级数、国家与地方行政范围、国家费与地方费额三个问题。20世纪20年代的期刊文献主要有：林可彝的《中央财政与地方财政划清之标准及其理由》(《学林》1921年第1卷第1期)，他在文中借用美国财政学家塞利格曼的观点和日本大藏大臣高桥是清的赋税整理计划，结合中国当时地方分权趋势说明了划清中央与地方收支界限的必要性，并提出了划分中央财政与地方财政的标准；叔衡的《划分国税省税意见书》(《东方杂志》1922年第23期)，该文主要论述国税与省税的划分标准和具体划分办法；李权时的《划分中央财政与地方财政问题》(《东方杂志》1923年第15期)，他在剖析清末以来中国中央与地方财政关系、中央地方财政划分经过及介绍法、德、美、英国四国中央地方财政制度和实践的基础上，论述了我国划分中央财政地方财政当先解决省与地方自治问题。继而提出我国中央与地方财政划分当借鉴美国财政联邦制度，将中央财政与省财政完全划分、省财政与地方财政部分划分，并对税源如何在中央、省与地方之间进行划分做了详细的说明；杨汝梅的《宪法公布后之省财政问题》(《银行周报》1924年第6期)，他主要是从评析1923年"宪法"的角度，表达了其关于国地财政划分问题的意见，他对"曹锟宪法"中关于国地财政和划分的条款比较认同，但对其能否实行则表示怀疑；银行周报记者撰写的《整理全国税制计划书》(《银行周报》1924年第10期)，该文主要介绍"财政整理会"提出的国家税地方税划分计划并做了简单的评价；尹文敬的《我国财政困难之原因及其整理之方法》(《东方杂志》1924年第21卷第17期)，他在文中提出中国财政困难的根本原因之一是中央与地方财政混杂，解决这一问题的办法在划分中央税与地方税，在表达其对中国地方财政困难担忧之余并未提出更加具体的解决办法；马寅初的《中国国家税与地方税之划分》（《中外经济周刊》1925 年第 121 期），该文系马寅初 1925 年在民国大学的演讲录，他从 1913 年分税法案和 1923 年宪法为切入点，提出了国家税地方税划分标准并分析了各税项划为中央税或地方税的理由；孔宗庆的《中央财政与地方财政之研究》（《合力周刊》1925 年周年纪念刊），该文论述了中央财政与地方财政划分的必要性、划分方法及划分标准，并对未来国家税地方税的划分提出了建议；关税特别会议英国代表 Hon. Sidney Peel 应中国政治学社邀请做了题为《中国今后中央地方财政之划分》（《国闻周报》1926 年第 3 卷第 17 期）的演讲，在引证英国历来中央税与地方税划分经过的基础上，分析了中国中央财政与地方财政划分的症结并给出了相应的建议；蔼盧（戴蔼盧《银行周报》主笔）的《从财政上观察中央与地方之关系》（《银行月刊》1926 年第 6 卷第 1 期），从财政的角度分析了当时中央与地方政府之间的关系，地方财政基本处于各自为政的状态；童蒙正的《中国国家税地方税之划分与施行问题》（《中大经济周刊》1926 年第 2 期）对 1913 年分税法案和 1923 年宪法中关于国家税地方税划分条款做了比较分析，认为 1923 年宪法中对国家税地方税的划分颇为适当，并分析了当时中央地方财政的实际情况，提出核减军费是税收划分法案得以实行的关键。

第三，国人所编撰的财政学著作。20 世纪 20 年代前后，一些具有国外留学经历或在国内高等学校研习财政而对财政问题颇有研究的学者撰写了一些在当时比较有影响的财政学著作，国地财政划分是他们专著中的重要论题之一。这些财政学著作主要有：魏颂唐[①]的《财政学撮要》（1917 年初版，1928 年再版，浙江经济学会出版）；京兆地方财政讲习所编著的《京兆地方财政讲习所讲义录》（1919 年，第 12 卷《财政学》）；内务部编著的《地方财政学要义讲义》（1922 年，

---

① 魏颂唐（1886—1967），字祖同，浙江嵊县人。1907 年入北京计学馆读财政经济专业，毕业后任晚清度支部主事。辛亥革命后，回浙江财政机关任职。1915 年至湖北省财政厅任职，后在省吏治研究所任教，主讲《财政学摘要》。1923 年后，历任浙江省财政委员会委员兼秘书长、省公署财政秘书处主任、浙江财政审查委员会常务委员兼秘书长、浙江地方银行理监事、浙江财务人员养成所所长、浙江地政讲习所所长等职。著有《财政学撮要》《浙江经济记略》《浙江财政一览表》等著作，创办浙江财务学校，被誉为浙江财政界"四大天王之首"。

上海泰东书局，地方自治讲义第 5 种)；晏才杰所著的《租税论》(1922 年，北京新华学社出版)；寿景伟①撰写的《财政诠要》(1924 年，上海商务印书馆出版)；陈启修②撰写的《财政学总论》(1924 年，上海商务印书馆出版)。他们将西方财政理论与中国实际相结合，提出解决中国财政问题必要措施之一是划分国家地方收支。

第二节　北洋政府时期分税制思想主要内容

民国初年，政界率先掀起国地收支划分之议。1912 年 1 月，南京临时政府财政总长就向时任大总统孙中山提出划分国家税地方税。1912 年 5 月，北洋政府首任财政总长熊希龄，在参议院报告其政见时便提出要"划分税目，以别国家地方之权限"。同年秋，继任财政总长周学熙③在《财政整理计划书》中提出划分国家

---

①　寿景伟(1891—1959)，又名毅成，号茶佣，浙江诸暨人。1914 年毕业于国立法政专门学校，后任教于浙江法政专门学校，教授财政学及经济学，历时 6 年。后任职于商务印书馆，担任《公民月刊》编辑主任，其间还曾在复旦大学教授讲授信托业务并兼任吴淞中国公学财政学教授，后又回到浙江法政专门学校。1923 年考取浙江公费留学赴美国哥伦比亚大学，师从美国著名财政学家塞利格曼攻读财政学，1926 年获哥伦比亚大学博士学位。其博士学位论文《中国的民主政治和财政：财政制度与思想发展研究》受到塞利格曼很高的评价，还被列为哥伦比亚大学"历史、经济与公法研究"丛书。毕业回国后，历任工商部驻沪办事处副主任、经济部商业司司长、中国茶叶公司总经理、中央银行业务局副经理、上海市商会常务理事兼国际贸易委员会主任委员等职，著有《财政诠要》《财政学》《应用统计浅说》《日本专卖制度考略》等。

②　陈启修(1886—1960)，又名豹隐，字惺农，四川中江人。1905 年东渡日本，1908 年考入东京第一高等学校预科，次年正式就读。辛亥革命期间回国，1913 年考入东京帝国大学法科大学政治科，1917 年毕业回国，旋即受聘为北京大学法科教授兼政治门研究所主任，主要讲授财政学。1924 年出版的《财政学总论》就是根据其在北京大学授课期间的讲义整理而成，该书也是中国最早的国人自撰财政学教科书。1923 年赴苏联和西欧考察，1925 年归国后参与领导国民革命运动。著有《财政学总论》《经济现象的体系》《经济学原理十讲(上册)》《经济学讲话》《战时财政新论》等著作。

③　周学熙(1866—1947)，字绮之，号定吾，六十岁后又号止庵，安徽建德(今东至)人，晚清两江总督周馥之子。清末，历任通永道、天津道、长芦盐运使，后擢升直隶按察使。民国初年，曾两度出任北洋政府财政总长。入仕同时，周学熙投身实业、致力教育，先后创办了多个工厂及多所工业学堂，被誉为"北洋实业之导师，民国财政之权威"。

税地方税，明晰国家财政地方财政的界限。① 作为一国掌财者，他们充分认识到统一国家财政的重要性和必要性，而要统一财政，解决当时财政紊乱分裂问题，唯一办法就是将中央财政与地方财政划分清楚，使彼此各有界限而不相掣肘。此外，吴贯因、尚希宾、贾士毅、江苏都督程德全、直隶都督张锡銮、广西都督陆荣廷等人或撰文或上贴，表达其国地收支划分的主张。经财政部与各省往来磋商，北洋政府于1913年冬厘定了国地收支划分草案②，但因袁世凯欲行集权统治，1914年6月便宣布取消。由此，分税制的讨论也一度停滞。五四运动前后，随着地方自治思潮高涨和一批留学生归国，国地财政划分再度成为热点话题。1921年5月，江西等十二省议会代表联名向国会提交划分国家税地方税议案。1921年到1926年，林可彝、李权时、尹文敬、叔衡、马寅初、杨汝梅、童蒙正等众多学者发文阐述了对国地税收划分问题的见解；晏才杰、寿景伟、魏颂唐、陈启修、杨汝梅和胡己任等财政名家在出版的专著中亦论及国地收支划分问题。北洋政府时期，除了继续探讨晚清悬而未决的税收划分标准外，国家与地方经费的划分被认为是与税收划分同样重要的问题而受关注。此外，田赋究竟划为国家税还是地方税成为这一时期税收划分的争论焦点。

一、划分国家财政与地方财政的先决问题

国家税地方税制划分之争起自清末，导致种种分歧意见的原因是对中央财政地方财政划分的一些先决问题没有得到很好解决。钟鍙恩指出，在当时的复杂情形下，不先决前提而议国地收支划分，只能是徒滋纷扰。③ 贾士毅认为国地收支划分的先决问题有三：一是国家与地方的界说，主要问题在于对地方财政中"地方"二字意义的理解；二是地方团体的级数，地方团体级数的多寡对于中央地方

---

① 周叔媜.周止庵先生别传[M].台湾：文海出版社，1966：39-43.

② 在1912年冬，财政部就已经初拟了划分国家税地方税和国家费地方费章制，并派员赴各省磋商，国家费地方费的划分在预算案内得以采用。但对国地税收划分，因各省疆吏意见不一，未能实行。1913年冬，财政部以时势所趋，定订国家税地方税草案，1914年初稍事修正后颁行，但当年6月即取消。1916年8月，经国务会议议决恢复。1917年以后，因政变纷乘，国地收支事实上并未遵行法案办理。

③ 钟鍙恩.论我国之国地财政划分[J].中央银行经济汇报，1941（1）：11-27.

财政划分影响甚大；三是国家行政与地方行政的范围，政务范围的广狭决定着政府经费支出规模及收入规模的需要，继而影响中央地方财政收支的划分。

(一)国家与地方的界说

贾士毅提出划分国家税地方税的主旨在于以国税充国家收入而用于国家行政，以地方税充地方收入而用于地方行政，使中央地方彼此不相混淆以谋各自收支适合。要做到中央地方不相混淆，首先需要明确中央与地方的界限。① 只有明确了国家与地方的内在与外延，才能更好地划分国家税与地方税、国家支出与地方支出。"地方"有两种理解：一是与"国家"相对的地方，主要是指地方团体或者是地方政府；二是指与"中央"相对的地方，主要是指地方行政区划。贾士毅认为，地方税和地方支出中之"地方"应当从地方团体的角度去理解，而不是地区。作地方团体理解的"地方"具有行政性质，由此推论，中央所在地具有区域性质的行政亦属地方行政而非中央行政，反之，地方政府所在地之具有全局性质的行政亦属中央行政而非地方行政。在明确了财政收支上国家与地方的界说后，就可以对国家税地方税、国家支出地方支出作明确的界定：国家税为国家之收入，充国家行政经费之用，而非专指中央政府所在地之行政事务所需之支出，各地方行政区划内之国家行政事务所需经费亦属之；地方税为地方公共团体之收入，充地方行政经费之用，而地方行政区划内国家行政费用不属于其范围。②

(二)地方团体的级数

清末民初，在讨论国家财政地方财政划分问题时，"地方财政"中"地方"笼统的指中央统辖之下的所有层级的地方团体，将他们视为一个整体以与"国家"相对。导致的结果是收支划分仅分为中央与地方两级，而事实上，清末民初中国地方行政层级又包括省、府县、城镇乡三级。笼统的"地方财政"与事实上多层级的地方政府导致省在地方财政中居于领导地位，结果是省级政府掌握着地方几乎所

---

① 　上海经济世文社. 民国经世文编(第五册)[M]. 北京：北京图书馆出版社，2006：3166.

② 　上海经济世文社. 民国经世文编(第五册)[M]. 北京：北京图书馆出版社，2006：3166.

有收入来源，省以下地方政府则收入枯竭。所以贾士毅提出"无论何级政府皆不可无经费"，而无论哪一层级政府的税收皆取自所属之居民，下级团体所辖居民同时为上级政府居民，亦为国家之居民。所以"地方团体而有两级，则人民并国费为三重之负担；地方团体而有三级，则人民并国费而有四重之负担。其负担之重数少者，则每重所负担之分量不妨略多；其负担之重数多者，则每重所负担之分量不得不少"。① 一个国家在一定时期的税收总量是一定的，地方团体级数越多，那么能够分配各级政府的税收必然会有所减少。税收划分之前，必须先考量地方团体级数，斟酌各级政府税收需要以求居民负担适当。但在财政竭蹶的条件下，拥兵自重的各省是万难赞同将有限的地方税在地方各级政府之间进行再次分配，对于这样的问题，当时的政界和学界财政专家们都有清醒的认识。这也是导致民初国地收支划分仅涉及中央地方二级，而对省以下各级政府的划分几乎是闭口不谈的原因。

（三）国家行政与地方行政的范围

公共财政理论框架下，财政遵循"量出为入"的原则，即根据支出需要确定税收规模，而政府支出又决定于政府的行政范围。所以，贾士毅提出："国家行政与地方行政之界限不分，则无从决定国家费与地方费，国家费与地方费不定，则无从划分国家税与地方税。前提既决，而后之问题自可收迎刃而解之效。"②从财政视角看，国家行政与地方行政范围的划分实质上就是中央与地方事权的划分，即中央与地方事权划分决定支出责任划分，支出责任划分又影响税收划分。那么国家行政与地方行政范围当如何划分呢？贾士毅认为："以利害关系全国及地方团体不能自谋之事，隶诸中央。而以利害仅局限于一方或虽亘全国而地方团体所能自谋之事，属诸地方而已"。③ 贾士毅关于划分国家行政与地方行政范围的思

① 上海经济世文社．民国经世文编(第五册)[M]．北京：北京图书馆出版社，2006：3167-3168.

② 上海经济世文社．民国经世文编(第五册)[M]．北京：北京图书馆出版社，2006：3167-3168.

③ 上海经济世文社．民国经世文编(第五册)[M]．北京：北京图书馆出版社，2006：3167-3168.

想在当时来说是一种比较前卫但同时又难以落实的思想。中国两千多年中央高度集权专制政体下，一切行政事务都由皇帝裁决，从无中央地方之分。在清朝废墟上建立起来的北洋政府，仍旧残存着浓厚的专制遗毒，中央并不愿分权于地方。另外，如何将随着社会发展而逐渐扩张的政府职务在中央与地方政府之间进行划分，既缺乏历史的借鉴，又没有科学的理论作为指导。所以，国家行政与地方行政范围划分，对北洋政府来说是一个难题。事权划分不明也是导致这一时期税收划分法案难以实施的原因之一。

二、划分国家政费与地方政费思想

国家税地方税划分之议起自清末，支出划分之争则始于民国元年。民元夏，江苏都督程德全率先提出要划分国家税地方税，必同时划分国家支出与地方支出，如此才能保证各级政府收支相适应。程德全提出划分国家经费与地方经费主张后，各界人士亦开始关注、研究此问题。主要是从当时财政状况和现实需要出发，论述了国家政费地方政费划分的必要性及具体划分办法。

(一)国家政费与地方政费划分之必要

首先，国家费与地方费划然分离是整理财政的必要措施。自秦汉确立君主专制统治以来，我国亦形成了中央高度集权的财政体制，国家一切赋税均按照中央指令和法律规定征收、管理和支配，向无中央经费与地方经费之分。晚清中央与地方财政划分之论着重于税收划分而忽视了支出划分。民国肇造，财政紊乱分裂较晚清有过之而无不及，亟待整理。北洋政府首任财政总长熊希龄就职后不久向各省都督致电言明整理财政之意。程德全在向熊希龄的复电中直言："各省财政同一匮乏，同一纷乱，其原因皆为军费所挤，罗掘无术，应付乃穷，不从此时先将国家地方经费划清界限，辄言整理财政实无着手之方。"①在财政部与各省电商整理财政事宜期间，程德全致电各省都督强调：整理财政为急切难缓之事，"而入手之初，非将国家地方经费划清界限，则各省对于财政皆不惜侵轶中央之权"，

①　上海经济世文社. 民国经世文编(第五册)〔M〕. 北京：北京图书馆出版社，2006：2989.

如自借外债自发纸币，如此中央政府无法统一政策亦无法整理财政。① 国家费与地方费若不能划然分离，则无法解决中央与地方在财政上相互倾轧的紊乱局面。

其次，国家经费地方经费划然分离是划分国家税地方税的前提。中央与地方财政权限分明，方能各举其职。收入和支出是财政的一体两面，所以中央财政与地方财政划分既包括税收划分也包括费用支出划分。在"量出为入"财政原则下，很多学者提出要划定中央与地方收入则必先划定中央与地方支出之经费，因为中央与地方经费范围决定了其各自的收入规模。如吴贯因认为，"欲划定中央与地方收入之财源，必先划定中央与地方支出之经费。盖经费范围既定，斯国家一切之收入应如何分配，亦易于决定也"。② 贾士毅指出，"国家费与地方费不定则无从划分国家税地方税"。③ 共和建设讨论会的思想家们提出要确定税收划分标准需先确定中央与地方经费范围，中央与地方"经费之范围既定，则租税之孰可充中央之经费，孰可充地方之经费，可得而选择矣"。④ 赋税本就是为支应政府公共支出而产生的，若中央与地方各级政府之间支出未能明确划分，中央与地方税收划分将无的放矢。

（二）国家政费与地方政费具体划分

在国家费地方费划分提上议事日程后，一些省督军率先就此问题发表看法。江苏都督程德全提出外债、军政、司法及行政官厅各费划归中央担任，民政、教育实业各费由地方负担。⑤ 直隶都督张锡銮认为，国债及中央行政经费、地方行政官吏薪俸应归中央负担，分属各省的行政费及地方行政机关经费应归地方负

---

① 上海经济世文社．民国经世文编（第五册）［M］．北京：北京图书馆出版社，2006：3315.
② 上海经济世文社．民国经世文编（第五册）［M］．北京：北京图书馆出版社，2006：3144、3150.
③ 上海经济世文社．民国经世文编（第五册）［M］．北京：北京图书馆出版社，2006：3168.
④ 上海经济世文社．民国经世文编（第五册）［M］．北京：北京图书馆出版社，2006：3162.
⑤ 上海经济世文社．民国经世文编（第五册）［M］．北京：北京图书馆出版社，2006：2989.

担；其次，地方既分省县两级，则省与地方行政经费亦应划分，在省者由省负担，在地方者由地方负担；最后，对于地方事务，若省县财力不足以举办，中央应当贷予经费。① 省督毕竟不是专业的财政学家，其关于国家费地方费的划分更多的只是从现实需要出发而提出来的一些直观认识。

相较于省督官员的感性划分，学者从学理层面对国家费地方费的划分做了更深入的分析。吴贯因指出因历史、国情不一，所以中央与地方经费如何划分常因国而异，并没有一成不变的界限和标准。但一国中央经费与地方经费比例多寡主要受三个因素影响：一是中央与地方权限广狭。若一国偏重于中央集权，则一国行政大部分由中央主持，中央经费势必多于地方经费；反之，若行地方分权主义，则地方经费膨胀。二是立国方针。若一国持对外扩张主义，则中央负担的军事、外交等经费必然大增，由此中央经费必会挤占地方经费而偏多；反之，若持内治主义，则中央经费会有所减少。三是政治方针。若中央政府对国民尽行保育之责，则中央经费偏多；反之，若中央政府将教育、卫生、救济、慈善等事业皆委任给自治团体，则地方政务繁多必然导致地方经费增加。但就上述三种情形而言，究竟是畸重于中央还是畸重于地方并不是绝对的，常因时有变。所以他主张在充分考虑上述三种因素影响的基础上，以经费性质作为划分中央经费与地方经费的标准：第一，司法经费与行政经费。司法事业宜统其权归中央，所以司法经费全归中央。行政事业有中央地方之分，相应行政经费由中央地方根据各自行政事业需要负担；第二，外交经费与内政经费。外交权全归中央，所以外交费全由中央负担。内政事业亦有中央地方之分，则内政经费中央地方根据各自职责负担；第三，宗教经费与教育经费。宗教事关一国风俗道德，应由国家掌管，所以宗教经费宜全归中央。教育中之初等、中等教育多半由地方经营，所以教育经费由中央地方共同负担；第四，武备经费与文治经费。军政权应统一于中央，所以军备经费应全归中央。文治之事，中央地方各有之，各自负担其经费；第五，慈善经费与惩戒经费。医院、育婴、济贫等慈善事业一般委任于地方自治团体，所以其经费一般由地方负担。而监狱等惩戒不法行为的机关应由国家执掌，其所需

---

① 上海经济世文社. 民国经世文编(第五册)[M]. 北京：北京图书馆出版社，2006：
3321-3322.

经费亦应全归中央；第六，兴利经费与除害经费。兴利即指增加人民福利的保育政策，中央地方均有举办，各自负担其举办相关事业经费。而御外侮、平内乱等需用兵用刑的除害事业一般由中央执掌，其经费应全归中央；第七，机关经费与事业经费。国家行使公共权力的机关十之有八属中央，其经费由中央负担。而增进人民福利的事业经费恰恰相反，多半属于地方；第八，报偿的经费与不报偿的经费。国防、司法、外交、宗教等用之而不获报偿的经费多属中央。反之，用之而或报偿的经费多半属于地方；第九，划一办法的经费与不划一办法的经费。邮政等须划一办法的事业，需要国家采取措施予以干预，相应的其经费支出属国家经费。水电等无需划一办法的事业一般由地方经营，其经费支出亦划归地方。第十，应用高等智识的经费与应用普通智识的经费。一般来说，中央多高等人才而地方多普通人才，所以需要高等智识的事业应当由中央负责而将只需普通智识的事业委任于地方，事业权限所在即为经费支出之所在。① 吴贯因可谓是系统论述中央与地方经费划分的第一人，该文中他对中央与地方经费划分的必要性、影响因素，尤其是如何划分都做了较为详细的论述。但吴贯因关于经费的分类更多是从实际经费支出进行归类总结而非从西方财政学理上转述而来，导致其在经费具体划分上，虽论述偏重于学理而仍显得模糊笼统，体现在两个方面：一是除了绝对应属中央的经费外，其他应有中央和地方共担的经费如何划分并没有给出可操作性的意见；二是他从性质上对经费本身的分类并不甚准确。如行政经费、内政经费、文治经费等并没有阐述清楚，笔者认为这三者中的具体经费很多是重复的，而且，这些经费中有些可能是划一的经费有些不是划一的经费。

与吴贯因的学理性论述不同，继熊希龄后就任财政部长的周学熙参考西方学理、结合中国实情，从可行实干的立场出发，确实厘定了国家经费与地方经费划分章制。周学熙对清末民初国家财政紊乱、竭蹶的状况有切身的了解并作了深入的分析，他充分认识到要改变财政紊乱局面，非将国家财政与地方财政界划分清晰不可。要使国家财政地方财政立一明晰界限，必须使国家收入不与地方收入混淆，国家支出不与地方支出杂糅。而要划分国家税与地方税必先厘定中央经费与

---

① 上海经济世文社. 民国经世文编（第五册）[M]. 北京：北京图书馆出版社，2006：3144-3150.

地方经费。于是组织调查会多方筹议,于 1912 年 10 月厘定《国家费用地方费用标准》,这是中国历史上首次对国家支出与地方支出的明确划分。民二、民三及民五预算案①中国家经费地方经费均照此划分编制,支出的划分使得税收的划分能够有的放矢,为国家税地方税草案的出台奠定了基础。

日本留学归来的陈启修在 1924 年出版的《财政学总论》一书中对该问题进行了更加深入的分析。他根据民国二年、三年、五年中央及各省预算资料,计算出地方费相对于国家费比例分别为 9.91%、9.02%、4.35%,与西方国家 30% ~ 40%的比例相比实在是微小。对此,他大加批评,并从"量出制入"的原则出发,认为国家与地方经费的划分应当先于税收的划分,且国家收入与地方收入的比例应与国家经费与地方经费的比例大体相当。同时提出国家费及地方费划分应采"经营便利原则",即"便于国家经营的事业,由国家办之,使其经费为国费。反是,若便于地方团体经营之事业,则宜由地方团体办之,使其经费为地方费。"②陈启修对北洋政府国家费、地方费费额比例的批评是正确的,但其提出的国家费、地方费划分原则显得过于简单化和理想化,于事实上窒碍难行。相较而言,周学熙关于国家地方费目的划分更具有可行性,这也是其能够作为政府预算依据的重要原因。只不过,在预算中政府过于限制地方政府的经费支出致使地方费额与西方各国相比,远远不足。

三、各持己见的税收划分标准

划分国家税地方税以何为原则或标准,是划分国家税地方税需先确定的问题,否则必致税收分配不公。清末清理财政之际,时人已就国家税地方税划分问题展开激烈的争论,但并未形成一致意见。北洋政府时期,政学两界再次掀起了关于国家税地方税划分标准的讨论。这一时期的分税制思想具有非常明显的阶段性特征,大致分为袁世凯掌权之初和"联省自治运动"之后,而这种阶段性特征主要体现在税收划分标准争论上。

---

① 北洋政府时期,因屡经政变,有正式预算的年份仅民国二年、三年、五年、八年。
② 陈启修. 财政学总论 [M]. 北京:商务印书馆,2015:353.

(一)北洋政府前期的税收划分标准思想

北洋政府前期税收划分标准思想主要出自政府官员。1912年，财政部与各省督电商整理财政方案过程中，一些省督就国家税地方税划分提出了自己的见解。江苏都督程德全主张以直接税和间接税作为国家税地方税的划分标准，即"关税、盐税及其他各种税项之属于间接者，均应归中央收入。如地税之属于直接税者应归地方收入"。① 直接税间接税划分标准是当时比较流行的一种意见。直隶都督张锡銮提出以租税是否整齐简单和中央易于直接征收为划分标准，即整齐简单且中央易于直接收入者归国税，零星参差不便直接收入者归地方。据此，他认为关、盐、茶、矿、印花税等五税应划为国家税，其余无论直接税间接税悉归地方。地方各税中，由省因地制宜将其划分为省税和县税。② 张锡銮的税收划分标准主要着眼于税收范围和征收便利性，他将在全国范围内开征的税划分国家税，而将各地不同且向由地方政府征收的税收统统归为地方税，这一主张基本源于当时的税收现实，极尽可能地保证了地方政府的财政权益，可以说代表了绝大多数省督的想法。广西都督陆荣廷则提出了国家税地方税划分时需考虑的其他因素：第一，确定租税等级。他认为地方税应分为省税、县税、成城镇乡税，等级确定后再确定各级税收的税目及税率；第二，明定租税性质。陆荣廷提出明晰各种税捐的性质，根据租税性质确定其应为国家税还是地方税；第三，根据行政系统确定征收主体；第四，选择地方税的课税种目。地方税应分为附加税和特别税，需确定适合地方人民负担的税目；第五，其性质可为地方税者，亦必减轻国家税率以修养税源；第六，地税宜归国家。③ 陆荣廷虽然提出按税收性质划分国家税地方税，但更多的是提出了国家税地方税划分需要注意的问题，并未对税收划分标准提出具体意见。

---

① 上海经济世文社．民国经世文编(第五册)[M]．北京：北京图书馆出版社，2006：2989.

② 上海经济世文社．民国经世文编(第五册)[M]．北京：北京图书馆出版社，2006：3322.

③ 上海经济世文社．民国经世文编(第五册)[M]．北京：北京图书馆出版社，2006：3323-3325.

在省督就税收划分标准各抒己见的同时，共和建设讨论会①撰写了《论今日整理财政宜先划定国家税与地方税之范围》一文，对自清末以来比较流行的两种税收划分标准——间接税和直接税、一切租税皆为国税而以附加税为地方税——进行了批评，认为这两种划分标准皆不可取。首先，直接税中也有不适宜充当地方税而宜作为国家税的，间接税中亦不无可作为地方税的，所以以间接税和直接税为国家税地方税划分标准不妥；其次，立宪政体下，地方自治事业日渐扩张，须有独立的财源以促进地方自治发展，一切租税皆为国家税而仅以附加税为地方税不妥。在剖析批评他人主张基础上，该会提出从三个方面来确定国家税地方税划分标准：第一，中央与地方权限，包括政治上采中央集权还是地方分权以及地方团体级数。中央财政权之广狭视中央政治集权分权程度及地方团体级数多少为伸缩。为谋求国家统一和地方发达，当减少地方团体级数，适当加强中央集权，由此应当扩大国家税范围。第二，中央经费与地方经费的性质。文中将经费支出分为文治经费与武备经费、国内经费与国际经费、一般利益经费与特别利益经费、需用普通智识政务经费与需用高等智识政务经费四大类，其中武备经费、国际经费、一般利益经费、需用高等智识政务经费应全由中央负担，其他经费则由中央与地方分担。税收划分范围应与经费划分范围大体相当。第三，租税性质。从租税性质看，无重复课税之虞者可作地方税，有课税重复之虞者宜作国税；地方税只能取自对内税，而对外税只能作为国税；国税税源宜择人民不大感痛苦者，地方税宜择其负担纯归本地住民者。共和建设讨论会从建设强有力中央政府的立场出发，提出划分国家税地方税首先要考虑中央与地方权限的广狭，中央权限广则税收范围必然大；其次要考虑中央与地方经费多寡，经费多寡直接决定中央地方财政收入规模的大小；最后要考虑租税本身的性质，有的租税只能作为国家税而

---

①　共和建设讨论会于 1912 年 4 月 13 日，由林长民、孙洪伊、唐华龙等人发起成立，总部在上海，汤化龙为主任干事。该会与梁启超关系密切，其目标是使中国成为一个巩固、统一、和平与在生计界占优胜的资本主义国家。为实现这一目标，它认为关键是实行"保育政策"，也就是国家干涉政策，通过国家政权来发展资本主义。要达此目的，关键在于建设强有力的中央政府，这是为它政治上拥袁制造的理论根据。

有的更适合作为地方税。①

贾士毅也对当时流行的税收划分标准进行了批评，还比较了法国、普鲁士、日本的国家税地方税划分。他认为法国将一切租税皆作为国税而地方但收附加税和普鲁士国家地方各有特别税收的制度各有利弊，而对日本在设置少量地方税同时允许地方对土地税、营业税等国家税征收一定限额的附加税的税收划分制度颇为赞赏。在参考日本分税制的基础上，提出我国国家税地方税划分"惟有就国家地方岁出之多寡为税项支配之前提并举向来固有之税项而折衷诸说以划分之而已矣"。并对国家税地方税进行了具体划分，他认为田赋、盐课、关税、厘金、矿税、契税、烟酒税、茶税等或为国家收入大宗或向为国家税或由国家办理更便宜，宜作为国家税；田赋附加税、当税及当捐、牙税及牙捐、商税、牲畜税、杂税及杂捐等因税额较小、征收不变、零星参差宜作为地方税。将来拟征的印花税、营业税及所得税参考各国经验，宜作为国家税，地方可借鉴日本经验征收营业税附加税及所得税附加税。②

从前述梳理可知，虽然时人对以直接税和间接税、一切租税皆归国家的划分标准基本上都持否定态度，但并没有提出明确的国家税地方税划分标准，都是一些很模糊很笼统的说法。周学熙对中国难以形成可行的、统一的国家税地方税划分标准，导致国家税地方税划分改革迟迟难以落地的原因进行了剖析。他说"前清季世，筹备宪政，亦议及国家税地方税之划分也。当局者苦于标准之难寻，遂仍彷徨莫决，亦尝反复推求其故矣。财政当局所以踌躇未决者：第一，则因中央权限与地方权限未清之故也。第二，则因中央经费与地方经费未定之故也。第三，则因各家之学说与我国事实不符之故也。第四，则因列邦之成例与我国历史不合之故也。"③所以他提出，在省制未定、权限问题无从解决的情形下，中国国家税地方税划分只能"参观旧制，酌度现情，以事实为指归而不拘泥于各家学说，以历史为依据而不拘泥于各国之成规"。由此提出如下国家税地方税划分标准：

---

①　上海经济世文社．民国经世文编（第五册）[M]．北京：北京图书馆出版社，2006：3156-3165．

②　上海经济世文社．民国经世文编（第五册）[M]．北京：北京图书馆出版社，2006：3177-3188．

③　周叔媜．周止庵先生别传[M]．台湾：文海出版社，1966：44．

"税源普及于全国，或有国际之关系，而性质确定可靠，能得巨额收入者，为国家税；税源多囿于一定区域，不含有国际之关系，而性质虽已确实，而收入额比较稍小者，为地方税。"①周学熙的这一划分标准也是很模糊而又笼统的。据此标准，他在厘定的《国家税地方税法(草案)》中，将田赋、盐课、关税、统捐、厘金等十七项税源广泛、税额较大的税种列为国家税，而地方税多是一些税源较窄、税额较小的税种以及附加税。这一草案也是 1913 年冬颁布的《国家税地方税划分法案(草案)》的底本。周学熙关于国家税地方税的划分不仅存留着浓厚的中央集权思想，还打上了深深的日本烙印。这与他的从政经历是分不开的。周学熙在就任北洋财政总长时已从政二十余年，是在清朝专制集权统治文化之下成长起来的官员，思想中自然具有浓厚的传统官僚主义。此外，他还曾多次考察日本，并与日本大藏大臣松方正义谈论国家财政问题，受日本财政制度影响颇深。其实，这不仅是周学熙独有的问题，上述北洋前期的官员们关于税收划分标准思想也都体现出较强的集权主义和日本痕迹。原因不外乎专制集权遗毒和日本思想及经验的影响。

(二)北洋政府后期的税收划分标准思想

与北洋政府前期分税制思想主体以官员为主不同，20 世纪 20 年代后，学者们成为探讨财政体制改革问题的主干力量。相较于前期官员们模糊笼统的税收划分标准而言，他们提出的税收划分标准更加明朗清楚。

叔衡指出中国税与省税的划分既要斟酌学理，也要顾及事实。他认为，从学理上看，关税、货物税(包括烟酒税、盐税、厘金、出产税等)宜作为国家税，因为他们具有均衡和调剂地方发展作用，且若归于省，容易引起各省畛域之纷而阻碍中国商业发展。田赋、房捐、矿税、营业税等属于地方定产与定业的税宜作为地方税；从事实上看，关税、盐税、烟酒税向为中央直接收入之大宗。田赋、房捐、营业税向为各省留用，所以宜划为地方税以确保地方财政收入。所得税从学理上看宜归中央，但由于稽核困难，划归各省为便。综合考虑学理和事实，叔衡

① 中国第二历史档案馆. 中华民国史档案资料汇编(第三辑 财政(一))[M]. 南京：凤凰出版社，1991：58-63，67.

提出所得税可分为特种所得税和一般所得税。特种所得税及对跨省经营的公司征收的所得税，税收归中央。一般所得税即对经营限于一省的公司征收的所得税，税收归各省。印花税由中央和地方共享。① 根据叔衡的划分，国税包括关税、盐税、烟酒税、货物税、印花税及特种所得税，地方税包括田赋、房地产税、营业税、矿税、普通所得税和印花税余额。

马寅初提出国家税地方税的划分标准是定数和伸缩性，所谓定数是指税收数额是否确定，所谓伸缩性是指税收是否能随需要快速的增减。他认为定数是国家税的第一要素，也是地方税要遵守的原则，因为具有稳定数额的税收方能保证中央和地方必要的财政支出。国家税的第二要素是伸缩性，也是国家税独有的特性，以便国家在有战事时可以加增税收而待战事平息后即可以减少。据此，他对1923 年宪法中国家税地方税的划分比较满意，称"民国十二年宪法成立，对于国家税与地方税有切实之规定，此种划分方法大致颇佳"。但从马寅初对税项的具体划分来看，除了考虑伸缩性外，他还结合了租税性质、税基宽狭、税率是否应全国划一等原则。如烟酒、糖茶等税因税基甚广宜划为中央税，盐税、印花税因需全国统一而划为国家税，关税因其对外性质、营业税（经营范围限于各省的营业税应划为省税）及产销税因其对经济发展性质宜划为国家税。②

陈启修提出根据便利原则划分国家税地方税，"即税之便于国家征收者，不问其范围之广狭、数额之多寡以及其将来用途若何，皆划归国家税。例如关税、消费税、所得税等，若使国家征收之，可收划一之效，而免重复或走漏之弊，故宜作为国税。反是，若税之便于地方团体征收者，亦不问其范围、数额及用途若何，统宜归入地方税。例如田税、家产税及营业税等，使地方团体征收之，征收费既可减省，而又无重复或走漏之弊，故宜为地方税"。③ 陈启修的便利原则是在反对以税收范围和税额大小划分标准基础上提出的。孔庆宗亦以同样的缘由提出，以经营管理便利原则为划分国家税地方税的标准。④ 胡己任提出国家税与地

---

① 叔衡．划分国税省税意见书［J］．东方杂志，1922（2）：121-126.
② 马寅初．中国国家税与地方税之划分［J］．中外经济周刊，1925（121）：1-8.
③ 陈启修．财政学总论［M］．北京：商务印书馆，2015：371-372.
④ 孔庆宗．中央财政与地方财政研究［J］．合力周报周年纪念刊，1925（无卷期）：15-19.

方税的划分标准有三：一是中央与地方的权限；二是中央经费与地方经费的性质；三是租税性质。从租税性质来看，租税无重复征收之虞者宜为地方税，否则当划为国家税；租税足使人民感到痛苦者宜为地方税，其不然者为国家税；由国内各地及国际而来的财源应为国税，由某一地而来的财源则为该一地的地方税。①

叔衡、马寅初、陈启修、孔庆宗和胡己任等学者所提出的税收划分标准，不仅一改此前模糊笼统的提法，更重要的是摆脱了日本集权式税收划分思想的影响。由此带来的结果是，地方获得田赋、契税等独立税收，税收范围扩大、财力增强。造成税收划分标准发生如此变化的重要原因是欧美财政学理和制度经验对中国学者的影响超过日本，这得益于一批高水平欧美留学生的归国以及欧美财政名著的翻译。

四、划田赋为地方税思想

中国历史上，田赋向为国家正税，是国家财政收入的主要来源。因此晚清各省无一例外都将田赋划为国家税，这显然是受历史传统的影响。但随着中央权威的丧失和地方势力的崛起，以及西方财政学理的影响，民国初年官员和学者们就田赋划为地方税展开了争论。

田赋之争起于漕粮②。民国元年十月，在时任财政部长周学熙的主持下，财政部厘定了《国家税地方税法（草案）》，将田赋及带征杂款一并列入国家税。民国元年十一月和民国二年二月，程德全先后致电国务院，提出漕粮性质同于贡献，惟江浙独有，负担甚重且不平均，请将漕粮留充本省经费。在江苏与国务院就漕粮归属问题争执不下之际，1913 年 2 月 10 日，调任热河都统的熊希龄向大总统上书，直言"漕折一项，则各省互有多寡，为国家税收，人民之负担之最不平均者"，为防止人们因赋税不公而不肯完纳及避免中央与地方交恶，建议将漕

---

① 胡己任. 中国财政整理策[M]. 北京：民国大学发行所，1927：347-348.
② 漕粮是田赋的一种，是指通过河运和海运至京师的税粮，因其运输方式而得名。明清时期，江苏、浙江、安徽、湖南、湖北、河南、山东、江西八省除交纳田赋正课外还要额外缴纳漕粮。

粮划归地方税。① 同时，苏浙士绅吴廷燮、陈汉第、张一麐等向大总统上贴，称漕粮江浙独重，强令划归中央"恐中央不能得收入之实益，而地方转得借口减轻输纳之负担"。因而提出一个折中方案：即在国家财政未经整理以前，漕粮由地方征收以抵中央负担的地方行政费，待国家财政整理后，有足够的新税来弥补漕粮收入时，则将漕粮完全划归地方。这样既可以保存漕粮这一旧税，又可以缓和中央与地方的矛盾。但上述陈请遭财政部一一驳斥。财政部指出漕粮乃前清旧制，征收于安徽、江西等八省，并非江浙独有；其二漕粮主要充作兵米、甲米，以国家固有之收入充国家之用，当无疑异；其三，田赋项下漕粮年收入是1694万余元，若他省均仿苏省要求将漕粮划归地方，则必致国库大为亏损。② 财政部为保证中央政府的财政收入，力排众议，坚持将漕粮列为国家税。民国初年的漕粮之争实际上是中央与地方对财权的争夺和实力的较量，在这场较量中，地方实力派在袁世凯强集权手腕和军事力量威慑下妥协。但事情并没有结束，政界的漕粮之争引起了学界的关注继而演变成了田赋之争。

吴贯因对中央政府以田赋自古以来即为国税之由而将其列为国家税的说法不以为然。他认为，古今情势已变，无论是从学理上看，还是从事实出发，田赋都应当划为地方税。田赋以土地为课税对象，他认为从学理上看，田赋当划为地方税的理由有五：第一，符合报偿原则。不可迁移的土地是地方政治经济发展的直接受益者，"既享权利则必负义务，故以田赋为地方税实合乎报偿之原则"；第二，符合普及原则。地方税之目的在于取一方之财为一方谋幸福，其利益由地方人民共享，纳税义务应由地方人民共担。而农村除土地外别无可为纳税之物，所以要使纳税义务普及，惟征收田赋；第三，符合确实原则。由于土地为不动产不易转移，划为地方税后其租税负担更不易转嫁，符合租税确实原则；第四，符合公平原则。我国地大物博，各地土地情形不一，若由中央统一制定税率统一征收，田赋必不能因时势以为伸缩，容易导致租税负担不公现象。而划为地方税，由更熟悉地方情况的地方政府根据地方实际情形制定税率，"必能伸缩田赋之税

---

① 周秋光．熊希龄集(第三册)[M]．长沙：湖南人民出版社，2008：25.
② 贾士毅．民国财政史[M]．上海：商务印书馆，1934：118-121.

率，裨与一般租税相剂以归于公平"；第五，巩固地方财政。地方政府的信用比之中央政府实较薄弱，中央政府在财政收入不足时可发行公债，而地方政府收入减少则难以弥缝，因而在工商经济不发达的条件下，将田赋划为地方税可使地方财政无不确定之虞。① 清末民初时，田赋仍以土地产出物为计税基础，田赋多寡与农业发展密切相关，所以田赋究竟当为国家税还是宜为地方税，不能不考虑一国的农业发展状况。如若不然，"课税之法与课税目的物不相应，则法虽立而不可行也"。吴贯因指出："全国农业状况使其大致相同，则田赋可划为国家税，使其各为风气，则田赋宜划为地方税。其所以然者，以田赋苟划为国家税，则全国必用同一之税法；而农业之状况因地而异则税法之与事实凿枘，必层见叠出也"。② 吴贯因列举了十个田赋应当划为地方税的事实理由，细研之，可归纳为三：第一，利于税法与农业状况相合。中国领土广大，各省农业状况——如土地地形、土壤肥瘠、田赋课税单位等——因省而异，田赋划为地方税才能使税法的制定各适合于其地的农业状况。第二，便于田亩清查。征收田赋必先清楚掌握各地田亩实数，量田定赋方不失公平，方可杜绝漏税之弊。若田赋划为国家税，由中央政府主持全国田亩清查，在交通不便、通讯不发达的民初，不仅历时久、成本高，而且地方官员为免积怨于民常不肯严于稽核，如此中央难得田亩实数。反之，若将田赋划为地方税，由熟悉地方情况的地方政府负责各地田亩清查，地方政府为保证地方租税收入必会切实清查，所得田亩之数更接近于实际数量，且能大大缩短田亩清册编制时间、降低田亩清查成本。所以，为便于田亩清查，保证田赋负担公平，田赋宜划为地方税。第三，地方特殊情形。如蒙古田赋向为蒙古王公私人收入、各地方官员出于增加地方财政需要往往擅加田赋致使各地田赋实际负担不一、各地政治经济发展差异使得各地田赋改革之必要性大不相同，这些客观存在的特殊情况使得田赋章制难以从国家层面上划一，莫不如划归地方，由各地方官员根据各地实际情形斟酌处理。所以，从事实上观察，中国的田赋划为地方税方能求得税法与事实相应。吴贯因关于田赋划为地方税的思想，既借鉴了

①　吴贯因. 划田赋为地方税私议[J]. 庸言，1912(1)：1-8.
②　吴贯因. 划田赋为地方税私议(续第一号)[J]. 庸言，1912(2)：1-8.

当时英国知名财政学者巴斯泰布尔的理论，又参考了国际土地课税经验，同时还充分考虑了中国田赋实际，从学理和事实两个角度充分论述了田赋应当划为地方税的理由。

贾士毅针对上述将漕粮或田赋划为地方税之主张、议论进行了总结。他指出前述言论"皆是也，而皆非也"。所谓皆是也，即他们从田赋自身的性质出发提出的田赋或漕粮应当划为地方税的根据或理由是合乎学理和事实的；所谓皆非也，上述主张仅从田赋自身的性质决定田赋的归属，而没有考虑田赋归属的先决问题。贾士毅认为"欲论断田赋之应否作为地方税或国税，漕粮应否别于田赋之外作为地方特税，非可仅就田赋漕粮之本身立言，并须先决相关联之问题。"其相关联的先决问题有三：第一，地方团体之级数。地方团体多一级则多一层经费，少一级则少一层经费，"其层数少，则地方税目不妨略少；其层数多者则地方税目不得不多"，地方团体级数多寡直接影响于地方财政而间接影响于国家财政，所以划分国家税地方税之前必须先为解决；第二，国家行政自治行政的范围。政费多寡与行政范围广狭息息相关，划分国地税收又以政费多寡为根据，所以两税划分需先确定国家行政与地方行政的范围；第三，国家费与自治费的额数。国家费与自治费额数未定，贸然从事数目划分，"非枘凿而不入，即扞格而难行"，在国家财政与地方财政同处匮乏的境况下，必根据两方费额及不足成数审慎分配，方无畸重畸轻之弊而各有生存发达之地。贾士毅认为，上述问题不能预先解决，田赋归属地方之论断只能是凭空臆测。①

民国初年的田赋归属之争随着1913年《国家税地方税划分（草案）》的颁布暂告一段落。在民初中央政府的强势弹压下，田赋依旧列为地方税。20世纪20年代，随着地方自治思潮的再度兴起和"联省自治运动"的高涨，划田赋为地方税之议再起。叔衡、马寅初等都认为田赋应当划为地方税。马寅初提出田赋划为地方税的理由有三：第一，保证地方财政需要。无论是1913年税收划分法案还是1923年宪法，划归给省的税收除田赋外多为零星杂税杂捐，无其他大宗来源，"田赋如不归地方，则自治将无所取资"；第二，货币效用差异不

---

① 贾士毅. 论划分田赋当先决前提[J]. 庸言，1913（11）：51-59.

宜统一田赋税率。马寅初认为当时各省货币的效用即购买力大小不同，全国统一的税率会使得各省田赋呈现出负税不公平现象，不如将田赋划归各地方，由地方按当地情形自行酌定；第三，各地情形不同，以统一税率课征田赋有失公允。①

　　田赋自古以来便是国之正供，也是封建政权下最主要的大额税收。清末各省说明书中无一例外的将田赋正杂各款及契税划归国家税，民初的分税制法案同样将田赋及契税列为国家税，却引起了江苏都督程德全为首的省督的异议。程德全及苏浙绅士吴廷燮、陈汉第等，以各省漕粮负担不均而尤以苏浙最重；漕粮归省可减轻人民负担；漕粮向为天庾正供，今帝制已不复存在当划归地方，三项理由呈请将漕粮之税划归地方，但遭财政部一一反驳。虽然提议遭驳回，但各省都督企图将田赋夺归地方的想法却越来越强烈。1921 年 5 月江西等十二省联合所提之划分国家税地方税的议案中充分体现省督的这种思想，他们以田赋为易感痛苦之直接税为由当划归地方，显然这种理由是站不住脚的。1923 年因贿赂议员才得以当选总统的曹锟为巩固其地位，在税项划分上亦迎合地方都督的要求，在宪法中将田赋及契税划归地方。自此，这项自古以来的国家正税划归地方。

第三节　北洋政府时期分税制政策

一、分税制财政体制的初次尝试

　　清末对分税制财政体制虽然只是停留在制度构建的文牍层面，但清末数年国地税收划分讨论为民国初年分税制法案的尝试奠定了扎实的思想基础。同时，在清末清理财政过程中国地收支划分方案的商讨与厘定也为民国培养了一批优秀的有经验的税改专家。民初财政部众多官员都具有前清度支部工作经历，如三任财政总长的陈锦涛曾任清理财政处帮办、两度执掌财政部的熊希龄曾任东三省财政

---

　　① 马寅初. 中国国家税与地方税之划分[J]. 中外经济周刊，1925（121）：1-8.

监理官、两次出任财政总长的周学熙既是前清阀族也担任过清理财政处帮办、出任过财政总长的李思浩曾任清末清理财政处湘鄂科坐办。财政次长赵椿年曾为晚清农工商部参议和税务处会办、次长章宗元曾任清理财政处总办、赋税司司长曹葆琇和参事刘泽熙曾任清理财政处帮办、库藏司司长钱应清曾任浙江清理财政局财政监理官、公债司司长陈威曾任清理财政处闽浙科坐办。其他在北京政府和省政府中担任财政要职的官员，如李景铭、杨寿枬、周宏业、唐瑞铜等都先后在前清清理财政处或清理财政局、度支公所担任过要职。① 人员的继承使得民初财政制度改革深深地烙上了晚清财政改革方案的烙印，划分中央财政与地方财政成为民初财政整顿和改革必然选择。

中华民国成立之初即面临中央无财政收入的窘境，南京临时政府财政总长陈锦涛上书孙中山，提出当务之急乃统一财政，"不统一则中央之财权不能行使于地方，地方财政之信用不敷于百姓"，要求完美统一办法，则"非将中央财政及地方财政分办不可"。但他也认识到兹事体大，满清政府为筹划国地财政划分三年终莫能办而致各省生离叛之心，所以又提出在此军兴之际，为免中央与地方纷争之端，故"划分中央与地方财政之说，此时不宜提出"。② 清帝退位后，南北实现了形式上的统一。面对军兴以来的"各省财政纷纷自谋，政权混乱不相统属，财政前途危险殊甚"的现状，陈锦涛适时提出财政部整理财政已是责无旁贷，而整理财政应以划清中央与地方财政权限为前提。"何为中央财政，何为地方财政，划定管辖之范围，确立整理之标准，然后权限可清，政策可定，中央与地方始有分途并进之功而无彼此掣肘之患"。③ 可见，陈锦涛将划清中央地方财政权限视为统一财政的最有效路径，为此他还拟定了国家税地方税划分框架：将田赋、关

---

①　李向东. 民国北京政府分税制研究［M］. 北京：中国社会科学出版社，2020：107-108.

②　沈式荀. 中华民国第一期临时政府财政部事类辑要·总务编［M］. 台北：学海出版社，1970：15-16.

③　沈式荀. 中华民国第一期临时政府财政部事类辑要·总务编［M］. 台北：学海出版社，1970：50.

税、盐课、印花税、丝税及茶税、酱油税、烟酒税、所得税、营业税、注册税①、糖税十一项租税列为中央税，将货物税②、房屋税、牲畜税、古玩税、承继税、地方杂税③六项租税列为地方税。在划分此国家税地方税范围意见书中，他还提出未来通盘筹划划分中央岁出和地方岁出及中央税收征管事宜的设想，但因袁世凯正式就职大总统后聘熊希龄为财政总长而去职，其关于划分中央财政与地方财政的构想也就此胎死腹中。

熊希龄虽未承继陈锦涛关于国地税收划分方案，但其曾随"五大臣"出洋考察对西方国家税地方税划然分离的制度颇为赞赏，也向前清度支部尚书载泽上书呈请仿照美德之法划分国家税地方税，还曾担任过东三省财政监理官直接参与国家税地方税划分工作，所以划分国家税地方税也是熊希龄上任后所采取的财政整理措施之一。1912 年 5 月 13 日，熊希龄在参议院发表政见演说，提出八条财政整理办法，其六为"划分税目以别国家地方之权限"，他说划分国家税地方税当遵循量出为入原则，因国家较地方利害为重，须先国家而后地方。在租税多为省督把持的情形下，中央政府以上收财权为动机的国家税地方税划分必然会侵害地方政府的财权和税收。为促使国地收支划分的有序推进以从速厘清财政，同时彰显民意，财政部致电各省督，就国家税地方税划分向他们征求意见。江苏都督程德全复电熊希龄并通电各省都督，提出同时划清国家地方税和国家地方经费，并要求将田赋划归地方；随后，直隶都督张锡銮也向各界发出通电，提出了国家税地方税的划分原则；未久，广西都督陆荣廷也通电中央及各省督，在赞同张锡銮税制划分原则的基础上提出租税划分要明定等级(地方税细分为省税、县税、城镇乡税)、确定国家税地方税划分标准、明确国家税地方税的征收主体并详分国家地

---

　　①　凡财产及财产价值有移动时应登记于官册，依固定法比例法等级法而定缴纳之税曰注册税。陈锦涛将当税、契税、牙税、矿税等并入注册税。

　　②　陈锦涛提出常关、厘金及类似通过税性质的杂税杂捐等有碍统一市场形成和商业发展的税项应予裁撤，以改办货物税来抵补。

　　③　其列举的地方杂税有车马税、船舶税、梨园税、茶肆税、酒家税、乐户税、饭馆税、游艺税、旅馆税、污物税、饮料税、浴堂税、骨牌税、建筑税、露店税。这些杂税都是清末各地开征的杂税杂捐，对于这些杂税杂捐陈锦涛提出应当制定取缔规则，裁撤不当征收，将保留后的税捐统改称为税，并制定单行税法。

方税目，最后反对将田赋划归地方。东三省都督也在通电中表示反对将田赋划归地方。细探其时省督关于划分国家地方税意见电文可知，各省督要求划清中央财政与地方财政以发展地方自治继而维护和扩大自身权益的观点和动机是一致的，但具体如何划分意见并不统一。有的趋重于地方有的则趋重于中央。鉴于各省督意见不一尤其是对田赋划归地方的分歧，程德全再次致电中央及各省督，重申国家税地方税划分主张并细数田赋划为地方税的必要性和可行性。在各省都督就国家税地方税讨论正酣之际，熊希龄却因内阁总理唐绍仪出走和善后借款事宜而请辞，其财政整理方案亦搁浅。但这场因熊希龄发起的关于划分国家财政地方财政的大讨论为后续国地收支划分法案的制定和短暂实施创造了思想条件，国地财政划分犹如箭在弦上不得不发。

　　熊希龄去职后，周学熙继任财政总长。面对紊乱不堪的财政状况，他提出治本之法是使国家财政与地方财政立一明晰界限，划清国地收支，"国家收入，不与地方收入混淆；国家支出，不与地方支出杂糅"。[①] 为尽快划分国家税地方税、国家费与地方费，破解中央与地方财政关系这一难题，他提出了一整套的财政计划和改革方案。周学熙关于划分国家财政与地方财政的思想主要反映在他的《财政政见书》《财政方针说明书》和《财政计划说帖》中。具体如下：第一，在财政部内设立财政调查委员会。1912 年 9 月 23 日，财政部公布《财政调查委员会章程》，调查委员主要职责是调查各省财政收支旧制、现状及筹议划分整理税项。1912 年 10 月，财政调查委员会厘定了《国税厅官制草案》及《国家费用地方费用标准》《国家税地方税法（草案）》等关于设立国税厅和划分国地收支的文件。随即，财政部将财政调查委员会成员以财政视察员身份并携带上述文件被派往各省，一方面是为了调查各省财政状况以为财政整理之预备，另一方面是为了与各省都督及民政长"剀切熟商"以争取他们对"划税设厅"方案的支持；第二，在各省设立由财政部直辖的国税厅征收国家税。早在 1912 年 6 月初，熊希龄曾向参议院提出在各省设立由财政部直辖的国税司以专收国税计划，但参议院并未通过。周学熙上任后提出"征收国税不可无一直隶中央之机关"，高度重视国税厅的

---

① 　周叔媜 . 周止庵先生别传［M］. 台湾：文海出版社，1966：41.

筹建,认为这是"立统一国税权之基"。① 继续推进国税厅设立计划。1912 年 10 月 31 日,财政部向参议院提交修改后的《各省国税厅官制草案》,规定:各省设国税厅,直隶于财政总长,监督及执行关于国税事务。各省国税厅设厅长 1 人,直接由财政总长指挥监督,管理辖区内国税事务。② 各省督虽然迫于袁世凯的压力表示赞同财政部在各省设立国税厅的计划,然而参议院却迟迟没有审议通过国税厅官制草案。但财政整理尤难图缓,于是周学熙呈请在国税厅官制正式公布之前先设国税厅筹备处,筹办国家税地方税划分事宜。不久,袁世凯以参议院活动停滞为契机,未经参议院审议通过便擅自批准财政部拟定的《国税厅筹备处暂行章程》,并任命了一批国税厅筹备处处长。③ 各省国税厅筹备处处长上任后,财政部制定了《各省国税事务移交办法》,饬令各省都督和民政长尽快将各该省"经征国税之一切款项簿册""历办国税之案卷表册"以及经征国税局所名称、地址、主管人员名单等资料移交给国税厅筹备处。各省对设厅划税态度不一,以致国税移交工作有难有易。为使国税交接工作早日完成,1913 年 5 月,袁世凯致电各省都督,饬其督促财政司于 1913 年 7 月 1 日以前将所有国税全部移交国税厅筹备处。④ 1913 年 7 月到 1914 年 5 月,国税厅筹备处在袁世凯政府的庇护下,将国税事宜收部管辖,保证了中央政府的财政收入免遭地方政府截留。随着袁世凯不断增强中央集权,财政部决定将国地税收资金皆收归中央管理,下令撤销国税厅筹备处和各省财政司,并设财政厅统管全国税务征收事宜。至此,国税厅官制尚未正名便胎死腹中。第三,厘定国地收支划分法案。在周学熙的倾力擘画下,财政调查委员会 1912 年 10 月底厘定了《国家费用地方费用标准》和《国家税地方税法(草案)》,见表 3-2、表 3-3。

① 中国第二历史档案馆.中华民国史档案资料汇编(第三辑·财政)[M].南京:凤凰出版社,1991:66.

② 江苏省中华民国工商税收史编写组,中国第二历史档案馆.中华民国工商税收史料选编(第一辑 下册)[M].南京:南京大学出版社,1996:1945.

③ 焦建华,孙程九.试析北洋初期国地分税制推行的特点及其成因[J].中国社会经济史研究,2020(3):44-53.

④ 戚如高.民初国税厅简论[J].民国档案,1991(4):111-115.

表 3-2   **1912 年国家政费与地方政费划分一览表**

范围	具体经费项目
国家政费	立法费(国会经费)、官俸官厅费、海陆军费、内务费、外交费、司法官厅及监狱费、专门教育费、官业经营费、工程费(利害及于各省的重大工程费)、西北拓殖费、征收费(国家收入征收经费)、外债偿还费
地方政费	立法费(地方议会经费)、教育费(中央专门教育以外的教育经费)、警察费、实业费、卫生费、救恤费、工程费(地方团体经营工程)、公债偿还费、自治职员费、征收费(地方收入征收费)

资料来源：据贾士毅《民国财政史》(1934 年版)第 124~127 页整理。

表 3-3   **1912 年国家税地方税划分法一览表**

项目	现 行 税	将 来 税
国家税	田赋、盐课、关税、常关、统捐、厘金、矿税、契税、牙税、当税、牙捐、当捐、烟税、酒税、茶税、糖税、渔业税	印纸税、登录税、遗产税、营业税、所得税、出产税、纸币发行税
地方税	田赋附加税、商税、牲畜税、土膏捐、油捐及酱油捐、船捐、杂货捐、店捐、房捐、戏捐、车捐、乐户捐、茶馆捐、饭馆捐、鱼捐、屠宰捐、夫行捐、其他杂税杂捐	房屋税、国家不课税之营业税和消费税、入市税、使用人税、使用物税、营业附加税、所得附加税

资料来源：根据《中华民国工商税收史料选编》(第一辑 上册)第 738~740 页整理。

  国家地方费用划分基本上按照当时中央、地方各自的权限和所管辖事务来划分的，既尊重了中央和地方政府各自应有的权限，又将各自应分担的支出作了明确的划分，不至于重蹈前清中央需费尽向地方摊派覆辙。所以，《国家费用地方费用标准》很快就得以通过并运用于预算中。但关于税项划分的法案却屡遭非难，究其原因在于中央侵夺了地方事实上存在的财权而遭到各省的反对，最典型的便是江苏都督程德全联合江苏士绅向中央提出将漕粮划归地方，继而演变为中央与地方对田赋归属的争论。中央对地方财权的侵夺主要表现为两方面：一是收益权。从上述国家税地方税划分一览表可知，所有大额税收统归中央，地方只有零星税捐；二是征管权。税项划分后，国家税由直辖于财政部的国税厅征收管理。彻底改变了中国自古以来的赋税委托地方征收再解交中央的做法，这一举措可以有效避免自清末以来的地方截留中央税款以致中央财政严重不足的困境，使得各省丧失了对田赋、厘金等曾经肆意截留的大宗税收的掌控权。另外，《划分国家税地方税法（草案）》第四章还规定"地方特别税有妨碍国家税者，财政总长得禁止其征收。凡特别税经财政总长认为不当者亦同"。① 这一系列的改革和规定无疑会大大削弱地方财权和减少地方既得税收，充分体现了中央通过划分国家税地方税实现财政中央集权和增加中央财政收入的意图。财政部在经历周学熙辞职、梁士诒兼任、熊希龄组阁兼任等系列变动后，终于在 1913 年 11 月 22 日正式颁行了《划分国家税地方税法（草案）》②。1913 年 11 月颁行的两税划分法案基本上沿用 1912 年厘定的两税划分法案，只是在少许地方作了内容和文字修改。内容方面的一个重要变动就是因 1913 年 3 月印花税的正式实施而将其从国家税的"将来税"项下调整至"现行税"项下，并在国家税的"将来税"项下增加了"通行税"，删除了地方税"将来税"项下的使用人税和使用物税。这些都是从税制调整和完善的角度对两税划分法案内容的细小变动，并不影响 1913 年国地税收划分法案的集权倾向。

　　国家税地方税划分法案虽然在 1913 年 11 月才正式颁布，但中央其实在 1913 年初就已经着手实行。经周学熙拟定和袁世凯于 1913 年 1 月以"不合法"手段通过的《国税厅筹备处暂行章程》"附则"规定：国家税地方税划分之范围，暂以财政部所拟《厘分国家税地方税法（草案）》为标准，俟该法公布后再照新章办理。换言之，1913 年中央和各省实际上已经部分的在按照 1912 年 10 月厘定的国地收支划分法案来征收、分配税收和决定、安排财政支出。1912 年到 1914 年中央财政收入变化也可佐证这一事实。根据贾士毅《民国财政史》的统计，1912—1914 年北京中央政府的税收如下：1912 年，田赋约 270 万元、关税（含常关税）约 47336 万元、正杂各税约 129334 万元、杂捐约 505 万元，合计 177445 万元；

---

　　① 江苏省中华民国工商税收史编写组，中国第二历史档案馆. 中华民国工商税收史料选编（第一辑 上册）[M]. 南京：南京大学出版社，1996：741.

　　② 1913 年 11 月，袁世凯下令解散国民党，致使国会法定人数不足，无法开会，《划分国家税地方税法》立法程序未能完成，只是以大总统名义颁布，所以该法案仍称为"草案"。

1913 年，田赋约 82404 万元、盐税 77566 万元、关税（含常关税）68224 万元、厘金（货物税）32711 万元、正杂各税 37863 万元、正杂各捐 3944 万元，合计约 302712 万元；1914 年，田赋约 79288 万元、盐税 84880 万元、关税（含常关）79403 万元、厘金（货物税）34186 万元、正杂各税 57612 万元、正杂各捐 4947 万元，合计约 340256 万元。国地收支划分使得中央财政收入有了较大幅度增加，初步实现了通过国地两税划分来保证中央财政收入和增强中央财政集权的目的。面对中央对地方财权和财源的蚕食鲸吞，地方实力派自不可能完全听令于中央，将全部拟划为国家税的税收移交给国税厅，截留中央税款的现象仍旧存在。到 1914 年 6 月，为迎合袁世凯进一步加强中央集权的企图，时任财政总长周自齐上书袁世凯取消国家税、地方税名目，恢复前清解款制度。具体做法是：由受财政部监督的省财政厅征收管理所有税收，财政部与各省协商应解款数额，并责成各省按期如数上解中央。经过多年筹划和多方博弈，千呼万唤才登上舞台的彰显民主政治的分税制财政体制就此无疾而终。在强权政治与路径依赖双重作用下，脱胎于集权帝制下的北洋政府又回到清末解款制度的老路上去了。为了避免出现清末各地截留税款以致中央经费无着，1915 年 1 月，袁世凯在上述解款制度的基础上下令实行中央专款制度。将验契税、印花税、烟酒税、烟酒牌照税、牙税五项税收列为中央专款收入，亦称"五项专款"，由各省代收并按月上交中央。1916 年，中央扩大专款收入范围，将田赋附加、所得税、牙税增收、厘金增收、牲畜税、屠宰税列为中央专项税收。

虽然，民初分税制的尝试是民主政治、财政危机、民族经济发展和西方财政学理传播等多重因素共同作用的结果。但滥觞于清末的分税制思想无疑是推动国地收支划分法案出台和分税制政策落地的关键性因素。承袭于晚清的中华民国初期部分财政要员和省政要员，多经历过清末国地税收划分大讨论的洗礼，对国地财政分权有较深的认识和复杂的感情。从某种意义上说，民初分税制思想是对清末分税制思想的延伸和升华，没有清末数年国地税收划分的激烈争论，民初社会各界不可能一致性地提出划分国家财政与地方财政以厘清中央与地方财政关系，并对国家税地方税划分标准、田赋归属、国家费地方费划分等问题展开更深入的讨论和研究。所以，在民国共和政体下，民初分税制思想的继续发展是一种必然，而事关国家治理的财政思想的发展必然会对国家财政政策和制度产生深远的影响。没有清末以来数年的国地收支划分方案的讨论，民国政府不可能如此快速地厘定出国地收支划分法案。民初分税制法案的出台和分税制财政体制的初步实践，可以说是对清末以来分税制思想和国地税收划分改革方案的回应。只是，诞生于小共同体本位社会结构中、与宪政体制相配套的分税制财政体制在植入中国这个大共同体本位的社会结构且具有极强的中央集权专制主义传统的国家时，由于既缺乏强有力的统一的中央政府又缺乏普遍的民主自治意识和能力而发生了变异：从一种增加居民福利和税收效率的制度手段异化为中央地方争夺财权的制度工具。中央和地方对财权的倾轧既是民初分税制得以短暂实施的根本原因，也是它在实施后不久便失败的客观原因。

二、"联省自治"运动下的分税制政策

袁世凯死后，中国陷入军阀割据和南北对峙的局面，通过武力实现国家统一困难重重。章士钊、胡适、李大钊、毛泽东等一大批"五四"知识精英提倡在中国实行联邦制，借此实现国家统一。基于省自治而后联合各省建立联邦统一国家的"联省自治"思潮犹如一股热浪滚滚而来。① "联省自治"的含义包括两方面：一是各省实行自治。由各省自行制定宪法，依据宪法组织省政府，统治本省；二是由各省选派代表组成联省会议，制定联省宪法即国宪，完成国家统一。省自治是"联省自治"基础，但又以省为中华民国之一省为前提，也就是说，省自治只是"联省自治"的手段而非最终目的。其最终目的是通过省自治的方式完成以民主政治为原则和增加人民幸福为宗旨的地方政府改造，继而通过"联省自治"的和平方式完成对国家的改造，把中华民国建设成为一个美国联邦式的民主、共和的国家。

最先响应自治呼声的是饱受战乱之苦的湘人。1920年，"驱张运动"成功后，唯恐北洋军阀再来为祸湖南，"湘人治湘"呼声四起。代替张继尧取得湖南统治权的赵恒惕、谭延闿在舆论和民众的压力下顺势宣布湖南实行"自治"。继湖南宣布

---

① 1920年前后，大批"五四"知识精英从北京分流到长江、珠江流域及西南各省，他们纷纷通过组织社团(如毛泽东等湖南新民会会员发起成立的"湖南改造促进会"，这是当时推进湖南自治的一个重要组织)和创办期刊(如《新湖南》《新江西》《新浙江》《新四川》《越声》《秦钟》等)来宣传"联省自治"思想，使得"联省自治"成为时人心中改造中国的最佳武器。

自治后，浙江、四川、广东等十余省先后宣布自治。省自治以省宪法为核心，制定宪法自然成为自治各省的要务，"联省自治"运动蓬勃发展之际，湖南、浙江、四川、广东、福建等宣布实行自治的省份成立宪法起草委员会陆续制定颁布省宪法。查阅其时各省宪法或宪法草案发现，各省宪法第一条明确规定省为中华民国之一省，各省在固有的疆界和行政区划内根据省宪法实行自治，以增进本省人民幸福为宗旨，赋予人民充分的自由和权利。在省自治范围内，实行行政、立法、司法三权分立，各省宪法由人民投票表决通过，一省行政长官和议会成员由该省人民选举产生。在中央与地方关系上，通过省宪法明确界定各省的行政事权，由各省根据省宪自行制定单行法规执行实施，同时规定省宪法与国宪法不相抵触，实行中央与地方在各自的宪法框架下分而治之。但国定法律中加重省负担或有损省权利的条款须先取得省的同意，由此可知，省享有较高的自治权和独立权。中央与地方分权而治，意味着中央与地方财政的也必须划然分离。如《湖南省宪法草案》规定：除关税、盐税、烟酒税、印花税划归国税外，其他各种租税，省政府以省之法律规定征收；省内事务所需支出由本省负担，而省受国政府委托执行国家行政事务所需费用支出由国家负担；省的收入支出由省库或代理省库之银行执掌。① 《浙江省宪法》对于财政的规定表现出更大程度的央地分治：本省各种赋税均为省收入，由省政府依法律之规定征收之；本省对国家政费的负担不得超过本省收入总额的30%；省收入和支出由省库或代理省库的银行执掌。此外还规定：省政府受国政府委托执行国家行政事务所需费用由国家负担，委托下级自治团体执行省行政事务所需费用由省政府补助。② 《广东省宪法草案》规定：本省各种赋税均为省收入，由省政府依法律形式征收；本省对国家政费的负担以法律形式规定；省之收入支出由省库或代理省库的银行执掌之。③ 《四川省宪法草案》对财政的规定是：本省田赋及各项税收，除由省法律改定外，一概仍旧征收；省收入支出由省金库管理。④ 从上述省宪规定可知，自治之省几乎将所有税收皆掌握

① 湖南省宪法起草委员会. 湖南省宪法草案[J]. 太平洋，1921，3(1)：62-79.
② 浙江省宪法起草委员会. 中华民国浙江省宪法[J]. 东方杂志，1922，19(22)：14-36.
③ 广东省宪法起草委员会. 广东省宪法草案[J]. 东方杂志，1922，19(22)：203-212.
④ 四川省宪法起草委员会. 四川省宪法草案[J]. 太平洋，1922，3(10)：121-150.

在自己手中，采取分成的方式给予中央政府有限的赋税收入，在这样的制度下，中央财权几乎完全丧失，中央财政收入严重依赖于省的自觉上解。1916 年到 1922 年，各省对中央专款认解和实解数额均大幅下降，认解数额 1916 年为 3660 万元，1919 年下降为 634.9 万元，实解数额从 1916 年的 2440 万元下降为 1919 年的 424.4 万元。① 联省自治使得财权分配从封建专制社会的高度集权极端走向军阀混战下的过度分权极端，中央财权几乎被架空，财政无着，行政事务自然无法开展。这样的结果显然背离了"联省自治"倡导者通过省自治建立联邦制统一国家的初衷。这也从侧面说明"联省自治"只是军阀脱离中央、据省自治的一个幌子而已，并不能完成南北和平统一任务和实现改造国家的目标。

　　联省自治运动虽然没有实现知识精英所提出的改造中国的愿景，但以自治为基调的"联省自治"思潮却使得自袁世凯取消国地收支划分后曾一度沉寂的分税制思想再度活跃起来。1919 年初，江苏省财政厅提出了新的国地财政划分方案，要求所属各县将国省两税分别交，不得笼统参差；1919 年 9 月北京政府颁布《地方暂行制度》，规定地方政府分为省、县二级，明确省的事权，并将田赋、家屋税、地价税、营业税和杂税列为省税；② 1919 年 10 月初，孔祥榕向财政部上帖，提议在南北议和后召开中央财政会议研究国家税地方税划分，该提案受到财政部高度重视；③ 1919 年底，部分国会议员提出因实行自治的需要，将田赋、契税、营业税等在 1913 年国地税划分法案中原列为国家税的税收划归地方；1921 年 5 月，江苏、江西等十二省议会代表向国会提交"请划分全国税源以实行地方民治促进中央统一而维国本"的议案，要求划分财权，明确中央地方各自的财政范围。在具体税项划分上，各省议会代表以本省利益为出发点，"以国家税当以一律之税率普及于全国，每难适应于地方之特殊经济状态而合负担公平之原则"，将关税、盐税两项已经被作为外债担保的所谓向为国家大宗收入来源的税收划为国家

---

①　余治国.中国近代财政集权与分权之博弈[M].芜湖：安徽师范大学出版社，2018：81.

②　江苏省中华民国工商税收史料编写组，中国第二历史档案馆.中华民国工商税收史料选编(第一辑上册)[M].南京：南京大学出版社，1996：412-416.

③　江苏省中华民国工商税收史料编写组，中国第二历史档案馆.中华民国工商税收史料选编(第一辑上册)[M].南京：南京大学出版社，1996：748-749.

税，将田赋、其他货物税、正杂税、正杂捐及省有新收入划为省税。① 1922 年，叔衡提出无论是"联省自治"还是分权自治，中央与地方权限划分关键在于税权的划分。未免中央地方税权划分失衡，应当由超越政争的财政专家拟定一国税省税划分办法以"获一持平兼顾之制，而永奠中央与各省之关系"。叔衡提出国税省税的划分"当斟酌于学理与事实之间"，从学理和事实两方面综合考虑和对税项一一剖析后，他认为关税、盐税、烟酒税、货物税、印花税、特种所得税宜作为国家税，田赋、契税、营业税、矿税、普通所得税、印花税余额及其他直接关系地方之税应当划为省税。②

三、"曹锟宪法"中的分税制政策

1923 年 10 月，曹锟通过贿赂议员而当选为总统。贿选遭到社会各界人士的反对，为了挽救其政治声誉和证明其政权的合法性，曹锟政府以迅雷不及掩耳之势完成了宪法制定。虽然，时人及后来者对此宪法多持贬义和批评之声，但从立法意义上看，1923 年《中华民国宪法》是近代中国第一部通过宪法制定程序制定出来的宪法，可算是近代中国第一部宪法。在"联省自治"运动的压力下，"执政者企图通过模仿美国宪法中确立的联邦制体制来处理中国的中央与地方关系，通过在宪法中对中央与地方在政治上分权的认可来实现他们所架构的中央集权式的统治秩序"③，在宪法中设置"国权"和"地方制度"两章，划分中央和地方的权限，承认"联省自治"事实，对地方让权。当然，权限的让渡是有限的。中央和地方行政权限的划分必然要求划分中央与地方财政。《中华民国宪法》第五章"国权"第二十三条规定：关税、盐税、印花税、烟酒税、其他消费税及税率应行全国划一之租税应由国家立法并执行；第二十五条规定：田赋、契税及其他省税由省立法并执行；第二十七条规定为避免省课税妨害国家收入或商业、交通等事业

---

① 江苏省中华民国工商税收史料编写组，中国第二历史档案馆. 中华民国工商税收史料选编（第一辑上册）[M]. 南京：南京大学出版社，1996：750.

② 叔衡. 划分国税省税意见书[J]. 东方杂志，1922，19(23)：121-126.

③ 石柏林，彭澎. 宪政理念与宪法命运——中美第一部宪法比较分析[J]. 比较法研究，2002(6)：102-110.

发展及不当课税，国家可通过法律限制地方课税。①

　　比较《中华民国宪法》和湖南、浙江等省省宪可知，国宪法从维持中央权威和增强中央权力立场出发，要求省之法律不得与国宪相抵触，否则无效。而从扩大自治权立场出发制定的省宪法则偏重于省的权利，虽然明确省宪法不与国宪相抵触，但其蕴含的意思是国宪迁就省宪而不是省宪服从国宪。从这个角度看，国宪法和省宪法在权利诉求上是对立的，充分反映了其时位居中央的北洋军阀和身处地方的大小军阀之间的利益背离。这种利益的对立在财政方面也有充分体现，省宪法规定省的一切赋税俱由省自行制定法律征收、管理和支配，而国宪法则规定划分国税省税后，中央地方各自立法征管各自税收，而且国家可限制省税征收。此外，为了顾及地方军阀的利益和保证国税征收，1923年宪法中国税省税的划分充分吸收了此前国人对国地两税划分的意见，最主要的表现就是将民国初年争执不休的田赋及契税从中央划归了地方。从此，向为国家正供和大额财政收入的田赋正式划归地方。1923年《中华民国宪法》虽存在诸多缺陷，亦因次年曹锟倒台而未能切实执行，但其对中央地方财政的划分充分吸收了民国以来国人对国地收支划分的意见和主张，从法律上扩大了地方财权和税源，彻底改变了清末以来地方只能靠各种钻营或强势截留的不合法手段侵夺税收的局面，一定程度上缓和了中央地方紧张的财政关系。

　　国地税收划分写进宪法，也引来了财政学界专家对国地收支划分问题的讨论和研究。1924年，杨汝梅发表题为《宪法公布后之省财政问题》论文，对宪法中国家财政和地方财政划分做了深入的分析，字里行间对宪法中关于国家财政与地方财政的规定颇为认同。② 财政整理会根据宪法中对国家税地方税的规定，根据税项性质对当时的各项税收进行了更加具体的划分。③ 尹文敬称，在中央缺乏集全国财政大权于一己之身的威力而各省又不辨税收性质滥予截留的情形下，规避各省截款索饷的最佳办法是财政分权，划分中央税与地方税，使中央地方各守财政界限。并建议由中央和各省组织一划分税收委员会，对税收加以精密考量，明

---

　　① 江苏省中华民国工商税收史料编写组，中国第二历史档案馆. 中华民国工商税收史料选编(第一辑上册)[M]. 南京：南京大学出版社，1996：419-420.

　　② 杨汝梅. 宪法公布后之省财政问题[J]. 银行周报，1924(6)：7-14.

　　③ 佚名. 整理全国税制计划书[J]. 银行周报，1924(10)：1-3.

确宪法中列为中央税的"全国税率应行划一之租税"和列为地方税的"其他省税"，以免纠葛。① 1925 年，马寅初在民国大学作了"中国国家税地方税之划分"的主题演讲，他指出赋税是中国财政中最为重要的问题，实行地方自治必须要划分国家税地方税。他在回顾 1913 年分税制法案和 1923 年宪法中税收划分的基础上，提出了定数和伸缩性两大税收划分标准，并一一分析了田赋、契税、盐税、印花税、烟酒税、其他消费税、所得税、遗产税、产销税、营业税的应当划为地方税还是国家税。② 1926 年，童蒙正对 1913 年分税制法案和 1923 年宪法分税条款作了比较分析，他认为 1923 年的分税法案相较于 1913 年分税制法案进步很多。尽管 1923 年宪法对国家税地方税的规定很适当，但由于军费膨胀，这一方案在事实上无法实行。③

新思想催生新制度，符合社会发展需要和历史前进规律的进步思想是推动国家制度变革的有力武器。1913 年国家税地方税划分法案的颁布和短暂实施是清末民初分税制思想政策化的直接表现。此次国地收支划分法案将大额、主要税收划归中央，将小额零星捐税和附加税划归地方，并划分国家费地方费，就是吸收清末以来多数人思想主张的结果。而 1923 年宪法将田赋及契税划归地方更是其时关注国家财政问题官员学者反复吁请研讨的结果。从北洋政府时期分税制思想发展历程和分税制法案制定实施脉络来看，分税制思想与实践相互推动，相辅相成，二者呈现出良性互动发展趋势。清末民初对国地收支划分的大讨论为民二分税制法案的出台和实施奠定了思想基础，反过来，法案的出台和收支划分政策的实行引发了政学两界对国地收支划分相关问题更深入的讨论和研究，这样深入的研究又为下一次的国地两税划分法案的升华奠定了理论基础。在民主、共和、自由等宪政理念的影响下，明确中央地方财政权限，划分国家税与地方税已成为这一时期历届政府必议之事，分税制思想也在这一过程中获得了长足的发展。

---

① 尹文敬. 我国财政困难之原因及其整理之方法[J]. 东方杂志，1924，21（17）：19-35.

② 马寅初. 中国国家税地方税之划分[J]. 中外经济周刊，1925（121）：1-13.

③ 童蒙正. 中国国家税地方税之划分与施行问题[J]. 中大季刊，1926（2）：1-8.

第四节 北洋政府时期分税制思想述评

滥觞于清末的分税制思想，在北洋政府时期得到一定的发展。主要表现在三个方面：一是讨论研究分税制思想的主体越来越多，二是分税制思想内容范围有所扩大，三是分税制思想走向立法并付诸实践。虽然这一时期分税制思想较于晚清取得了一定进步，但从广度上看，对分税制问题进行的研究和讨论依旧不多，且时间上出现割裂；从深度上看，该时期对分税制的研究尚不够深入，对相关问题论述的学理性稍显欠缺。总体来看，北洋政府时期的分税制思想具有如下特征：从空有议论走向立法落实，从过度集权走向过度分权，从附加税主义进化到独立税目主义，思想主体从政府官员为主转向学界学者为主，税收划分标准从繁杂模糊渐趋简洁明朗。

第一，分税制思想从空论走向立法。北洋政府时期分税制思想最大的进步性体现在从前清的空有议论走上正式立法之路，将近代中国分税制思想向前推动了一大步。虽然1913年冬分税制法和1923年宪法均实施不久便遭取消，但我们不能否认其历史意义。其一，1913年冬的近代中国第一部分税制法案将清末久议未决的分税制思想从理想变成了现实，财政集权向财政分权之路不可逆转，此后任何再行集权的主张必然遭到各界一致反对。其二，以法令形式确定国家税和地方税之界限，不仅可以有效杜绝税项上下牵混之弊，还可充裕地方税源以避地方胡乱添设苛捐杂税。其三，税项划分立法，也推动政府不遗余力的清理旧杂税捐和改革税制，使得近代中国的赋税系统逐渐简单明了、整齐划一，不再像清末那样零星杂乱税种名目繁多。其四，共和制下的立法都是经国会议决通过，它"反映了建立公开的制度化的财政管理体制的时代要求"，促进了近代中国社会民主化的发展。①

第二，分税制思想从过度集权走向过度分权。北洋政府时期的统治以袁世凯去世分为前期集权专制和后期军阀割据两个阶段。在袁世凯统治期间，财政部掌权者及地方实力派纷纷主张将国地收支划然分离。他们虽对划分国地收支这一想

---

① 龚汝富．近代中国国家税和地方税划分之检讨[J]．当代财经，1998(1)：54-58.

法从宏观上形成了共识，但共识之下立场的对立和诉求的差异使得中央部属官员和地方实力派之间就国地收支尤其是国家税地方税的具体划分产生了激烈的争论。中央政府主张划分国地收支的原因主要有二：一是通过划分国地收支厘清中央与地方财政关系，以统一财权；二是将田赋、厘金等长期被地方官员截留支配的大额税收收归中央，以增加中央政府的财政收入。所以1912年，财政总长周学熙拟定的国家税地方税划分草案中，几乎所有大额税收皆为中央税，地方只有零星杂税杂捐。但在辛亥革命中趁势而起的地方实力派却希望沿袭清末的老路，将向来截留支用的田赋、厘金等大额税源变为合法的地方税收，以巩固自己的势力。袁世凯最终依靠其过硬的军事实力震慑住了地方实力派，于1913年冬颁布了《划分国家税地方税（草案）》。该法案中，税收范围广、数额大的田赋、厘金、关税、盐税等税项悉归中央，地方只有零星杂税和附加税，体现出浓厚的集权思想。这份以集权为特征的税项划分法案是中国长久以来的专制集权思想遗毒和日本集权式分税制度经验共同作用的产物，既不符合历史发展趋势的要求，也不符合时代更迭的需要，注定是昙花一现。

1916年以后，面对军阀割据，统一无望的戡乱局面，学术界和社会名流大肆宣扬联邦主义。1920年，湖南人民提出"湘人治湘"口号，谭延闿控制湖南后便宣布湖南省自治，并创制宪法，为联省自治实践先锋。在理论界倡导和湖南自治实践引领下，自下而上的"联省自治"运动甚嚣尘上。地方自治则必要求财权独立，于是各省省宪中纷纷出现"本省赋税均为省收入"字样。1923年，贿选总统曹锟顺应时代潮流和地方实力派要求，同时为了保留一定的国家税收，在颁布的国家宪法中抛弃北洋前期附加税主义而采用独立税主义明确划分了国家税地方税，将田赋、契税划归地方，并规定其他省税由省立法征收。极大地扩大了省的财权，财政上的地方分权主义可谓达到整个近代高潮。此后，李权时、马寅初、寿景伟、尹文敬等欧美留学归来的学者纷纷发表言论，对1923年宪法中关于划分国家税地方税的条款颇为赞同，体现出极强的地方分权倾向，这与他们的欧美留学经历密切相关。1920年初期的国家税地方税划分过分偏向于省地方，这是中央政府与地方实力派斗争的结果，也是西方联邦主义影响的产物。

第三，思想主体从政府官员为主转向学界为主。北洋时期的分税制思想呼声与政治局势变化紧密相连，大致也可分为两个阶段：民主政治理念尚存的北洋初期和"联省自治"勃兴的北洋后期。北洋前期,民主政治初立,清末划分国地税收争论的余热犹存,掌财者们清醒认识到明确划分国家税地方税才可能统一紊乱分裂的财权并增加中央财税收入,地方实力派亦希望通过划分国地收支以摆脱中央随时摊派的财政束缚,于是就国地收支划分问题展开激烈的讨论和交锋。此时国地收支划分是财政部整理财政工作的关键环节,相关言论和争执主要出自中央的财政官员和地方都督。此外,北洋前期就国地收支划分发表过意见的著名政论家吴贯因也因梁启超之故在 1913 年时担任过北洋政府卫生司司长和制币厂厂长。北洋政府后期,受新文化运动和"联省自治"运动影响,以及一些系统学习过欧美财政学理留学生的归国,打破了政府官员一言堂的局面。学者们纷纷通过时评文章或著作就国地收支划分相关问题发表自己的见解和主张,如李权时、魏颂唐、寿景伟、马寅初、陈启修、尹文敬、杨汝梅、童蒙正等,分税制思想主体从政界官员为主转向学术界知识分子为主,这也为南京国民政府众多学者研究国地收支划分问题开了风气。

第四,税收划分标准从繁杂模糊渐趋简洁明朗。清末关于国家税地方税的划分标准纷繁杂乱,以致税项划分讨论多时而未能成章制。民初时,一因税项划分势在必行,二是有清末分税标准讨论的基础,三是开国会得以召集众多对西方分税制学理有较深认识和研究的官员、学者集思广益,分税标准渐趋明朗。如 1912 年秋周学熙在参酌西方学理,结合中国实情,吸收他人建议所定之分税标准:"税源普及于全国,或有国际之关系,而性质确定可靠,能得巨额收入者,为国家税;税源多囿于一定区域,不含有国际之关系,而性质虽已确实,而收入额比较稍小者,为地方税。"①反映了当时国家税地方税划分较高的认识水平。1913 年分税制法案中,现行税按"或历史上久为正供,或性质上不宜归地方"之标准将田赋、盐课、关税、常关、契税等十九项列为国家税,按"以其参差零星、性质上应归地方团体"之标准将田赋附加、商税、牲畜税及其他各类杂捐等共计二十项划归地方税。将来拟征之通行税、遗产税、所得税等税以"各国均定为国家税,行之已久且认为良好之税源"划归中央,拟征之房屋税、使用人税、使用物税等

---

① 　中国第二历史档案馆. 中华民国史档案资料汇编(第三辑 财政(一))[M]. 南京:凤凰出版社,1991:58-63、67.

税以"或性质上宜为地方财源，或征收上宜归地方经理"之标准列为地方税。① 虽然 1912 年和 1913 年分税标准阐述不尽一致，但其反映出来的核心思想是一致的：税源广税额大征收范围普遍的税种归国家，而税源窄税额小征收范围囿于局部地区的税种归地方。而将来拟开征之新税多是借鉴西方学理而来，自然是参照西方各国划分成例来划分。在 1920 年代，叔衡、陈启修、马寅初等学者提出的税收划分标准更是言简意赅且清楚明朗，与清末混乱繁杂的分税标准相比，是一个巨大的进步。

---

① 贾士毅. 民国财政史[M]. 上海：商务印书馆，1934：113-114.

第四章　南京国民政府前期分税制思想
（1927—1937 年）

第一节　南京国民政府前期分税制思想
发展背景及基本情况

一、南京国民政府前期分税制思想发展背景

（一）全国实现形式上的统一

国家财政与地方财政的划分建立在统一国家和中央权威基础之上，没有这个基础，国家财政与地方财政的划分终将是一纸空文。财政是政治的基础，财政思想与政治局势紧密相关，北洋政府 16 年分税制财政体制的曲折发展充分说明了这一点。为结束军阀混战，实现国家统一，1923 年 2 月孙中山第三次南下广州建立革命政权，1924 年 1 月组织召开国民党第一次全国代表大会，决定组建国民政府，1925 年 7 月国民政府正式组建。1926 年，国民政府领导下的国民革命军发动"北伐"，1927 年国民政府奠都南京，到 1928 年"东北易帜"后，国民党在形式上统一了全国，建立起了比较强有力的中央政府。国民政府以孙中山为精神领袖，国家政权架构和组建上无不遵循孙中山先生《建国大纲》和国民党第一次全国代表大会所确定的规则。孙中山先生提出"国民政府本革命之三民主义、五权宪法，以建设中华民国"，在中央与地方的权限上，采取均权主义：凡事务有全国一致之性质者，划归中央；有因地制宜之性质者，划归地方，不偏于中央集权与

地方分权。① 省、县在中央的统一领导下实行地方自治，自举省长、县长等官吏，自行决定筹办地方事务。财与政是不可分离的，以财行政，以政控财。国家统一和政权结构的变动，必然要建立与之相配套的财政体制。以"均权"为原则的中央地方分权而治的政治结构下，国家财政与地方财政的划分也就成为题中之义。如何划分国家财政与地方财政，妥善处理中央与地方财政关系，再次成为政府官员和财政学界关注和研究的热点问题。北洋时期兴盛一时的分税制再次走进人们的视野，分税制思想亦在国家统一的条件下蓬勃发展。

（二）国民经济的稳步发展

为搞好国家经济建设，巩固新生政权，1928 年 6 月，国民政府召开了由 45 名政府官员和 70 多名财政金融专家参加的全国经济会议，提出了缩减军费、发行公债、设立国家银行、币制改革、保护工商业发展等多项议案。1929 年 3 月，国民党第三次代表大会通过了《训政时期经济建设实施纲要方针案》，确定了经济建设次序和大力发展国营经济方针。其后，颁布了各项工商法规以完善对工商业的管理和鼓励工商业经济的发展；② 此外，还颁布了《华侨回国兴办实业奖励办法》以吸引华侨回国投资办厂，促进国内经济发展；出台了一些扶助、救济民营工商业的办法，推进民族工商业的发展；实行"二五减租"、鼓励垦殖及土地登记确权等措施扶助农业发展。③ 相对和平的国内外政治环境和系列促进经济发展的经济政策，推动了国民政府前期民族经济的发展。1928—1937 年，国内（不包括港、澳、台）新设资本额在 1 万元以上的各种工业企业、矿业企业、交通运输企业 1535 家，投资总额为 377768 千元。1928 年到 1936 年，每年新设企业家数和投资总额总体呈稳步上升的态势，年均新设企业数量和年均投资额也都超过北洋

---

① 江苏省中华民国工商税收史编写组，中国第二历史档案馆. 中华民国工商税收史料选编（第一辑 上册）[M]. 南京：南京大学出版社，1996：166-169.
② 1929 年颁布《公司法》《工厂法》《特种工业奖励法》（1934 年颁布《工业奖励法》替代之），1930 年颁布《矿业法》，1931 年颁布《小工业及手工业奖励规则》。
③ 焦建华. 中华民国财政史（下）[M]. 长沙：湖南人民出版社，2013：470-478.

政府 16 年的规模。① 美国学者托马斯·罗斯基②以 1933 年为基准年度，以水泥、钢铁、机械等固定资本品为统计对象，测算了近代中国固定资本形成总额指数：1933 为 100，1927 年为 57.1，1930 年为 82，1936 年为 135.2。③ 全面抗战前十年，中国经济发展较快较好。

经济是财政的基础，经济的发展必然带来以税收为主的国家财政收入的增长。1927—1936 年，南京国民政府税项收入分别约为：46.5、259.6、416.2、471.9、535.6、531.6、591.5、417.6、385.3、1057.3 百万元。④ 除 1934 年、1935 年两年由于资本主义经济危机引致的国际贸易衰退、大量走私及日本入侵华北等原因使得关税收入大幅下降而致税项收入有所减少外，自 1927 年以来，国民政府的税收在经过 1928 年的整顿后，总体上呈稳步增长态势。税项收入的增长为国地税收的划分创造了良好的收益条件，可以一定程度上缓解中央与地方因税收严重不足而导致的对税源和财权的矛盾及由此带来的中央地方财政关系紧张。

（三）税收制度的整顿改革

南京国民政府成立后，对税制的系列整顿和改革，为国家税地方税划分创造了条件。南京国民政府前期进行的税制改革或整顿主要有以下几个方面：

第一，实现关税自主。自清末关税被作为外债抵押掌握在帝国主义手中以来，实现关税自主一直是中国人民的迫切要求。1928 年 7 月 20 日，国民政府外交部宣布废除与帝国主义的一切不平等条约，订立新约。1928 年 7 月到 12 月，国民政府相继与美国、英国、法国、荷兰、西班牙、意大利等十一个国家签订新的"关税条约"或《友好通商条约》，承认中国关税自主。1928 年 12 月 8 日，国民政府颁布了海关进口税则。但到 1928 年底，日本仍拒绝与中国订立新约。而根

---

① 杜恂诚. 中国的民族资本主义（1927—1937）[M]. 上海：上海财经大学出版社，2019：7-9.

② 托马斯·罗斯基（Thomas G. Rawski）是美国匹兹堡大学经济学和历史学教授，著名中国问题专家，1972 年获哈佛大学经济学博士学位，多年来致力于中国经济和历史研究。

③ 托马斯·罗斯基. 战前中国经济的增长[M]. 唐巧天，毛立坤，姜修宪，等，译. 杭州：浙江大学出版社，2009：244-246.

④ 焦建华. 中华民国财政史（下）[M]. 长沙：湖南人民出版社，2013：530.

据最惠国条款，若有一国不承认中国关税自主，则其他国家也可以不予承认。经过与日本的多番交涉和国内民众的反抗，1930 年 5 月，国民政府以给予日本特定商品三年不增税及降低出口日本商品关税税率等优惠条件为代价，与日本签订《中日关税协定》。优惠政策三年期满后，南京国民政府于 1933 年颁布了新的"国定税则"，正式取得关税自主权。关税自主后，国民政府进行了系列整顿和改革：裁撤常关税、转口税和附加税，进口税改征金单位，提高进口税率并实行等级税率。关税自主及系列改革极大地增加了国家关税收入。

第二，整顿盐税。袁世凯当权时期，为从列强手中获得善后借款而以盐税做担保，中央政府丧失了对盐税的绝对管理权和支配权。国民政府奠都南京后逐步收回盐税征管和支配权。1927 年 6 月，财政部设立盐务处，主管辖区内盐务和盐税。1927 年 11 月颁布《国民政府财政部盐务署稽核总所章程》及《稽核分所章程》，规定：稽核总所及分所正、副所长由财政部委派、任免，加强了财政部对盐务稽核机关的管理；还规定所有盐税收入均存入中央银行或财政部指定的存款处，改变了北洋政府以来盐税存入外国银行或外国指定银行的规定。1928 年 2 月 20 日，财政部长宋子文发表声明，盐务稽核所不再享有保管收入用以偿还外债的权利。同年 11 月 16 日，宋子文再次发表宣言，重申盐税由财政部管辖，盐务稽核所除财政部拨付的偿还借款应需款外，不再保管任何款项。1929 年 1 月，财政部公布新的《盐务稽核总所章程》，该章程规定：盐务稽核总所直隶于财政部，盐税征收管理不再受外人监督；所有盐税款存入财政部指定银行；聘用的洋员均属中国雇员，服从财政部长命令，不再享有特权；稽核总所所有重要事项需呈财政部长核定。经过不懈努力，盐税管辖权全部收回，实现了盐税自主。在追求盐税自主的过程中，国民政府财政部还采取了系列措施整顿盐税：将盐税征收权收归中央、革除盐斤附税苛杂、完善盐务机构、改革征税办法并加强盐务管理，初步厘清了北洋政府时期盐税混乱如丝的局面。

第三，裁厘改统（统税又称货物税）。太平天国运动中，地方官员为筹措军费开办厘金，地方政府在尝到了征收厘金的甜头后，使得最初作为一种权宜之计出现的厘金很快遍布全国且不断加征，成为严重影响工商业和经济发展的恶税。虽然清末和北洋政府时期，西方列强和国内工商界曾多次要求裁撤厘金，但由于厘金是地方政府重要税收来源，裁厘之后因无其他税收可抵补而遭到地方政府的反对。南京国民政府成立后，明确表示要废除万恶的厘金制度以图国民经济的发展。1927 年 7 月和 1928 年 7 月，国民政府曾两度宣布裁厘，但均因遭到地方政府的反对而失败。1930 年冬，在国内局势稳定和关税自主取得较大进展的条件下，国民政府第三次宣布裁厘。1930 年 12 月 15 日，财政部发布裁厘通电，严令各省于本年 12 月 31 日前将厘金、厘金变名之各类税及正杂各税各捐中含有厘金性质的税捐一律裁撤。在中央的强令推进下，在"政府控制的地方，厘金几近完全废除"①。为了弥补厘金废除后财政收入的不足，国民政府按照"一物一税，一次征收"原则开征统税，到 1935 年，征收统税的货物包括卷烟、麦粉、棉纱、火柴、水泥、熏烟、啤酒、火酒八类。② 在国地两税划分中，统税为国家税，地方不得截留和重征。裁厘改统既削弱了地方政府财政独立性，遏制了地方军阀扩张；又有利于工商业经济的发展和增加了中央政府财政收入，可谓一举多得。

第四，整理其他旧税，开征新税。国民政府成立后，先后颁布《烟酒牌照税暂行章程》（1927 年 6 月）、《烟酒公卖暂行条例》（1927 年 6 月首次公布，1929 年 8 月修订）、《印花税暂行条例》（1927 年 11 月）、《国民政府财政部化妆品印花税暂行章程》（1927 年 11 月）、《财政部直辖各省烟酒事务局章程》（1929 年 5 月）、《洋酒类税暂行章程》（1929 年 6 月）、《征收啤酒税暂行章程》（1931 年）、《营业税法》（1931 年 6 月）、《矿业法》（1930 年 5 月首次公布，1932 年 1 月修正）、《矿产税条例》（1932 年春）、《土烟叶特税征收章程》（1933 年 6 月）、《土酒定额税稽征章程》（1933 年 7 月）系列章程法令，对烟酒税、烟酒牌照税、营业税、印花税、矿税从课税对象、征收方式、征收机构及税率等方面进行了较为全面的整顿和改革，建立起比较完整的货物税体系和完善的印花税征管制度。另外，颁布《交易所税条例》（1928 年 3 月）、《所得税暂行条例》（1936 年 7 月），开征交易所税和所得税。旧税整顿和新税开征为建立地方税体系奠定了基础。

（四）西方财政学在中国的深入传播

随着中外交流的加强，欧美留学生增多，国民政府奠都南京到抗日战争爆发

---

① 杨格. 一九二七至一九三七年中国财政经济状况［M］. 陈泽宪，陈霞飞，译. 北京：中国社会科学出版社，1981：71.

② 郑备军. 中国近代厘金制度研究［M］. 北京：中国财政经济出版社，2004：132.

十年间，西方财政科学在中国传播取得了长足进步。其典型表现就是翻译出版的财政学著作显著增加，且翻译出版的欧美财政学著作超过了译自日本的财政学著作。这一时期，翻译出版的外国财政学类著可以说是近代四个时期中之最，胡寄窗先生（1984）和邹进文教授（2008）做过比较详细的统计和梳理，兹不赘述。此处仅围绕论文研究主题，对论及分税制有关问题或对国人研究分税制相关问题有影响的西方财政学著作做一梳理。主要有：何嵩龄翻译的日本学者小川乡太郎的《财政总论》（1927年12月，上海商务印书馆出版，根据原著大正十二年第六版翻译）；李祚辉翻译的日本学者马场铁一的《财政学新论》（1928年，上海太平洋书店出版）；王长公翻译的日本学者阿部贤一所著的《财政政策论》（1930年，上海华通书局出版）；傅英伟翻译的德国财政学家埃赫堡（K. Th. Von. Eheberg）的《财政学》（1930年，中德书局出版，原著1923年）；邹敬芳翻译的阿部贤一所著的《财政史学》（初版1930年，上海神州国光社）；施复亮翻译的阿部贤一所著的《新财政学》（1931年，上海大江书铺出版）；许炳汉翻译的美国著名财政学家塞利格曼（Seligman）的《租税转嫁与归宿》（1931年，上海商务印书馆，原著1927年）；童蒙正根据瓦格纳的专著《财政学》编译了《瓦格涅财政学提要》（1931年，上海黎明书局出版）陈汉平翻译的英国著名经济学家庇古（当时多译为披谷，A. C. Pigou）的《财政学研究》（1932年，上海神州国光社出版，原著1928年）；杜俊东翻译的英国知名财政学家达尔顿（H. Dalton）的《财政学原理》（1933年，上海黎明书局出版，原著1922年）；李百强翻译的美国财政学者卡尔·裴仑（Carl E. Plehn）的《财政学大纲》（1933年，上海世界书局出版，原著1897年初版，1926年第5版）；施复亮（即施存统）翻译的日本学者大内兵卫著的《财政学大纲》（1933年，上海大江书铺出版）；许炳汉翻译的印度籍学者薛贡时（G. F. Shirras）的《财政学新论》（1934年，上海商务印书馆，原著1925年）；岑德彰翻译的美国财政学家塞利格曼（Seligman）的《累进课税论》（1934年，上海商务印书馆，原著1908年）；胡泽翻译的塞利格曼（Seligman）的《租税各论》（1934年，上海商务印书馆出版，原著1925年）；区华山翻译的日本学者宇都宫鼎的《最新财政学纲要》（1935年，美华书局）。

其中英国财政学家达尔顿（H. Dalton）的《财政学原理》、德国财政学者瓦格纳的《财政学》、美国财政学者塞利格曼的《累进课税论》和《租税各论》、印度籍学者薛贡时（G. F. Shirras）的《财政学新论》等著作对 20 世纪 20 年代中期到 40 年代中国财政学者影响尤为深远。

二、南京国民政府前期分税制思想基本情况

滥觞于清末的分税制思想，经过北洋政府时期的发展和政策转化后，已经成为当时中国财政体制改革的必然选择。划分国地收支的理念得到时人普遍的认同，国民政府时期，政学两界围绕分税制财政体制改革展开了更加深入的讨论和研究。国民政府前期论述国地收支划分的文献大致可分为三类：

第一，会议提案及决议案类。南京国民政府奠都南京不久，代理财政部长古应芬即组织召开了东南六省财政会议，确立了中央地方相对独立的分税制原则，颁布了《划分国家收入地方收入暂行标准案》《划分国家支出地方支出暂行标准案》，对中央地方收支进行了明确划分。1928 年，南京国民政府基本实现全国形式上的统一，财政自然也需要统一，原来仅通行于东南六省的国地收支划分法案亦需要更张。于是国民政府于 1928 年 6 月组织召开全国经济会议和财政会议，广邀政学两界财经专家参加。在这两次会议上，国地收支划分都是一个重要议题，一些官员和学者提交了关于国地收支划分的议案。在全国经济会议上提交的划分中央地方财政收支的议案主要有：财政部赋税司税务股提交的《统一财政先从划分国家税地方税及国家费地方费入手办理案》《划分中央地方收支暂行标准案》，卫挺生提交的《改订国地收入标准厘定财权系统案》；提交全国财政会议的相关提案主要有：赋税司长贾士毅领衔提交的《统一财政案》，董修甲、李权时提交的《划分全省县市镇乡地方收支办法案》，赋税司提交的《规定省县田赋分配标准案》，李权时提交的《国地财政划分之后中央应设立各省财政监督局 各省应设立地方财政监督局案》，财政行政组、税务组及国用组联合发布的《审查整理财政大纲报告书》，江苏省财政厅长张寿镛提交的《请由各省财政厅暂附设国税管理处建议案》，刘纪文提交的《统一税收机关设立征收总局案》，李调生提交的《设立国税监督案》，赋税司提交的《国税厅组织条例案》，贾士毅提交的《实行划分国家税地方税及国家费地方费案》，过之翰等提交的《划分国地两税确定国省军费并预筹的款以期统一财政案》。1934 年夏，为了解决地方财政集权引致的县财政匮乏及地方苛捐杂税丛生问题，国民政府组织召开第二次全国财政会议，试图对财

政收支系统予以调整，以充实地方财政。这次全国财政会议上所提交及议决的有关国地收支划分的议案主要有：财政部长宋子文交议的《整理地方财政案》，唐启宇交议的《拟请划分省县税范围统一各省县征收机关分别裁并获废除杂税案》，河南省财政厅交议的《各省地方财政厅应厉行统收统支案》，甘肃省财政厅交议的《请将甘肃省国家岁入岁出部分划归中央直接统筹收付案》，宁夏省政府交议的《拟将宁夏国家税收入概归中央国库及属于国家支出性质之经费亦由中央负担案》，青岛市财政局交议的《议请拨发各省市协助军费划清国家地方用途以便确定地方预算而昭划一案》，张森交议的《拟请改善地方财政案》，翁之镛交议的《关于清理计划案》，陈长蘅、杨汝梅等交议的《裁减地方田赋附加及废除苛捐杂税后为维持地方预算收支适合亟应由中央统筹补助地方财政案》，浙江省政府和财政厅联合交议的《拟请重行划分国地收入标准案》等。

第二，国人自撰著作。这一时期出版的国人自撰类财政学著作中，论及中央财政与地方财政划分的多为财政学原理类或中国财政问题方面类著作，主要有：奚瑸更的《财政学纲要》(1928 年，上海法学社出版)，该书分为总论、支出、收入、公债、预决算、中国财政现状及结论七个部分，书中对国地收支划分论述甚简，仅结合当时中国财政现状提出"须将国家及地方各种税项之收入及支出，详细分别清楚"，使国家财政和地方财政立一明晰界限；李权时的《国地财政划分问题》(1929 年 11 月，上海世界书局出版)，该书分五章，分别阐述了清末、民初、国民政府前期的中央地方间财政关系问题以及列强的国地收支划分，最后提出了与国地收支划分有关的几个问题，对自清末以来的国地财政问题进行了较为系统的分析，可以说是专论国地财政关系的第一部专著；金国珍的《都市财政论》(1929 年，上海商务印书馆出版)主要讲述地方财政问题，该书共十章，主要论述都市财务行政、经费、收入、公债以及都市银行之功用等；张澄志的《财政学概要》(1929 年，上海启智书局出版)，该书分为总论、岁入论、经费论、收支适合论四部分，其在岁入论部分对划分中央财政与地方财政的缘由作了简要分析；郑其培的《财政学概要》(1929 年，上海世界书局出版)；周成的《地方财政学》(1929 年，上海泰东书局出版)，该书分概论、地方经费论、地方收入论、地方公债论、国家公债论五编，对地方财政收支相关问题进行了较为全面的论述；训政学院编著的《地方财政学讲义》(1929 年，河南书局出版)，该书分为绪论、地方经费论、地方收入、地方收支适合论及地方财务行政论五编，对地方财政问题作了较为系统的分析；陈公契、曹希正等编的《财政学》（1930 年，江苏省区长训练所出版），该书系江苏省区长训练所讲义之一，主要讲述地方财政学，分为地方财政之特质、地方经费、地方收入、地方公债、财务行政、处理财务之方法、苏省财政之现在及将来、确定区经费问题之研究等九讲；丁留馀编著的《财政学问答》（1930 年，上海大东书局出版），该书系百科常识问答丛书之一。列举回答了 261 个财政问题，包括中国国家支出与地方支出如何划分（第 142 题）以及国家收入和地方收入如何划分（第 156 题）等关涉央地财政关系的问题；贾士毅的《中国经济建设中之财政》（1931 年，中国太平洋国际学会丛书），该书分七章，论述了财政改造与经济建设的关系、均权主义与国地收支划分、中央税制和地方税制、内外债等问题①；上海法学编译社编著的《财政学问答》（1931 年，上海法学编译社出版），该书系法政问答丛书，以问答体裁简略解说财政问题和理论的基础读物，内列总论、收入论、支出论、收支适合论四大类共计 138 个财政问题，包括国家税地方税划分问题；赵祖抃的《现代财政学》（1931 年，上海光华书局出版），该书分为总论、岁出论、岁入论、收支适合论、财务行政论及地方财政论等六部分，其不仅在岁出论和岁入论两部分论述国地收支划分问题，地方财政论部分对地方财政进行了更系统的分析；罗介夫的《中国财政问题》（1933 年，上海太平洋书店出版），该书专注于近代中国各类财政问题的研究，全书分为总论、财政机关、岁出入、各种租税、内外公债及结论六部分，其在第二编财政机关和第三编岁出入部分研究了中央地方财政关系相关问题；杨叙然的《地方财政论》（1933 年，长沙同文印刷公司出版），该书专论地方财政问题，分为总论、地方经费、地方收入、地方公债和地方财务行政五章②；易希亮的《财政学纲要》（1934 年，上海北新书局出版），该书共九章，在阐述财政的性质及财政学的基本原理的基础上，论述了国家财政经费的概念、特征、范围、分类，以及国家财政收支、财务行政等，并附文五章，专论地方财政问题；姚庆三的《财政学原论》

---

① 贾士毅. 中国经济建设中之财政 [M]. 出版地不详：中国太平洋国际学会，1931.
② 北京图书馆. 民国时期总书目 1911—1949 [M]. 北京：书目文献出版社，1993：1015.

（1934 年，上海大学书店出版），该书是著者根据其在复旦大学主讲《财政学》及在上海法学院主讲《中国财政问题》课程讲义整理修缮而成，全书共分为绪论、公共经费论、公共收入论上（收入总论）、公共收入论下（租税各论）、收支适合论、财政行政论六编，其中在公共经费和公共收入论上中，姚庆三先生对中国国地收入及支出划分问题作了研究；何廉、李锐根据其在南开大学的授课讲义完善而成的《财政学》（1935 年，国立编译馆出版），结构与姚庆三的《财政学原论》类似，分为绪论、支出、收入（非税公共收入）、租税、公债、财务行政论六大部分，其在支出和收入论中亦对央地财政划分问题作了阐述；尹文敬的《财政学》（1935 年，上海商务印书馆出版），该书分上下两册，共 6 编：概论、支出论、收入论、公债论、财务行政论、战时财政论，其在支出论中论述了中央支出与地方支出的关系；严与宽著的《县财政》（1935 年，上海大东书局出版），该书专论县地方财政，分为总论、田赋、营业税、契税、牙税、会计、解款、交替、结论 9 章，对县级财政的各类税收收入及征收管理作了细致的分析；董修甲的《市财政学纲要》（1936 年，上海商务印书馆出版），该书专论都市财政问题，分为总论、市经费论、市收入论、都市收支适合论及市财务行政论五编，该书在论述都市财政的定义、地位、范围及重要性的基础上，研究都市地方财政的收支问题，并论述都市收支与中央及其他地方团体财政关系；孙怀仁的《中国财政之病态及其批判》（1937 年 2 月，上海生活书店出版），该书是著者《中国经济十年记》一书的第二章，分为"中央财政"和"地方财政"两编，对国民政府中央财政的危机、财政膨胀、增加税收、收支不合理、公债泛滥、地方财政混乱黑暗，以及政府虚假的改革等进行了透彻的分析与批判。

　　第三，期刊论文类。除会议提案、决议及专著类文献外，这一时期，亦有一些学者通过公开发表期刊论文表达了其关于中央与地方财政关系的观点或意见，主要有：大树（笔名，原名不详）的《国地收入税项划分标准浅说》（《贵州财政月刊》，1930 年第 2 卷第 4 期），该文细数了清末以来中央税与地方税划分的具体情况，着重论述了中央与地方税收划分标准问题；赵雁行的《财政制度与国地税收之划分问题》（《中国经济》1934 年第 2 卷第 11 期），该文以税收划分为核心主要论述了三个问题：一是分税制的制度类型，二是分税制的税收划分标准，三是实行补助金制度的必要性；朱沛莲的《划分中央与地方税收之检讨》（《江苏月报》

1935 年第 3 卷第 2 期)，该文在论述税收划分重要性的基础上，提出税收划分应遵行的标准，并在梳理、评价民初以来的国地收支划分法案的基础上，提出了未来中央税与地方税的划分办法；贺渡人的《评财政收支系统法》(《社会经济月报》1935 年第 9 期)，该文以 1935 年《财政收支系统法》为研究对象，在评述法案优缺点的过程中阐释了其关于国地收支划分的主张；寿昌的《评财政收支系统》(《建国月刊》1935 年第 13 卷第 3 期)，该文在简述清末以来国地收支划分之议的脉络基础上，重点分析了 1935 年《财政收支系统法》的利弊，认为从法的本身来看，优点甚多；王万甫的《中央与地方税收之划分》(《民族杂志 1936 年第 4 卷第 7 期》)该文主要论述了五个问题：划分国地税收的重要性、分税制的制度模式、国地税收划分标准、具体税收划分实例分析、清末以来的赋税划分沿革与现状；冯华德的《吾国国地财政划分之理论与实际》(《浙江财政月刊，1936 年第 10 期》)，该文亦论述了五个问题，分别是：为什么要划分国地财政、地方财政应分省县乡三级、国地财政划分原则、分税制制度模式及历年国地收支划分法案评价；李权时的《吾国国地财政划分近况》(《信托季刊》1936 年第 1 卷第 4 期)，该文以 1928 年《划分国家收入地方收入标准案》和 1935 年《财政收支系统法》为引子，论述了四个问题：一是国地财政划分的缘由，二是中央地方权责如何划分，三是国地收支划分后上级政府对下级政府的补助，四是国地收支划分后上级政府对下级政府的财政监督。

第二节　南京国民政府前期分税制思想主要内容

1927 年国民政府奠都南京后，建立以均权为基本原则的分税制财政体制成为其财政改革的关键和基础。为此，南京国民政府多次组织召开全国性财政会议讨论分税制改革，并根据政策施行中出现的问题和社会环境的变化调整财政收支系统。南京国民政府前期，随着西方财政学理在中国的深入传播和财政体制改革的现实需要，越来越多的专家学者结合自民国初年以来的分税制法案变化和政策实践效果，对国地收支划分缘由、国地财政划分中事权和支出责任划分、分税制制度类型、税收划分标准、地方财政划分和补助金制度等问题展开了深入研究。

一、划分国家财政地方财政的缘由

南京国民政府时期，随着时人对西方财政学理认知的深化和中国财政问题研究的深入，他们不是盲从于晚清以来的国地收支划分的既有讨论，而是从缘由出发，从根本上阐释划分国家财政地方财政何以必要。近代世界各国财政体制的变迁和财政理论的发展已经给了中国近代财政学者们明确肯定的答案。

首先，划分国家财政地方财政是建立规范的中央地方财政制度的关键。财政是国家的命脉，政府的一切活动都离不开财政。而财政收入又以经济发展为基础，反过来财政问题的解决又会影响国民经济的兴衰。所以，财政问题是一个重大的政治问题，也是一个与经济发展密切相关的问题。解决好财政问题至关重要。赵雁行认为财政问题要得到解决必定首先确定财政制度，只有健全的财政制度才能产生完美的政治环境和繁荣的经济生活。他所说的财政制度就是协调国家与地方财政关系的财政管理体制，更具体的就是指国家税地方税及国家支出与地方支出的划分。① 朱沛连进一步指出，中国是一个单一制国家，省县等地方政府虽然具有独立的行政及财政职权，但也是国家的组成部分，受中央政府的命令管辖。中央政府出于人民对国税负担能力的考虑，往往会对地方政府租税收入予以干涉。无论是中央政府还是地方政府，其赋税收入皆取自人民，厚于此必薄于彼。若不合理计划中央税收与地方税收，使二者一失其平，则必致两败俱伤。所以，须得明确划分中央税收和地方税收范围并对地方政府的课税程度和征收手续通过法律加以限定，建立健全中央地方财政制度，协调中央与地方财政关系。②

其次，划分国家财政地方财政是充实地方财政进而促进地方自治事业发展的必要措施。李权时明确提出国家收支与地方收支要明确的划分的重要原因是促进地方自治。之所以要促进地方自治是为了实现孙中山先生"三民主义"之"民权"，因为"民权"的基础在地方自治，要实现民权，必须要大力促进地方自治的发展。而发展地方自治则要求地方能有适当的财权和税收发展地方事业，明确划分国地

---

① 赵雁行. 财政制度与国地税收之划分问题[J]. 中国经济，1934(11)：1-10.
② 朱沛连. 划分中央税收与地方税收之检讨[J]. 江苏月报，1935(2)：1-5.

财政是保证地方政府发展地方自治事业所需经费的有效手段。① 对此，冯华德做了进一步的解释。他提出随着社会的进步，地方政府职务日渐扩增，其需举办的地方公共事业也不断增加，地方财力日感贫乏。地方财力贫乏导致地方政制改革和地方公共事业难以推进。而中央地方财政收支划分失调是地方财力贫乏的重要原因。因而，为地方政制改革的推进和地方公共事业的发展，需将中央财政与地方财政合理划分。② 此外，由于社会进步和地方自治日益发达，其所需经费也不断扩张。为避免中央侵占地方经费或地方截留中央税收，保证中央政府和地方政府政务平均发展，需将中央税收与地方税收明确划分。③

再次，划分国地收支方能确保中央和地方各自都有相对固定的财政收入完成其独立的职务。罗介夫④（1932）认为国家与地方是密不可分的，中央政务与地方政务都是为完成国民共同需要的手段，二者混合调和才能决定政治的、经济的和文化的价值。但两者活动的领域自有一定分界，不可混淆，中央与地方施行政务所需的资金必须根据其事务的分量程度严为区别。政治团体的经费来源若只是一种副生的收入，其在财政上必经常发生动摇进而危及其独立地位。如清朝末年，因国地收支没有明确划分，租税征收权掌握在地方政府手中，中央政府没有固定收入，一切经费来源都仰给地方政府上解，国家财政基础异常薄弱而致政治力量随之狭小。北洋袁世凯掌权时期，中央权威日盛，实行中央集权制，一度将全部重要大宗税收皆划归中央，地方只有杂税杂捐与附加税，地方收入大为缩小，不仅地方自治无从发展而且严重危害地方政治团体的独立地位。所以，中央财政与地方财政需通盘筹划，有一整体规定，同时，中央与地方需各有固定的收入以完成其独立的职务。⑤ 而合理划分国家财政与地方财政是确保中央政府和地方政府各有固定收入的唯一路径。明确划分中央地方税收，对于中央税，地方政府不得

---

① 李权时. 国地财政划分问题[M]. 上海：世界书局，1930：86.

② 冯华德. 吾国国地财政划分之理论与实践[J]. 浙江财政月刊，1936(10)：80-94.

③ 朱沛莲. 划分中央税收与地方税收之检讨[J]. 江苏月报，1935(2)：1-5.

④ 罗介夫（1880—1938），1899 年县试录为秀才，不久被官费派赴日本留学，入京都大学攻读经济学，1905 年回国后，主要致力于创办新式教育。1914 年再赴日本早稻田大学学习政治经济学，1917 年回国。

⑤ 罗介夫. 中国财政问题[M]. 上海：上海太平洋书店，1932：108.

随意征收附加税或征收地方独立税时不得害及中央税；对于地方税，中央政府亦不得随意干涉或侵夺地方税源。这被认为是改变清末以来财政紊乱状况的根本性措施。

二、中央与地方事权和支出责任划分思想

（一）何谓事权与支出责任

20 世纪 20 年代末，西方财政学中公共财政的理念逐渐被中国财政学者所接受。他们意识到"国家非为本身而存在，乃为执行某种受托之职务而存在"①。国家既存在，必有其应尽的职务。而这种职务不问其"性质如何，目的如何，其完尽自非利用人力物力不可，这在现今货币经济时代自然非钱莫办。如何支出货币，购买人力物力，以完尽其职务？这是任何政府所要解决的问题，也就是公共经费的支配问题"。② 同样，国家怎样获得为完成职务所需要的购买人力、物力的货币，即公共收入的筹划问题，这也是任何政府都要解决的问题。③ 国家为完成其职务而进行的货物（或资财）取得、使用及管理的现象即为财政④，因国家存在主要是为了增进社会公众的利益，故也有学者将其称为"公经济"，以与个人的"私经济"相对。"公经济"就是财政，"财政是政治团体的经济"⑤。政治团体又分为国家与地方二种，所以，"财政学者，研究国家及其他政治团体活动范围内，所必要财产之收入及支出之整理科学也。⑥"更通俗来讲，就是"讨论政府为执行职务所需资财之取得，使用及管理之科学也。"⑦财政学研究内容具体包括：公共经费的支配问题、公共收入的筹划问题、公共收支合适的问题及公共收支的管理问题。⑧ 可知，20 世纪 20 年代到 30 年代初，财政学界对财政及财政学基本形成

---

① 何廉，李锐．财政学[M]．长沙：国立编译馆，1940：3.
② 姚庆三．财政学原论[M]．上海：生活书店，1934：1.
③ 姚庆三．财政学原论[M]．上海：生活书店，1934：1.
④ 上海法学编译社．财政学问答[M]．上海：会文堂纪新书局，1931：1.
⑤ 奚霡更．财政学纲要[M]．上海：上海法学社，1929：1.
⑥ 张澄志．财政学概论[M]．上海：启智书局，1929：9.
⑦ 何廉，李锐．财政学[M]．长沙：国立编译馆，1940：1.
⑧ 姚庆三．财政学原论[M]．上海：生活书店，1934：2.

了一致认识:财政是政府出于增进社会公众利益目标,为完成社会民众委托的职务而进行资财的取得、管理、使用等系列经济活动,即财政收入的取得,财政经费的支出以及财政收支如何平衡和管理。一国的政治团体又分为国家(中央)及地方,所以财政又分为中央财政与地方财政。

财政一系列问题都是源于政治团体完成职务的需要。在进步社会下,中央政府与地方政府各有其责,需要完成的事务并不相同,因此需要确定哪些事务应由哪一级政府来完成,此即事权,也就是各级政府应当履行的职务。所谓支出责任就是指政府在行使职务时所需要花费的资财。更简单来说,政府对做什么、如何做具有一定的选择性,表现为一种权利,即事权。而做事必须要有的支出是一种责任,即支出责任。一般而言,中央与地方各级政府都有其应有的事权,其完成事务所需要的经费应当从本级财政中支出,但这是一种理想的状态,也是当时学者潜意识里所认同的理念。但在实际财政实践活动,上级政府常会将一些自身事务委任给下级政府办理,而又不承担其经费支出,这样会导致事权与支出责任的脱节。所以,有学者提出:"中央如有应办之事,委任地方政府办理者,更应事先筹有的款,方可饬办。"如若不然,由于中央委办事务,地方通常没有列入预算等因,会使地方经费无着。由此,可能会造成地方抗不遵行而损害中央威信,或地方顾全中央,遵令办理而致挪用他款,干扰地方正常财政秩序问题。"故中央政府,嗣后应俯念地方困难,绝对禁止任意委托。"①即各级政府要做到事权与支出责任相匹配。

(二) 为何要划分中央与地方事权和支出责任

晚清关于分税制的讨论仅涉及财政收入的划分。民国元年,江苏都督程德全提出,由于各省筹备军需点金乏术,致使地方应办之实业、警察、教育等地方养民、卫民、教民等要政多所旷开,"非就中央与各省支出政费分别负担"无法解决。因而划分国家税与地方税的同时,需划清国家费与地方费的界限。此后,支出与收入的划分遂为相提并论的话题。受西方公共财政思想的影响,到南京国民政府前期,"量出为入"的财政原则已为国人普遍所接受,即财政收入的多寡依财

---

① 朱沛莲. 划分中央与地方税收之检讨[J]. 江苏月报,1932(2):1-5.

政支出的多少而定,所以政府间支出的划分与收入的划分并不是割裂的。即划分国家税地方税必须先划分国家支出与地方支出。而"公共支出的数额,视国家之需要而定。国家需要之大小,视国家职务范围之广狭而定",① 也就是说,中央与地方支出的划分取决于中央与地方政府职务范围即事权的划分。所以何廉、李锐提出,中央与地方支出划分问题,"一方面观之,即为中央与地方职务之分配;另一方面,甚有关于中央及地方的财源与责任之分配",若中央地方职务分配不能兼顾财源及支出责任的划分,必致中央地方财政关系失衡。② 从何廉、李锐的观点来看,中央与地方财政划分的逻辑是:事权(政府职务)—支出责任(经费)—税收。即中央地方税收的划分需与支出经费的划分相结合,而中央地方支出责任的划分又以政府间事权的划分为基础。因此要划分国家税地方税,必然要先将中央与地方的事权及支出责任划分清楚。

(三)如何划分中央与地方事权及支出责任

既然中央与地方政府事权及支出责任的划分为税收划分的基础,因而事权及支出责任的划分也就成为分税制改革首先要解决的问题。中央与地方事权及支出责任(经费)如何划分,南京国民政府前期的财政学家们提出了自己的意见:

1. 中央地方政府职务划分原则

何廉和李锐(1935)认为在宪政理念之下,政府为适应民众公共需要的社会组织,政府的存在是为了谋被统治者的利益,因而,中央与地方职务分配的主要问题不仅在权限而在效率与经济。也就是说,中央与地方职务即事权的分配应当以政府在执行职务时能获得最高效率为标准。他们认为巴斯泰布尔(C. F. Bastable)所提出的中央与地方职务分配原则基本符合这一要求,具体是:第一,事之关于一般人民之利益者,应归中央;事之属于地方利益者,宜归地方。第二,事之需要高深技巧及智力者,宜归中央;事之需要精细监督者,应属地方。第三,行动之需要一致者,应归中央;行动之因地制宜者,宜属地方。其唯一缺憾是一般与地方难以区分,如卫生事业,多属地方性质,但若发

---

① 何廉,李锐. 财政学[M]. 长沙:国立编译馆,1940:28.
② 何廉,李锐. 财政学[M]. 长沙:国立编译馆,1940:69.

生大规模的波及他地的流行性疾病，则兼具地方及一般利益，非某一地方团体所能处理。所以何廉、李锐提出，事关全体人民利益与幸福的事务以及地方政府因需费太大或其他原因力所不能及之事务应由中央代为举办。此外，有些公共事务举办之责任，中央与地方比较，轻重甚难确定，宜由中央与地方合力办之。①

2. 中央地方经费划分原则

罗介夫(1932)认为中央经费与地方经费的划分标准有三：一是根据中央地方职务上的关系来划分。如国防、司法、行政、邮政电信及铁路干线等非集中于国家则难保全国统一而收公平无私结果的政务和事务应划归中央，其所需经费由中央政府承担。而水道、电灯、地方道路、初等学校、警察及救济等具有地方特殊性质的事务由地方政府自行筹办，其所需经费由地方政府承担；二是根据中央与地方政府在政治上的能力来划分。如大规模经营事业和非有最高智识与集中资本不能达到目的政务及事务应属于中央政府，其经费由中央政府承担。而各种非精通地方情况难收其效的公益事业则由地方政府举办，其经费由地方政府承担。三是根据一国是行中央集权主义还是地方分权主义的事实来决定。英美为地方分权主义的国家，地方政务比较多，故地方费常凌驾于中央费。如美国战前岁计中中央费与地方费的比例为 1∶2。欧洲大陆为中央集权主义的国家，中央费多于地方费，如法国战前岁计中中央费与地方费的比例为 4∶1.5。② 也就是说，奉行分权主义的国家地方经费偏高甚至多于国家经费，而奉行中央集权的国家则以中央经费为主。

姚庆三亦认为国家费地方费的消长与国家组织制度密切相关，"地方费对中央费的比例，联邦国当然比单一国为高，地方分权的国家当然比中央集权制度的国家为高"。而从理论上看，国家经费、地方经费的划分需遵循两个原则：第一是经费的效果。如果经费的效果有关全国人民的利益，则应由中央政府支出，因为中央政府的收入是对全国国民征收而得的，由中央政府支出，不啻为全国国民的负担。反之，如果经费的效果只关涉地方居民的利益，则应由地方政府支出，

①　何廉，李锐. 财政学[M]. 长沙：国立编译馆，1940：69.
②　罗介夫. 中国财政问题[M]. 上海：上海太平洋书店，1932：110.

因为地方政府收入是对地方居民征收而得的，由地方政府支出不啻就是由地方居民负担；第二是经营便利原则。如果某种事情有全国一律的必要，则应由中央政府负责去办，经费亦由中央政府负担。反之，如果某种事情有因地制宜的必要，则应由地方政府负责去办，经费亦由地方政府负担。① 董修甲亦提出国家与地方自治团体经费的划分标准有二：一是利益原则。即凡事与全国国民有利益者，宜以国费举办之，其利益仅限于一地方或一都市者，则宜定为地方或都市之事业，并由地方或都市负担其经费。二是经营便利原则。凡事业便于国家经营者，宜以国家经费举办之，其便于地方或都市经营之事业，则由地方团体或都市政府经营之，并由地方或都市政府担任其经费。②

　　从上述分析看，罗介夫、姚庆三、董修甲等人所说的中央地方经费划分原则与何廉、李锐等所言的中央地方职务划分原则基本是一致。如董修甲所说的经营便利原则和利益原则基本与姚庆三的一致，也与罗介夫所说的根据中央与地方政府的政治能力划分原则和根据中央地方政府职务关系划分原则本质上是一个意思。而何廉、李锐所提出的政府职务三原则中的第一项原则其实就是姚庆三等人所言之利益原则，何廉、李锐所提出的第二、第三项原则可归结为罗介夫关于中央地方经费划分的第二项原则，即姚庆三、董修甲所言之经营便利原则。各级政府支出责任的划分是以其事权为根据的，因而中央地方政府职务及经费划分是一个问题的两面。在政府事权与支出责任相匹配，即应该谁做的事即由谁负担经费支出的情况下，支出责任与事权的划分原则是一致的。综合上述学者的意见，一国中央地方事权及支出责任的划分大致受三个因素的影响：一是国家组织制度，即是偏中央集权制国家还是地方分权制国家；二是利益原则，即政府的某项事务是关系全体国民的利益还是仅涉及地方居民的局部利益；三是经营便利原则，即政府事务是由中央政府举办更便利还是由地方政府举办更便利，这一原则同时涵盖了罗介夫所说的政府政治能力和姚庆三所说的是否有全国一致的必要。第一项原则是划分中央经费与地方经费的一个总原则，偏中央集权的国家，中央政府承担的职责更多，其需要经费也就越多；反之，偏地方分权的国家，地方政府承担

---

① 姚庆三. 财政学原论[M]. 上海：生活书店，1934：65-66.
② 董修甲. 都市财政学[M]. 上海：商务印书馆，1936：22.

了更多职能，其地方经费就越多。第二项原则和第三项原则是区分具体事务和划分具体经费的原则。

3. 中央经费与地方经费具体划分

根据上述划分原则，姚庆三认为有关全体国民利益的国防费、宜全国统一的司法费应完全由中央负担；应该因地制宜的治安费由地方政府负担；行政费分别中央行政费和地方行政费，由中央地方分别负担；文化教育、经济发展费、社会救济费等因分别性质由中央与地方共同负担。① 何廉、李锐也是将经费支出分为完全由中央负担、完全由地方负担以及中央、地方共同负担三类，但与姚庆三的划分略有不同。他们认为：军备、司法和外交或关乎全体国民之利益或需全国统一，所以军备费、司法费及外交费宜由中央支出；而救济、卫生和地方工程等都是增进地方人民利益的事务，所以救恤费、卫生费、地方工程费宜由地方政府独立承担；警察、教育等既关乎全国之利益又与地方联系紧密的事务所需经费，即警察费、教育费、立法费应分别性质由中央地方共同负担。②

从上述分析可知，除了外交、国防、司法支出毫无异议的当归中央，地方性救济、卫生和初等教育当归地方外，其余很多事项都需要中央与地方各司一部分，如何维持一个完整的系统，需要结合国情和社会经济发展状况仔细斟酌。根据学理，参酌国情，合理划分各级政府的事权，根据各级政府的事权确定中央和地方各自承担的支出责任，再来确定财政收入的划分，这是分税制财政体制改革的理想情况。而事实上，像中国这样一个久历中央集权、中央地方之间从无事权财权划分的单一制国家来说，政府间事权及支出责任的合理、明晰划分不是一件容易的事。

受西方财政学理的影响，近代中国的财政学家们虽力图使中国的国地收支划分与国际接轨，但由于中国与各国组织制度的不同，历史传统的差异，以及中国当时外遭列强侵略，内部局势不稳的情况，国家地方经费的划分虽然大致遵循西方财政学理，但实际上却很难做到各级政府切实负担其应负担的经费支出。如国

---

① 姚庆三. 财政学原论[M]. 上海：生活书店，1934：66.
② 何廉，李锐. 财政学[M]. 长沙：国立编译馆，1940：71.

防军费应完全由中央政府负担，但由于有些省份形成事实上的割据局面，自行为所掌控的军队筹划经费。地方政府负担了本不应该承担的军费是近代中国一直没有改变的怪相，根本原因在于国家统一的基础比较薄弱，中央政府难以从根本上统筹全局。

三、分税制三种制度模式

分税制制度模式是指在中央与地方财政收支划分上，是偏向于中央集权还是地方分权，抑或介于集权与分权之间。随着社会的进步和民主政治的发展，中央地方分权型财政体制取代中央统收统支的高度集权财政体制是必然。但中央与地方财政分权程度却受到多种不同因素影响，因时因国而异。

（一）分税制制度模式的类型

较早提出中央地方财政制度之集权制、分权制概念的是李权时。中国古代财政向无中央地方之分，划分国家财政地方财政的改革思路源于西方各国的制度经验和财政学理。所以，李权时认为要晓得中国国地收支究竟如何划分，需先考察西方列强国地收支划分制度。他在对法国、日本、德国、美国、英国等国中央地方财政做了较为详细考察的基础上指出，西方列国中央地方财政制度大致可分为三种模式：集权制、分权制和介于集权制与分权制之间的英制，有学者将介于集权制与分权制英国式中央地方财政制度称为折中制（王万甫，1936）或均权制（冯华德，1936）。李权时认为法国和日本在中央地方财政划分上采行的是集权制，集权性体现在三个方面：一是全国税收皆为国家税，地方税大抵为附加税，且附加税率不得超过法律限定范围；二是地方征收任何税收皆需国会或类似中央机构批准；三是地方岁出岁入账目受国务院、会计法庭等中央财政监督机关监督。美国中央地方财政划分采用的是分权制，其分权性体现在三个方面：一是中央政府和地方政府各有独立税源；二是地方政府税收一般由地方财政机构自行征收、管理，其支用由地方议会表决而不受中央政府干预；三是地方岁入岁出账目只是由地方呈报备查。英国的中央地方财政制度介于法、日集权制和美式分权制之间，英国是一个地方自治高度发达的国家，地方财政由来已久。中央为加强与地方之间的联系，在中央地方各有一定独立税源的同时，中央对地方的警察、教育、卫生、救济等事务提供大量的补助金。① 总体来看，集权制下，一切税权集之中央，一切赋税皆归中央，地方政府税收主要为中央税的附加税，即使有独立税收，也仅是微不足道的零星杂税杂捐；分权制下，中央地方各有独立税源，互不侵犯互不依赖；折中制则是指中央地方各有独立税源同时，中央有较大的财权和更多的税源，并通过向地方政府提供一定数额和规定用途的补助金实现对地方财政的监督和加强与地方财政之间的联系。

李权时关于中央地方财政制度之集权制、分权制和折中制三种模式的分析为其后学者所接受，也为其他学者研究中央地方财政关系提供了一个新的视角。冯华德从这一视角分析了民国以来的国地财政划分演进，他认为从1913年《划分国家税地方税法(草案)》到1935年《财政收支系统法》，中国国地收支划分演进可分为三个阶段：1913年所颁布的国地收支划分法案，是模仿法国、日本采取国地财政划分的集权制，所有主要税源均归中央，地方只有零星附加税，收支划分失衡引致地方都督的抗议；20世纪20年代初的"联省自治运动"和1923年"曹锟宪法"中关于国家税地方税的划分，乃是仿行美国采取国地财政划分的分权制，不仅中央税和省税各自独立，且省税范围大大扩大，有碍于国家统一；及至南京国民政府，1928年的国地收支划分标准案和1935年《财政收支系统法》中关于国地财政的划分为均权制，中央地方收支划分大体合适。② 事实上，中央地方财政划分的制度模式只是近代中国学者对西方列国财政体制实践的一个经验性总结，代表了中央与地方财政分权的三种不同程度。在欧洲各国资产阶级革命后，随着自由、民权等思潮及地方自治理念的高涨，中央地方财政分权便成为一种趋势，只是分权程度各不相同而已。

(二)三种制度模式的优缺点

除李权时、冯华德外，何廉、李锐以及王万甫、赵雁行等财政学家对中央地方财政体制制度模式这一问题亦有研究。他们不仅就英、美、法、日等国的分税制制度模式的分类形成了共识，还就该三种制度模式的优缺点达成了一致意见。

---

① 李权时.国地财政划分问题[M].上海：世界书局，1930：60-85.
② 冯华德.吾国国地财政划分之理论与实际[J].浙江财政月刊，1936(10)：80-94.

他们认为中央地方财政制度之集权制、分权制和折中制各有优劣：集权制下，一切税权集之中央，各种赋税皆由中央政府征收和运用，地方政府收入来源主要是中央税的附加税及其他零星小额独立税。由此，中央政府有较强的财权和财力，可保证和增强中央政府之力量，提高其行政效率，但会导致地方政府财源严重不足且处处受中央限制，违反地方自治精神、阻碍地方的建设与发展；相反，分权制下，中央财政和地方财政得以完全划分，中央地方各自有独立税源且地方政府税收在全国税收总额中占比较大。由此，地方财权和财源都有所扩大，可使地方自治得到充分发展，但由于中央对地方的控制力较弱，会导致行政效率降低，且易形成尾大不掉，割据称雄之危局；惟英国式的折中制最优，折中制下，中央地方各级政府对税收和支出的分配，都是根据充足、适合、管理有效等原则办理，不偏于中央集权，亦不偏于地方分权。地方既能获得相对充裕的财政收入，中央又通过补助金制度而对地方财政拥有一定的支配权、监督权和指导权。李权时认为"德法制（集权制），以效率牺牲自治；美制（分权制），以自治牺牲效率；惟英制，既获效率，又得自治，有美制及欧陆制之长，而一无其短，调剂集权分权，自治效率，最良之方法也"。[①] 换言之，集权制是以牺牲自治而获得行政效率，分权制则是牺牲效率而获得自治发展，折中制可避免集权制与分权制的弊端而同时拥有集权制与分权制的优点，即既能助长地方自治的发展，又不影响行政效率的提高。总之，他们对英国的折中制甚为推崇。

王万甫认为，南京国民政府1935年颁布的《财政收支系统法》中中央与地方收支的划分即是根据孙中山先生所说的均权原则来确定，亦属于英国的折中制。[②] 很多学者将英国式的折中制和孙中山先生所说的均权制等同，但赵雁行认为二者并非一个概念，然而其区别究竟在哪里，赵雁行并没有给出说明。折中制是相对于法式高度集权型和美式高度分权型分税制财政体制而言，并没有被严格的定义。另外，英国有着源远流长的盎格鲁-撒克逊自治传统，地方财政分权程度并不低，国内学者之所以将其称之为折中制，是因为它通过补助金制度及财政监督制度能够对地方财政进行适度干预。而均权制是孙中山先生力图避免中央过

---

① 李权时. 国地财政划分问题[M]. 上海：世界书局，1930：85.
② 王万甫. 中央与地方税收之划分[J]. 民族杂志，1936(7)：1109-1123.

分集权地方过度分权的弊病所提出的，不偏于中央集权亦不偏于地方分权。均权制相对于折中制来讲，可能是一种更加理想的状态。

（三）分税制制度模式选择

每一个制度都有其时间性和空间性。虽然这一时期，折中制或均权制被一致认为是最优的分税制制度模式，但是究竟哪种更适合彼时的中国，学者们有不同的意见。冯华德、王万甫等将英国式的折中制等同于孙中山先生所说的均权制，亦赞同中国中央地方财政划分采行均权制，不仅可以发达地方自治而且可以提高行政效率。但赵雁行以法国、美国和英国为例，对集权制、分权制和折中制的税收划分在实践中的真实情况以及中国自晚清到 1934 年间中央与地方财政关系进行综合分析后，认为中国因国土面积广、人口众多及自晚清以来的割据局面等不同于欧美的国情和历史，我国的财政制度既不能仿行法国的集权制度，也不能效法美国的分权制度，亦不能完全照搬英国的折中制。只能求诸自身，根据我国的特殊环境和国情来确定适合我国的财政制度，而孙中山先生已经为当时中国的财政制度指明了方向即均权制，只有均权制才能满足中国时代的需要。依照既不偏重于集权又不偏于分权的均权制来划分国地税收是解决中国财政问题的不二法门，不仅可促进地方自治的发达，而且有利于其民权主义理想的实现。① 赵雁行和王万甫等人意见的区别在于他们对英国式折中制与孙中山先生均权制理解的差异，他们都反对法国的偏集权模式和美国的偏分权模式，希望中国走一条中间路线。只不过在中间路线的选择上出现分歧。李权时则认为："我国疆土之大，管辖之难，远非法英二国可比，故二国的财政划分制度，可供吾国之采取者甚少；德制之可供吾国效法者稍多，然亦未尽然也；其最可供吾法则者，其惟美制乎？"② 李权时主张中国国地财政划分仿行美国联邦式的分权制，其根据是中国与美国的疆土范围接近。但从中国这样一个历经两千多年的中央集权统治历史的单一制国家来看，中央对地方具有天然的权力优势，难以做到不偏不倚的均权，更难以做到联邦式的分权。当时的学者们对中国中央地方财政划分选择何种制度模

---

① 赵雁行 . 财政制度与国地税收之划分问题[J]. 中国经济，1934(11)：1-10.
② 李权时 . 国地财政划分问题[M]. 上海：世界书局，1930：85.

式，并没有很明确的根据，但都认为集权制和分权制都存在弊端。

财政是一国命脉，与一国的政治结构、经济水平和文化传统息息相关，所以财政制度更需因时因地制宜。同样的财政制度并不适用所有国家，而同一国家不同时期也不一定适用同样的制度，这也是为什么英、法、美等诸国在中央地方财政划分上呈现出不同的制度模式，为什么德国以欧战为分界点，在中央地方财政划分上实行了分权制向集权制的转变。其深层次的原因，是由历史传统和社会发展所共同决定的国情差异所导致的。根据李权时等人的分析，一国中央地方财政制度是集权制还是分权制，首先受到国家政制结构的影响。如法国、日本是单一制国家且在政治上实行集权制，导致其在财政制度上偏向于中央集权；美国是联邦制国家且在政治上实行地方分权制，导致其在财政制度上更偏向于地方分权制；英国虽是单一制国家，却有悠久地方自治传统，地方自治得到较充分的发展，中央地方在分权的同时中央对地方有一定管理监督权，所以英国财政，中央与地方既相互独立又相互维持。其次还受到国土面积、人口多寡及社会文化差异的影响。如法国相较于美国，不仅国土面积小，而且具有较强的中央集权传统，所以法国在资产阶级革命后财政分权程度很低，始终偏向于中央集权。而美国是英国 13 个殖民地发展而来，本身就受到英国自治文化传统的影响，在独立战争期间天赋人权、民主自由等理念更是深入人心，故而地方分权程度更高。近代以来，任何一个大国尤其是中国这样一个超级大国，都不可能完全将财政收支大权集中于中央，也不可能实行中央地方收支完全独立，都是在中央集权和地方分权之间寻求某种平衡。20 世纪 30 年代以后尤其是 1933 年全球经济危机以后，世界各国财政体制变革充分说明了这一点。

四、中央与地方财权划分思想

（一）中央与地方税收划分标准思想

中央地方税收划分需有一定标准，即指各项税收以何为原则划分为国家税和地方税。这是划分国家税与地方税首先要解决的问题，也是清末开始筹谋国家税地方税划分以来，政界和学界讨论最多争议最大的问题。南京国民政府前期，时人所论的国家税地方税划分标准主要有以下几种：

1. 根据租税性质划分国家税地方税

根据租税性质来划分国家税与地方税的提法自晚清时就已经屡见不鲜，如胡己任曾提出以是否重复课税、是否使人民易感痛苦以及租税来源国内还是国际等租税性质划分国家税地方税。但究竟什么是租税性质，并没有人给出明确的界定，多是从论证或举例说明的方式来阐释租税性质，然而根据租税性质划分国地税收却是众多财政学者都提到的国家税地方税划分标准。如罗介夫、贺渡人均提出以租税性质来决定国家税或地方税，他们对此划分标准的阐释几乎完全相同，"有国内一般的基础使分属国家，有地方局限的基础使分属地方，必使各税调和而得负担分配的公平。如关税及内地货物税、消费税通于全国而无境界，行于一切阶级而无差别，应属于国家，且由国家施行统一的课税，技术上得举税收的实绩。若委任各个地方有课税权，将由于各地方而异，其税率的结果，统一货物而价格悬殊，致使国民的物质负担发生不平等。次之为直接税，如所得税、相续税、遗产税等所谓人税，因近来经济发展，归于一人的财产及所得多分散于全国，地方政府不容易捕捉，故人税的基础为国内一般的，应属于国家。而地租、家屋税、营业税等所谓物税，与地方有密切固着的关系，其价格利益都是受地方事情的影响居多，故物税的基础为地方各别，应属于地方"①。

从学者们列举说明的租税性质划分标准来看，主要包括以下几个方面：一是租税税率是否需要全国一致，二是租税税基是否遍及全国，三是租税是否有对外关系。所以，若租税因有对外关系如国际贸易而征收的事关国家主权的关税自然应属国家税；税率需全国一致否则容易引起重征流弊或省与省之间争执的税收，需要国家权力才能做到，此类税自然也应归为国家税；税基普及于全国而无区域限制的否则容易引起市场流通障碍的税收，如消费税也应归为国家税。

2. 根据税收范围大小和数额多寡来划分国家税地方税

以税收范围大小及数额多寡作为国地税划分标准之说自清末国地税收划分讨论时就已经出现，北洋时期的国地收支划分基本上也是遵循这一主张。其基本思想是凡赋税范围广和税额大的税收皆归中央，反之赋税范围小和税额小的税收划

① 罗介夫．中国财政问题［M］．上海：上海太平洋书店，1932：110；贺渡人．试评财政收支系统法［J］．社会经济月报，1935（9）：40-48.

给地方。1928 年《国家税地方税划分标准案》虽宣称遵行孙中山"均权"原则，不偏于中央亦不偏于地方，但在实际税收划分上，除孙中山先生明定田赋及契税划归地方外，其他税收范围广、税额大的税收皆归中央，基本沿袭了北洋时期官方的税收划分标准思想。南京国民政府时期仍旧有少数学者坚持这一划分标准，如王万甫，他认为赋税范围广的税收如关税、消费税等，其税率应划一税率，需由中央统一机关征收，如此方能使生产者获得均等的待遇，使消费者承受公平的负担，故而应当划为中央税；而地税、营业税范围较狭的税收，具有地域性质，宜由地方政府斟酌各地特殊情形分别征收以符合环境的需要，故而应当划为地方税。①

3. 根据能力原则和利益原则划分国家税与地方税

所谓租税能力原则是指纳税人根据其纳税能力大小缴纳一定税收，利益原则是指纳税人根据其享受到的国家提供公共产品和服务的利益大小来缴纳一定的税收。其最初只是欧美学者就赋税应当如何征收问题所提出来的。这两种原则被国内学者延伸运用，作为划分国家税和地方税的标准：国家税取能力主义，地方税取利益主义。即纳税人根据其纳税能力大小而完纳的税收应归入国家税，而纳税人根据其享受局部利益的多少而缴纳的税收宜作为地方税。持此种观点的学者主要有大树(笔名)、罗介夫、王万甫等：

大树认为从租税分配来看，国家税重在能力原则，因为国家一切设施对于民众虽有利益，然国家利益不如地方利益明显，所以只能按照能力大小定税率的高低；而地方税除了根据能力原则征收外需兼采所受地方利益多寡来定税率的高低。② 罗介夫坚持按能力原则课中央税、按利益原则课地方税的出发点是中央地方政府的政务性质。他认为："中央政务系一般的，以国民全体利益为目的，故租税赋课须基于负担力主义，就是纳税者的金额多少从其负担力的大小而定，至于享受利益的有无不要考虑。而地方政府所执行的职务，以局部的个别的利益为目的，与特定的人民多有直接的关系，故其租税征收需基于利益主义，就是以人

① 王万甫. 中央与地方税收之划分[J]. 民族杂志，1936(7)：1109-1123.
② 大树. 国地收入税项划分标准浅说[J]. 贵州财政月刊，1930(4)：180-187.

民享受利益多少而定其报酬金额,不问其富力程度如何,只管缴纳利益相当的代价。"①王万甫对罗介夫的这一说法深表认可,并从纳税公平角度出发对此国地税收划分标准作了更深入的阐释。他指出国家支出系用于一般事务,具有普遍性质,对于各个国民难以计算其所享利益大小,所以课税时应当依据能力大小而不顾及特殊利益。相反,地方政府经费支出所产生的利益大都有区域性,由本地居民受用且可估计其受益之大小,因而地方政府的经费支出自当依据利益之比例由本地方居民负担。"中央税依能力原则课之,地方税依利益原则课之,最后之归宿,皆以求适合于公平之理想。"②

4. 根据便利原则划分国家税地方税

租税"便利原则"最早见于亚当·斯密的《国富论》,他提出赋税的完纳日期及方法应给予纳税者最大的便利。③ 斯密的便利原则是指赋税征纳而非作为国地税收划分标准,且其针对的是纳税者的便利。陈启修在其《财政学总论》(1924)一书中在反对当时所流行的国地税收划分标准的前提下提出以"便利原则"划分国家税地方税。只不过,陈启修的"便利"针对的是征税主体而非纳税主体,他指出:便于国家征收者,不问其范围之广狭、数额之多寡以及将来用途若何,皆划归为国家税。反是,若租税便于地方团体征收者,亦不问其范围、数额及用途,统宜归于地方。④ 斯密提出纳税便利原则是基于其自由主义思想,减少政府对国民经济的干预,所以征税时要尽可能给予纳税人便利,以将对纳税人的影响降到最低。而陈启修提出征税主体"便利原则"是出于对北洋政府时期中国财政机构林立、租税系统繁杂的紊乱财政现实的考虑。二者考虑问题的出发点的差异导致其对"便利原则"阐释的差异。

陈启修的这一观点在北洋时期可说是超前的,却对后来的学者产生了重要影响。赵雁行(1934)、朱沛莲(1935)完全采信了陈启修根据"便利原则"划分国家税地方税的主张。即无论其范围广狭、数额大小、用途若何,凡是可收整齐划一

---

① 罗介夫.中国财政问题[M].上海:上海太平洋书店,1932:109.

② 王万甫.中央与地方税收之划分[J].民族杂志,1936(7):1109-1123.

③ 亚当·斯密.国民财富的性质和原因的研究[M].郭大力,王亚楠,译.北京:商务印书馆,2014:394.

④ 陈启修.财政学[M].北京:商务印书馆,2015:371.

之效而无流弊的都可划归国家税，凡手续简单、费用节省而无弊端的都应划为地方税。据此原则，赵雁行认为原来划为国家税的营业税、烟酒牌照税、印花税应当划为地方税。① 赵雁行、朱沛莲采信"便利原则"是建立在他们对当时流行的两种国地税收划分标准—国家税能力原则地方税利益原则及税收范围广狭及数额大小—批判基础上的。他们认为随着地方自治日益发达和地方政府事务日益繁重，一方面地方支出经费总额不断增加，甚至有超过国家经费的趋势，另一方面随着地方政府承担的中央委任事务不断增加，就其性质而言难以确定其利益范围及大小，所以能力原则利益原则及税收范围广狭及数额大小两种税收划分标准都不可行，而应采行"便利原则"。②

王万甫（1936）则对既有的"便利原则"进行了升华，他提出各国历史及现实情形不一，税收划分标准不能一概而论，"便利原则"只是税收划分标准之一而不是唯一。此外，他所说的"便利原则"与陈启修、朱沛莲及赵雁行等人坚持的"便利原则"略有不同。王万甫的"便利原则"既包括征税主体政府的行政便利，也包括纳税主体的人民纳税便利。"行政之便利，即亚当·斯密之最小征收费原则；人民之便利，即所谓国民经济原则"，意即税收划分一方面要使政府在执行时感觉方便，事半功倍，另一方面人民纳税时不妨碍人民的经济生活和工商业的发展。根据这样的原则，王万甫认为所得税、遗产税宜划归中央，不然易出现漏税而导致税收不公平的结果，关税、消费税也宜划归中央，划归地方不仅使纳税手续繁杂而且有碍于产业的进步和社会经济的发展。③

5. 依据伸缩性和固定性原则划分国家税与地方税

伸缩性是指税收是否具有弹性，能否在短期内大幅增加以满足政府临时性大额主要是军费支出需要。固定性则是指税收在一定时空条件下能够保持稳定以满足政府经常性确定性支出需要。租税伸缩性与固定性原则最早见于美国近代著名财政学者亚当士（H. C. Adams）的《财政学大纲》（Finance），亚当士认为伸缩性与固定性是一切政府收入的原则，但比较而言，伸缩性在中央政府收入中更为重

---

① 赵雁行. 财政制度与国地税收之划分问题[J]. 中国经济，1934(11)：1-10.
② 朱沛莲. 划分中央与地方税收之检讨[J]. 江苏月报，1935(3)：1-5.
③ 王万甫. 中央与地方税收之划分[J]. 民族杂志，1936(7)：1109-1123.

要，确定性在地方政府收入中更为重要。王万甫对这一观点欣然接受，他认为导致这种结果的原因是各级政府的职务的不同。中央政府的职务大致可分为两大类：一是平时的经常职务，如内政、司法、外交等；二是维护国家主权和领土的临时战争职务。履行平时的经常职务需要在时间和数额上都很确定的税收，以保证中央政府能够按部就班地履行其职责；而对于临时的战争职务，因其突发性和巨额耗费性，需要政府在短期内获得更多税收，这就要求中央税中有具有伸缩性的税收，能够在非常时期满足其对筹集财政收入的需要又不会对社会和经济产生破坏性影响。地方政府的职务为经常的与经济的，其经费支出多用于有计划有规律的经济建设及文化事业，所以地方收入需有固定性，以保证地方事业的稳步有序进行。① 大树认为国家税收需要伸缩性，除应对非常事故所增加的临时巨额支出外，还有一个重要原因是国家经费日趋膨胀，为保证国家财政收支适合，国家税中非有伸缩性的税项不可。②

从上述分析可知，有的学者是在否定其他税收划分标准的基础上，坚持某一种税收划分标准，如赵雁行、朱沛莲；有的学者是坚持两项税收划分标准以互补，如罗介夫；还有的则是认为应当同时运用多种税收划分标准，综合考虑，如王万甫。事实上，随着近代中国社会的进步和经济的发展，租税系统亦在不断变动，难以依据某一个划分标准对所有税项进行划分。此外，由于历史路径依赖的影响和客观现实的需要，国地税收划分难以完全依照某一种学理标准妥善划分。况且，西方各国租税划分，也多是综合考虑多个划分标准。根据上述划分标准，学者对主要税收的划分形成了一致意见：关税、盐税、消费税、统税、印花税等应划为国家税，土地税(田赋和房捐)、契税、营业税及其他一些地域性的小额税捐划为地方税。

(二)中央与地方税收征管权划分思想

税收征管权划分主要是指国地税收划分后，中央各税及地方各税由谁征收、由谁管理的问题。中国古代向无中央地方财政之分，一切税收均是由地方政府征

---

① 王万甫. 中央与地方税收之划分[J]. 民族杂志，1936(7)：1109-1123.

② 大树. 国地收入税项划分标准浅说[J]. 贵州财政月刊，1930(4)：180-187.

收，京饷外的款项也多是由地方财政机构管理。清末以来，税收征管权更是被地方督抚把持，中央政府在财政上一直处于被动地位。民国初年，中央政府为收回财权，财政部提出将国家税与地方税的征管分别开来，在各省设立国税专门机构负责国家税的征收和管理。但后来由于袁世凯取消国地收支划分，实行摊派解款制，税收征管权依旧是掌握在地方政府手中。地方政府对财权的掌控是地方势力崛起的重要经济基础。因而，国民政府奠都南京后，特别强调统一财政，加强中央对财政的控制权，将国家税的征管权收归中央。

1928 年 7 月，国民政府组织召开第一次全国财政会议，其最重要的议题是"统一财政"。财政会议开幕式上各方代表（如财政部代表宋子文，国民政府代表杨树庄，中央党部代表谭延闿，军事委员代表刘纪文，南京特别市政府会议代表等）的致辞中充分体现了这一思想。如时任财政部长宋子文发表会议宣言时说："军兴以来，省自为政，财赋出纳，不便统筹"，面对土地税如何改革、直接税间接税如何取舍、各县对国家财政如何负担、国地税如何划分、预决算如何确立、裁厘加税如何实行等种种财政问题，统一财政为"图治之本原"。① 张寿镛在其演讲词中说，"现在既入训政时代，首先重要的问题，即是军费如何缩减，财政如何统一"。而在北方战事行将胜利结束的环境下，"统一财政正在其时"②，若"财政不统一，则对内对外的政策无法推行"③。从他们的演讲词大致可以看出，其所言之"统一财政"的主要目的在于确立中央政府对全国财政的领导地位和统筹作用，而要奠定中央在全国财政上的话语权，势必要使得中央政府有充足稳定的财政收入，主要办法就是让中央政府掌握对国家税的征管权，改变清末以来地方督抚对税收的实际掌控，而中央政府在财政上始终处于被动地位的窘态。正如谭延闿所指出的，"中国从前中央与地方财政向没有明了划分过。各省收税都算是代表中央收税的。至于民国以来，财政也没有统一……大凡国家行政，总要将国

---

① 江苏省中华民国工商税收史编写组，中国第二历史档案馆. 中华民国工商税收史料选编（第一辑，上册）[M]. 南京：南京大学出版社，1996：999.

② 江苏省中华民国工商税收史编写组，中国第二历史档案馆. 中华民国工商税收史料选编（第一辑，上册）[M]. 南京：南京大学出版社，1996：1012.

③ 江苏省中华民国工商税收史编写组，中国第二历史档案馆. 中华民国工商税收史料选编（第一辑，上册）[M]. 南京：南京大学出版社，1996：1015.

地权限分清。国家的税，当然归国家；地方的税，当然归地方。这个问题解决以后，财政统一就很容易办到。"①

那么，如何做方能实现这一目标呢？由贾士毅领衔、冯祖培和吴华共同起草的《统一财政案》提出了针对该问题的解决办法。他们提出，"(1)凡国税范围内之财政规章及用人行政，改归财政部核定处理，但各省之中央税收因特殊情形未能遵照财政部规章办理者，应由各该省呈请财政部核准。其在各省之中央征收人员因特殊情形由各省临时委派而有成绩者，均应由各该省呈由财政部加委，以后即归财政部任免考核。(2)中央税收一律径解财政部金库，其支出时一律由财政部发支付命令。但各省有特殊情形时，应由各该省另定变通办法呈部核定。(3)军费政费均需编制预算，呈请中央核准方得开支。(4)各项军费均由国库支出，凡属军事机关不得就所在地自行提拨税收。"②此提案表达了三个意思：一是一切国家税由中央财政部核定的机构人员征收以杜绝被地方截留之患；二是一切中央税收全部上交中央财政部金库而不再由地方机构保管；三是中央税的支用需由财政部发支付令而不得任由各机关随意支用。该办法提出了将国家税的征收权、管理权及使用权统统收归中央，但只是一个大刚性意见。

具体如何上收国税征管权？江苏省财政厅长张寿镛认为随着田赋、契税、牙税、当税等一些原属国家税的税收划归地方，国税范围较狭于前，国税事务较简于前，可就各省财政厅暂附设国税管理处，掌管国税事务。③即将国税征收管理等事宜委托于各省财政厅。张寿镛作为省财政厅长，掌管一省财政，提出由省代办国税事宜，表明了省级政府仍然不愿放弃既有财权的意图。庄崧甫对此有不同意见，他认为"如或以财政厅管理地方财政，责任未能专一，则尽可于各省另行设一专管国税机关，将现各征收局所一律归并，分科办理。"④主张设立专门负责

---

① 江苏省中华民国工商税收史编写组，中国第二历史档案馆. 中华民国工商税收史料选编(第一辑，上册)[M]. 南京：南京大学出版社，1996：1011.

② 江苏省中华民国工商税收史编写组，中国第二历史档案馆. 中华民国工商税收史料选编(第一辑，上册)[M]. 南京：南京大学出版社，1996：1021.

③ 江苏省中华民国工商税收史编写组，中国第二历史档案馆. 中华民国工商税收史料选编(第一辑，上册)[M]. 南京：南京大学出版社，1996：1055.

④ 江苏省中华民国工商税收史编写组，中国第二历史档案馆. 中华民国工商税收史料选编(第一辑，上册)[M]. 南京：南京大学出版社，1996：1060.

征收管理国家税的机构，并对从前存在的各种征收局所进行裁并整顿，以统一税收征管机构，继而达到统一财权的目的。赋税司则进一步提出"顾欲划分国家与地方税款，同时有一连带问题，即管理国税机关应有独立之必要"，主张在各省设立直辖于财政部的国税厅来掌管该省国税事务，国税厅长由财政部直接任命，国税厅长承财政部长之命办理各省国税事务，如此则"责有所专，权不外替"，做到中央收入不与地方收入混淆，也可避免政治上的各种障碍。①

由于关税、盐税、烟酒税、印花税等国税一直以来都是由财政部直辖的专局征收，再设国税厅会出现机构臃肿、职责交叉等不良现象。国民政府没有采取设立国税厅的办法，而是实行一种更加省事的财政特派员制度。1929 年 1 月 3 日，国民政府颁布了《修正财政特派员暂行章程》。规定：在各省设置财政特派员，处理各该管区域内国税及中央财政事务。财政特派员秉承财政部之命令，办理下列事宜：（1）执行部令，指导所辖区域内之中央直辖税收机关；（2）接管各省财政厅代管之一切国税及其机关；（3）保管国税税款；（4）支拨及汇解国库款项；（5）稽核及册报所管区域内一切国税之账目及情况；（6）计划所管区域内一切国税之整理办法。② 从上述规定可知，国民政府通过财政特派员制度在不改变既有征收格局也不增加局所机构的情况下，将原来掌握在省财政厅的国税征收、管理及支拨等一切事物置于中央管理之下，将国税的征管权收归了中央。

五、省县财政分立思想

宣统二年冬，各省督抚曾对地方税需进一步划分展开讨论，一些督抚虽认为地方财政应当进一步划分，但在宪政改革需款甚巨的情况下，地方财政实难以进一步划分，遂作罢。北洋政府时期，因极度财政困难和军阀割据，国家与地方财政划分讨论仅限于中央和省财政划分。1928 年，南京国民政府在颁布的国地财政划分法案中，对省以下地方财政划分也没有给予足够重视，导致一系列的问题，进而引起了学界关于地方财政分级的广泛讨论。

---

① 江苏省中华民国工商税收史编写组，中国第二历史档案馆. 中华民国工商税收史料选编(第一辑，上册)[M]. 南京：南京大学出版社，1996：1057-1058.
② 江苏省中华民国工商税收史编写组，中国第二历史档案馆. 中华民国工商税收史料选编(第一辑，下册)[M]. 南京：南京大学出版社，1996：2005-2006.

（一）划分省县财政的必要性

1927年夏颁布的《划分国家收入地方收入暂行标准》和《划分国家支出地方支出暂行标准》，对省以下的地方财政只有"地方收入之分配，由地方团体自定之（所指地方团体包括行省、特别市、城镇乡各级）"①笼统性的规定。由于其时国民政府还没有统一中国，地方财政没有进一步划分对地方的影响尚不明显。1928年全国财政会议通过并颁行的《划分国家收入地方收入标准案》《划分国家支出地方支出标准案》在国地收支划分上基本上延续了1927年法案的精神，对中央地方的收入和支出作了较为明确的划分，但对省级以下地方政府的税收只有"省、市、县收入之分配，由各省及各特别市自定之"的广泛规定②，即省及以下地方政府的财政依旧未明确划分，致使"所有地方税均为省之财源，县地方只有增设附加以分其余沥，或征收苛捐杂税，以资挹注。"即省凭借其权力优势造成地方财政集权，地方重要税源皆归省支配，县乡税收仅有不超过正税限额的省税附加税并少数零星杂税杂捐。冯华德指出如此有限且来源不稳定的收入根本难以应付地方治安维护、基础教育、医疗卫生及经济建设等下级地方基本事业，其结果必然是"百业俱举，一事无成，而地方税附加税之繁重，苛捐杂税之兴起，仍有增无已"。此外，在地方驻军摊款及省政府临时命令举办事业之费等非预算范围内支出影响下，以省税附加税为主、以零星杂捐为辅的有限县乡税收，"不仅使下级地方的正常事业无法推进，并且足使下层经济力量为之衰竭"。为缩小县乡财力收入和举办地方事业所需支出的差距，在收入方面"应当打破现在地方的财政集权制度，从速确立省和下级地方的财政关系，将现有地方税源，就各级地方团体之需要，重为划分"，使县乡等下级地方政府亦有其自身独立的财源和富有弹性的收入制度，以便适应其日趋膨胀的支出。③ 罗介夫亦认为地方财政若未能划然分离，易致下级地方自治团体财政基础薄弱，滥征附

①　江苏省中华民国工商税收史编写组，中国第二历史档案馆. 中华民国工商税收史料选编(第一辑，上册)[M]. 南京：南京大学出版社，1996：757.

②　江苏省中华民国工商税收史编写组，中国第二历史档案馆. 中华民国工商税收史料选编(第一辑，上册)[M]. 南京：南京大学出版社，1996：761.

③　冯华德. 吾国国地财政划分之理论与实际[J]. 浙江财政月刊，1936(10)：80-94.

加和苛杂进而侵害税源减损国家税收。所以我国当借鉴日本、德国、英国等西方国家精细划分地方各级政府税收的做法，将省、县、乡镇等各级地方政府财政划分清楚，以避免地方财政有动摇，阻碍和损害公益事业的发展。充实的地方财政是发达地方自治、伸张民权的必要条件。① 省与下级地方政府财政不分，使得县乡财政沦为省的附庸，税收匮乏，不仅会严重阻碍地方事业发展，更导致地方苛杂丛生。当时的学者们对省与下级地方政府财政不分所导致的不良后果有清醒的认识，并意识到进一步划分省与其下级地方政府的财政，使省以下的地方政府各有独立财源，是极其必要的。

1934 年 5 月，为了解决省以下地方政府尤其是县政府财政困难和地方苛杂丛生、田赋附加税奇高问题以巩固政权统治基础，财政部组织召开第二次全国财政会议。地方苛捐杂税丛生的根源在于省以下地方政府财政收入严重不足，治本之法是要增加省以下地方政府的合法性独立税收。所以，明确划分省与下级地方政府财政收入成为 1934 年财政会议的焦点，也成为之后学者们讨论的热点话题。

(二)地方财政划分为省县两级

省以下地方财政须明确划分，究竟当分几级？清末，曾有地方督抚主张借鉴日本税制分层经验，将地方税按照征收主体分为省税、府厅州县税和城镇乡税三级。1928 年，董修甲在全国财政会议上交议《划分省县市镇乡地方收支办法案》，指出：省以下地方收支如不划分清楚，将来纠纷必多。"盖收入未能分清，各级政府遇有经费困乏，概图扩充其收入。因图扩充自己之收入，难免不涉及别级政府之收入。因涉及别级政府之收入，误会于是发生，争执因之亦起。支出未能分清，各级政府各谋事业之发展，毫不问他级政府已否举办同样之事业。故各级政府之行政中，难免叠床架屋之弊。"职是之故，他提出为免省、市、县、镇各级政府无谓的误会与叠床架屋弊病，应从速划分四级地方政府的收入与支出，使地方四级政府各有其收入支应其支出。他还提出了省、县、市镇四级政府收支划分的

---

① 罗介夫. 中国财政问题[M]. 上海：上海太平洋书店，1932：125.

具体办法。[1] 赋税司在《规定省县田赋分配案》中，根据 1927 年一些省份关于田赋分配厚省薄县而致县财政收入严重不足的情况，提出将划归地方的田赋在省与县的分配定一明确标准，以免省绅臂夺食。从上述提案可知，董修甲主张将地方财政分为省、县、市、镇四级，赋税司则主张分为省县二级。从 1928 年 11 月正式颁布的划分国地收支法案来看，无论是董修甲的四级说还是赋税司二级论，都未被采纳，地方财政收支划分仍由各省自行确定。董修甲的四级说难以被认可是情理之中，地方财政分为四级，层级过多，在当时的政治经济环境下，不仅事权难以精细划分，而且政府财政收入也难以满足四级政府的分配需求。赋税司所提的二级论也未被采纳，究其根本原因在于权力的博弈。在此之前，省掌握了国家主要财权，不仅代征国税，而且统管地方税收。1928 年国地收支划分将原来由省掌握的国家税权全部收归了中央，省再无截留、挪用中央税收的机会，其财权大为削弱。若同时对地方财政明定划分，必将进一步减少省政府可掌握的财权和支用的收入，可能会引起各省财政长官的异议，影响国地收支划分改革的推进。

省县财政不分，使得 1928 年国地两级财政体制在实际运行过程中出现了省级政府向上集中财权而向下分散事权的现象，尤其是 1931 年裁撤厘金，省级政府顿失大宗来源后，将划归地方的主要税收皆据为己有，只给负责征收的县政府留二到三成作为征收费，省以下地方政权财政极为窘迫。县级政府为了筹措经费，只得滥征附加和苛杂，如仅田赋附加一项，江苏全省各县有 105 种，浙江全省各县有 74 种。其附加金额多为正赋 20 到 30 余倍，如江苏灌云县芦课小粮的超过正赋 31 倍，造田地亩捐及大粮附加各超过正赋 30 倍，海门县附加超过正赋 20 倍。农村复兴委员慨叹道："江浙情形如此，他省不难推知。"[2]名目繁多和数额畸高的苛捐杂税使得农村经济濒临破产，也引发了各地抗捐抗税运动，为稳固统治基础，国民政府财政部于 1934 年组织召开第二次全国财政会议。其核心议题是整理田赋、改进税政、废除苛捐杂税、编制地方预算，使地方财政走上正轨。要实现这一目标，需将省以下地方财政收支详细划分。时任财政部长孔祥熙

---

① 江苏省中华民国工商税收史编写组，中国第二历史档案馆. 中华民国工商税收史料选编(第一辑，上册)[M]. 南京：南京大学出版社，1996：1030-1032.

② 江苏省中华民国工商税收史编写组，中国第二历史档案馆. 中华民国工商税收史料选编(第一辑，上册)[M]. 南京：南京大学出版社，1996：1169.

在向大会交议的《整理地方财政案》中提出了划分地方财政的要点：（1）当将原属县（市）及其区、乡（镇）等者合为一体，县（市）以下不宜再加划分，使县（市）与其区、乡镇等之财政归于统一；（2）税收划分当依据税收种类分别归属，不宜以正税附税为区分。其大宗税捐不能完全归省或县（市）者，按成数分配之，使省与县（市）财政各得相当稳固之基础；（3）支出划分当以其机关及事业设施目的之所属为依归，使各地人民权利义务得相当之平均；（4）省与县（市）税收划分后，彼此不得附加，以期各自整顿；（5）省与县（市）支出划分后，遇有必要仍须互相协助，以期平均发展。① 此外，唐启宇、张森、湖北省财政厅等在各自的提案中均提出要确定省县财政范围，将省县税收逐一划分。会议审查组审议通过了上述关于省县财政分立的建议，并成为县财政独立的政策基础。

基于省与其下级地方财政不分所引发的系列问题，一些学者也提出要划分地方财政，地方财政应当分几级有以下两种观点：一是分为省、县、乡三级。冯华德认为，中央与地方财政划分应当包括"中央和省（直辖市）的财政关系、省和普通市县的财政关系、市县和乡镇的财政关系"三重，即地方财政应分为省、县、乡三级。② 但由于中央政府集中税收的倾向，及当时的税收实难以支撑三级地方政府各有相对独立的税收，因而这种意见未被采纳。二是分为省、县两级。王万甫提出，"欲求地方自治之发展，必先求县市经费之稳固"，将中央、省、县税收进行清晰划分，三级政府各有独立税源，财政制度方称完备。主张将地方财政分为省县两级。③

划分地方财政，使省及以下各级政府有独立的税收以保证其行政和地方事业发展所需的经费，是政学两界的一致意见。1935 年 7 月，国民政府正式颁布了《财政收支系统法》，将地方财政分为省、县两级，此外中央行政院直辖市财政收支单列。该《财政收支系统法》确定了中央、省、县三级财政体制，县（市）财政别为一级财政地位，自此始有法律依据。

---

① 江苏省中华民国工商税收史编写组，中国第二历史档案馆．中华民国工商税收史料选编（第一辑，上册）[M]．南京：南京大学出版社，1996：1224.

② 冯华德．吾国国地财政划分之理论与实际[J]．浙江财政月刊，1936（10）：80-94.

③ 王万甫．中央与地方税收之划分[J]．民族杂志，1936（7）：1109-1123.

六、实行补助金制度思想

补助金制度(A System of grants in aid)即上级政府对下级政府拨款以补助下级政府收入不足以支应其发展地方各项事业需要的制度，是调节中央与地方及地方各级政府间财政关系的重要工具。该制度首创于英国，随后普遍应用于法、美、德等资本主义主要国家。中国学者关于上级政府对下级政府予以补助的思想主要来源于英国费边社会主义者悉尼·韦伯①(Sideny Webb)撰写的 *Grants in Aid：A Criticism and a Proposal*(1911年首次出版)一书和英国的制度实践经验。南京国民政府前期的补助金思想主要包括以下几个方面：

(一)实行补助金制度的必要性

赵雁行认为补助金制度是中央政府在不妨害地方自治范围内，以统制精神干涉其财务行政、指导其自治建设，不仅可以完成均权制的目的而避免集权或分权的弊病，还有利于全国各地文化的平均发展和全国人民租税负担的公平。所以，英国的补助金制度是我国亟应采取的一种制度。② 具体来看，当时一些学者认为在中国实行补助金制度至少有四个方面的需要：第一，平衡地方财政收支的需要。罗介夫指出，田赋、契税、牙税、当税等从前为国税的税收划归地方后，地方税收虽有大幅增加，但随着社会进步和自治发达，地方政府事务不断增加导致其支出不断膨胀，而"地方收入多属固定性质、毫无伸缩余地、不能适应日趋膨胀的经费"。为避免地方政府因经费膨胀无法填补而导致竭泽而渔的窘态，应当学习英法德等国为促进地方自治发达而设立补助金制度的做法，实施补助金制度以补助地方经费的不足。③ 第二，均衡各地人民租税负担的需要。第三，使国内贫穷地区达到最低文化程度的要求。第四，调和集权与

---

① 费边主义(Fabianism)是19世纪后期流行于英国的一种主张采取渐进措施对资本主义实行点滴改良的英国的社会主义思潮。费边主义者的基本信念认为由资本主义到社会主义的实现，是一个渐进而必然的转变过程。1885年，韦伯在萧伯纳的介绍下加入费边社，很快成为费边社的骨干力量，成为著名的费边社会主义理论家。

② 赵雁行.财政制度与国地税收之划分问题[J].中国经济，1934(11)：1-10.

③ 罗介夫.中国财政问题[M].上海：上海太平洋书店，1932：124.

分权(自治与效率)利弊的需要。国民政府在中央地方财政关系上取各自独立原则,地方财政收支由地方自行决策,这虽有利于地方自治发展,但各地各自为政的情形不免会降低行政效率。而补助金制度下,"中央可以藉补助费,以间接的方法适当的手段,达到监督和指导下级行政的目的",进而督促下级政府提高行政效率。①

(二)确定补助金的来源

1931年裁厘改统后,为弥补地方税收损失,中央开始对各省按月补助,如对福建省按月拨付补助费53万元②。由于当时并没明确规范的补助金制度章程,中央政府对各省补助金的拨付与否及金额多少,都是根据各省势力大小和要求来决定的,分配既不公平也没有指定财源,致使收入不能确实。所以当中央经费支绌时,便不能按月向各省拨付补助金,各省所得的补助金收入具有很大的不确定性。为了保证收支差额较大的省份能够获得相对稳定的补助金收入,同时也有利于中央地方财政预算收支平衡,一些学者提出中央应当框定一些固定的税源作为中央对地方补助金的来源。如罗介夫提出,可以现在的烟酒税和将来的遗产税及所得税的一部分作为中央补助地方费的主要来源。③ 李权时亦提出,"中央可以遗产税和所得税的收入作为补助费来源的大宗,各省可以田赋和中央补助费的收入做补助费来源的大宗。"因为三民主义尤其是民生主义若能完全实现,遗产税、所得税及田赋收入会有惊人的增加,会是一种可靠的补助费来源。④

(三)分配补助金的标准

中国疆域辽阔,各地资源禀赋及社会经济发展差距较大,必然有些地方富庶而有些地方贫困,有些地方收大于支而有些地方收不抵支。因此,为了平衡地区发展差异和协调地区居民租税负担差距,促进各地经济文化事业均衡发展,上级

---

① 李权时.国地财政划分问题[M].上海:世界书局,1930:92-93.
② 佚名.闽省裁厘后之财政[J].工商半月刊,1931(3):14-15.
③ 罗介夫.中国财政问题[M].上海:上海太平洋书店,1932:124-125.
④ 李权时.国地财政划分问题[M].上海:世界书局,1930:93-94.

政府需对那些收支差额较大或贫困落后的地区进行补助，以促进落后地方自治事业发展。其本质是抽收富庶地区租税以补助贫困落后地区，其终极目标是公平。那么，具体来讲上级政府以何种标准补助下级政府方能做到公平？李权时认为人口稠密的地方财政问题容易解决，疆域辽阔的地方财政亦比较充足，不动产估值较高的地方亦比较富足，所以提出以与各地人口、疆域和不动产估值的反比例为分配补助费多寡的标准。即"人口多、疆域广或不动产估值高的地方的补助费比较的少，而人口较少、疆土狭或不动产估值低的地方的补助费比较的多"。这样的分配标准虽不尽善尽美，但基本符合公平原则。①

（四）对补助金的管理

为提高补助资金的使用效率和避免下级政府对补助金的依赖，李权时认为应当加强对补助金的管理。主要办法：一是设立专门机关以监督补助经费的运用。早在 1928 年夏国民政府组织召开全国财政会议时，李权时就曾提出要在中央设立财政监督局去监督补助各省的经费，而各省应当设立地方财政监督局去监督补助县市等地方公共团体的经费，"因为补助而不监督，则补助之原来目的将逐渐丧失也"。监督局职责包括调查各省或地方是否有补助的必要，领取补助费用后是否得到合理运用，调查其他财政状况及做好省或地方财政统计。② 即通过财政监督局对补助费用的拨发、管理、使用进行事前、事中及事后的全面监督，以避免下级政府滥用补助费而使其无法达到应有之效果。二是限定补助费的用途。上级政府对下级政府补助的出发点是弥补地方财政不足，尤其是落后贫困地区，其落脚点在于实现地区均衡发展和居民租税负担公平。所以李权时提出，"接收补助费的事业，必须具有利益普遍的性质才好，无论如何不能用于能直接增高某地方不动产价值的事业。"如此有利于实现补助费的公平性。三是限制补助费的额度。各级政府的财政都是有限的，而且对下级政府的补助只是一种财政调剂手段，而非下级政府财政收入的主要来源，其目的更多是促进地方普遍性事业发

① 李权时．国地财政划分问题［M］．上海：世界书局，1930：94-95.

② 李权时．国地财政划分之后中央应设立各省财政监督局各省应设立地方财政监督局案［J］．全国财政会议日刊，1928（7）：32-33.

展。是以，为避免下级政府对补助费的依赖及提高财政资金使用效率考虑，李权时提出补助费宁少毋滥，只求其能够达到补助的目的就行，如此可以避免下级政府滥行请求补助的毛病。①

第三节　南京国民政府前期分税制政策

一、承前启后的 1927 年国地收支划分法案

北洋政府长期的财政混乱和中央财政不敷与地方割据势力恶性循环，使国民党认识到必须统一国家财政。划分中央地方收支以厘清中央地方财政关系的思想，在经过民初 16 年的发酵后，日益成为国民政府时期财政专家们解决财政问题的良方。南京国民政府成立后，划分中央地方财政很快就被提上日程。中央地方财政如何划分？孙中山在《建国大纲》中已经提出了指导性意见："在此时期（训政时期），中央与省之权限，采均权制度"。② 根据这个指导意见，1927 年 7月，财政部长古应芬组织召开东南六省财政会议，会议通过了《划分国家收入地方收入暂行标准案》和《划分国家支出地方支出暂行标准案》，对国家税和地方税作了明确划分。此次收支划分法案有两大核心思想：一是先总理孙中山钦定的中央地方"均权主义"，均权打破了此前税收划分重中央轻地方的惯性思维，也矫正了武人割据下地方侵夺财权的不良习性；二是中央地方税目各自独立主义，中央地方都有其独立税收，改变了此前地方税以附加税为主的思想。这两点可以说是分税制思想发展的一个巨大进步。

但仔细研读 1927 年财政部制定的《划分国地收入及国地支出暂行标准理由书》可以发现，其关于中央地方税收划分的依据或理由，除遵总理遗训将田赋、契税划归地方外，带有深深的民初税收划分标准思想烙印。本次国地收入划分，对既有税收划分理由如下："现在原有税款在税系中较为重要者，为收益

---

① 李权时．国地财政划分问题［M］．上海：世界书局，1930：95-98.
② 江苏省中华民国工商税收史编写组，中国第二历史档案馆．中华民国工商税收史料选编（第一辑·上册）［M］．南京：南京大学出版社，1996：168.

税与消费税稍稍发达，所有国地收入之划分只可按诸学理，参酌事实，为因时制宜之方。盐税、关税及内地税常关税烟酒税卷烟特税煤油税印花税，或历史上久充国税或性质尚易统一征收，故列为国家收入。厘金一项各省先后改办，或称统税或称统捐货物税，名目不一，现拟废止，节节留难之厘金改办征收简便之出产税出厂税，故本条例亦列作国家收入。商税船捐房捐屠宰税渔业税及其他杂税杂捐，或向为地方之财源，或应归诸地方以期易于改良，故本条例定为地方收入。田赋向为国家正供，兹遵先总理遗训改归地方，发展公共事业。契税与田赋有关系，牙税、当税系于营业税及普通商业注册税相联，故本条例改为地方税。"①上述划分理由的核心是"按诸学理，参酌事实"，同时结合中国税收历史传统，这与周学熙和叔衡等人所言的划分标准大同小异。再综合其对国家税地方税项的具体划分，1927 年国地税收几乎是北洋政府时期税收划分标准思想的一个大融合(见表 4-1、表 4-2)。

表 4-1　　　　　　　　　　　　**1927 年国家税地方税划分一览表**

	现　行　税	将　来　税
国家税	盐税、关税、常关税、烟酒特税、卷烟特税、煤油税、厘金及邮包税、矿税、印花税、国有营业收入	所得税、遗产税、出厂税、出产税、交易所税、公司及商标注册税
地方税	田赋、契税、牙税、当税、商税、船捐、房捐、屠宰捐、渔业捐、其他之杂税杂捐	营业税、土地税、普通商业注册税、使用人税、使用物税

资料来源：江苏省中华民国工商税收史编写组，中国第二历史档案馆. 中华民国工商税收史料选编(第一辑·上册)[M]. 南京：南京大学出版社，1996：755-757.

---

① 江苏省中华民国工商税收史编写组，中国第二历史档案馆. 中华民国工商税收史料选编(第一辑·上册)[M]. 南京：南京大学出版社，1996：753-755.

表 4-2　　　　　　　　　　　**1927 年国家支出地方支出划分一览表**

国家支出	外交费、陆海军航空军费、总理陵墓费、中央党务费、中央立法费、中央监察费、中央考试费、中央政府及所属机关行政费、中央内务费、中央司法费、中央教育费、中央财务费、中央农工商费、中央移民费、中央侨务费、中央官业经营费、中央工程费、中央年金费、中央内外债偿还费等十九项
地方支出	地方党务费、地方立法费、地方行政费、省防费、公安及警察费、地方司法费、地方教育费、地方财务费、地方农工商费、公有事业费、地方工程费、地方卫生费、地方救济费、地方债务偿还费等十四项

资料来源：江苏省中华民国工商税收史编写组，中国第二历史档案馆．中华民国工商税收史料选编（第一辑·上册）[M]．南京：南京大学出版社，1996：757-759.

北洋政府时期分税制思想的发展和财政制度的变动造就了 1927 年国民政府的国地收支划分法案，该法案在继承前人合理思想成分的同时，剔除或完善其不合理的主张，使之符合社会进步和发展的需要。但 1927 年的收支划分法案是在国民政府尚未完全实现国家统一情况下制定的，主要颁行于东南六省。故而，1928 年，第二次北伐取得决定性胜利，基本实现全国统一后，急需一个能够通行于全国各地的国地收支划分法案，以实现国家财政统一。由于 1927 年法案和 1928 年法案颁布时间相隔仅一年，在思想上或指导原则上并无大的变化，1928 年国地收划分法案是以 1927 年国地收支划分法案为蓝本制定的，其关于国地收支划分具体内容大同小异。

二、略作调整的 1928 年国地收支划分法案

1928 年 6 月底到 7 月初，南京国民政府组织召开全国经济会议和全国财政会议，商讨整理财政办法。在先行召开的全国经济会议上，财政部税务股向大会提交了《统一财政先从划分国家税地方税及国家费地方费入手办理案》（附《划分国家收入地方收入暂行标准修正案》和《划分国家支出地方支出暂行标准修正案》）、卫挺生提交了《改订国地收支标准厘定财权系统案》。经济会议结束后，立即召开了财政会议。会上，赋税司司长贾士毅提交了《实行划分国家税地方税及国家费地方费案》（附《划分国家收入地方暂行标准案》及理由书、

《划分国家支出地方支出暂行标准案》及理由书、《各省财政厅管理国税规程》及理由书、《国民政府财政部监督地方财政条例》及理由书），对国地收支划分及税款征收管理提出较为全面的意见。上述提案经大会讨论，最终通过了《划分国家收入地方收标准案》和《划分国家支出地方支出标准案》，于 1928 年 11 月 22 日由国民政府颁布实行。

　　1928 年国地收支划分法案与 1927 年的相比，只是略做了调整，其总原则和指导思想基本一致：第一，都以孙中山先生所定中央与地方均权主义为总原则，国地财政划分不偏于中央集权亦不偏于地方分权；第二，都取税目独立主义精神，中央、地方各有独立税收，地方税不再以附加税为主；第三，都实行中央、地方两级财政体制，没有对地方财政进一步划分；第四，都规定国地财政税收后，中央和地方各自整顿，不得添设附加税；第五，都规定地方收入性质与国家收入重复时，财政部得禁止其征收；第六，都规定新收入实行时，凡旧收入性质相抵触之部分，应即废止。这些共同性足以表明 1928 年国地收支划分法案基本承袭了 1927 年国地收支法案的思想和主张。但随着全国统一和税制整顿，1927 年法案中有些许内容不符合理论或实际，1928 年法案有所改进，主要体现在以下几个方面：第一，国家收入方面。现行国家税中增加了交易所税、公司及商标注册税、沿海渔业税以及三类非税收入，将来国家收入中删除了出产税和出厂税。交易所税和公司及商标注册税在 1927 年是作为将来国家税的，因 1928 年 3 月，财政部颁布了《交易所税条例》，开始征收营业性质交易所税，故移至现行国家税。渔业税原作为地方税，由于跨省河湖及沿海渔业多连贯数省，各省分办难免矛盾和困难。于是卫挺生提出宜将沿海国际及跨省之大湖河渔业税划归中央，各省范围内河湖渔业税作为地方收入。贾士毅出于征管简便和避免过分侵夺地方财源考虑，提议将沿海渔业税划归国家税，内地河湖渔业税仍作为地方税。是以，渔业税分为沿海渔业税和内地渔业税，分别划归中央和地方。出产税和出厂税是源自 1902 年《中英商约》，贾士毅认为各国内地税均系自定而不受条约束缚，从税制上言，出产税和出厂税仍沿物物课税的窠臼，含有凡百货物一律收税之意。在中国革故鼎新和列邦内地消费税已由物物课税主义递嬗为特种商品课税主义的时代潮流下，"为抵补厘金和刷新税法计，宜将条约上所规定之产、销、厂三税各目一律取消，而另行定订特种消费税①办法"。② 第二，地方收入方面。现行收入中，删除了商税，增加三类非税收入。将来收入中删除了普通商业注册税、使用人税、使用物税，增加了所得税附加税。卫挺生认为商税属于营业税性质，普通商业注册税属于营业牌照税，使用人税仅使用奴婢制度之下，使用物税是征收营业税的一种方法而非独立税目，故均宜删除。所得税是一种完全柔性税，"若归中央专有，则省县之事业遇有收支不相适合之时，即无法调剂"，所以他提议所得税可酌用有条件的附加主义，使得省县预算上有伸缩余地。③ 第三，国家支出方面，增加了蒙藏事务费和中央交通行政费，这是由于 1928 年第二次北伐胜利后，国民政府基本在形式上统一全国，出于巩固国家统一果实需要而新增的国家支出。第四，地方支出方面，将省防费和公安及警察费归并为地方警备费。统一国家，国防军费应全部由中央负担，这是社会各界的共识，地方政府仅需负担维持地方治安所需的警务费。故而裁撤省防费，一是为了减轻地方政府支出负担，二是为了避免地方政府拥军自重。

此外，1928 年国地收支划分相较于 1927 年国地收支划分还有两个重大进步：一是主张将国家税的征管权完全收归中央，断绝从前地方政府任意截留中央税收的陋习，保证中央财政收入的充分稳定；二是提出制定地方财政监督条例，加强中央对地方财政的监督，有利于全国财政收支的统一和调剂。

三、日臻完善的 1935 年财政收支系统法

1928 年颁布施行的中央地方两级分税制财政体制，对于增加和稳定中央政府的财政收入，加强中央政府的财权具有重要作用，但其存在的缺陷也是很明显的。1928 年财政划分仅限于中央和地方两级，但国民政府在行政层级上是有省、

---

① 特种消费税是指对特定货物课税，与物物课税的厘金相对。贾士毅认为特种消费税的课税对象不必拘于货物产销之地点，亦不必限于货物制造之场所，惟以货物是否合于消费税条件为断。消费税的课税对象大致可分为三类：奢侈品类，如烟酒、化妆品；半奢侈品类，如糖、绸、锡箔；必需品，如盐、煤油、木材。中国的盐税、烟酒税、卷烟税、煤油税等都属于消费税性质。

② 江苏省中华民国工商税收史编写组，中国第二历史档案馆. 中华民国工商税收史料选编(第一辑 上册)[M]. 南京：南京大学出版社，1996：1078-1079.

③ 卫挺生. 改订国地收支标准厘定财权系统案：全国经济会议专刊[C]. 上海：全国经济会议秘书处，1928：260-272.

县(市)、乡镇三级的。省与其下级政府之间事权不清、财权不明,在自上而下的垂直管理结构下,下级政府只能服从上级政府,由此出现了省集中财权而分散事权的现象。即省政府尽可能将事务举办委任给县级政府,却将税收更多的集中于己身,就导致了县乡基层政府财政困难。巧妇难为无米之炊,县政府为提供其必须提供的公共物品,只能增加附加和开征杂税,导致病民困商的苛捐杂税和附加税名目繁多且数额畸高。在一定的经济水平下,人民的纳税能力是有限的,超过人民承受能力范围的税收要求必然导致人民破产,继而是经济破产。如此,财政和经济必将陷入恶性循环。1934 年,为解决 1928 年分税制财政体制运行中导致的问题,国民政府组织召开第二次全国财政会议,该会议亦被称为"救国会议",其主要议题是减轻田赋附加、废除苛捐杂税、编制地方预算。相较于 1928 年分税制,1934 年财政会议讨论确立的分税制政策要进步得多,主要意见见诸 1935年正式颁布的《财政收支系统法》。其具体收支划分见表 4-3、表 4-4。

表 4-3 **1935 年国家支出地方支出划分一览表**

中央支出	政权行使支出、国务支出、行政支出、立法支出、司法支出、考试支出、监察支出、教育及文化支出、经济及建设支出、卫生及治疗支出、保育及救济支出、营业投资及维持支出、国防支出、外交支出、侨务支出、移殖支出、财务支出、债务支出、公务人员退休及抚恤支出、损失支出、信托管理支出、普通补助支出、其他支出等二十三项
省支出	政权行使支出、行政支出、立法支出、教育及文化支出、经济及建设支出、卫生及治疗支出、保育及救济支出、营业投资及维持支出、保安支出、移殖支出、财务支出、债务支出、公务人员退休及抚恤支出、损失支出、信托管理支出、普通协助及补助支出、其他支出等十七项
县支出	政权行使支出、行政支出、立法支出、教育及文化支出、经济及建设支出、卫生及治疗支出、保育及救济支出、营业投资及维持支出、保安支出、财务支出、债务支出、公务人员退休及抚恤支出、损失支出、信托管理支出、普通协助及补助支出、其他支出等十六项

资料来源:江苏省中华民国工商税收史编写组,中国第二历史档案馆. 中华民国工商税收史料选编(第一辑·上册)[M]. 南京:南京大学出版社,1996:783-788.

表 4-4　　　　　　　　　　　　1935 年国家税地方税划分一览表

中央税	关税、盐税、矿产税、货物出厂税①、烟税、酒税、印花税、特种营业行为税②、特种营业收益税③、所得税、遗产税、由直隶于行政院之市分得之营业税、由县(市)分得之土地税
省税	营业税、由县(市)分得之土地税、由县(市)分得之房产税、由中央分得之所得税和遗产税
直辖市税	土地税、房产税、营业税、营业牌照税、使用牌照税、行为取缔税、由中央分得之所得税和遗产税
县税	土地税、房产税、营业牌照税、使用牌照税、行为取缔税、由中央分得之所得税和遗产税、由省分给之营业税

资料来源：江苏省中华民国工商税收史编写组，中国第二历史档案馆．中华民国工商税收史料选编(第一辑·上册)[M]．南京：南京大学出版社，1996：788-790.

1935 年《财政收支系统法》的基本指导思想有四：一是孙中山所提出的"均权主义"，在中央地方事权、财权划分上既不偏向于中央集权，也不偏向于地方分权；二是在税收划分上取税目独立主义，即各级政府均有独立税源，地方尤其是县不再以附加税为主要税收来源；三是划分地方财政为省县两级，使县有稳定充足的税收以促进其自治事业发展；四是事权与支出责任相匹配，即上级政府委任下级政府举办事务时，所需款项由委托方负担，即原本是谁的事务则由谁负担支出。第一点和第二点是对 1928 年划分中央地方财政思想的延续，这两点也是南京国民政府在整个统治时期一贯坚持的主张。第三点和第四点是针对 1928 年以来财政体制运行过程中出现的问题所提出的。

在这样的指导思想下，1935 年《财政收支系统法》更加进步，表现在以下几个方面：第一，改中央地方两级财政体制为中央、省、县三级财政体制，县财政

① 货物出厂税包括：卷烟税、火柴税、水泥税、棉纱税、麦粉税、其他以法律规定之出厂税，又称统税。

② 特种营业行为税包括：交易所证券及物品交易税、银行兑换券发行税、其他以法律规定特种营业行为税。

③ 特种营业收益税包括：交易所税、银行收益税、其他以法律规定特种营业收益税。

从法律上获得独立财政地位。从税收划分来看，中央税项总体变化不大，只是将新开征的所得税和遗产税的一部分分给省县地方，以抵补地方因减轻田赋附加和废除苛捐杂税损失。地方税项则进一步分为省(直辖市)县两级，县政府获得了较多的合法税收。从支出划分来看，总体变化也不大，只是对地方政府的支出进一步细分为省(直辖市)县两级，一定程度上防止了省级政府上收财权而下放事权的问题，有利于缓解县级财政困难。第二，限制允准征收的附加税的限额，废除超出法定税率和税收范围的一切苛捐杂税。1934 年 6 月 25 日，国民政府根据财政会议审查"废除苛捐杂税各案及决议案"意见，颁布了《关于限期废除苛捐杂税令》，命令要求各省县在当年 12 月底将"妨碍社会公益""妨害中央收入之来源""复税""妨害交通""为一地方利益对于他地方之输入为不公平之课税""各地方物品通过税"六项不合法的税捐一律废除。① 并提出省与县(市)划分税收后，彼此不得附加。第三，整顿地方租税征收机关，省税、县税分别征收。孔祥熙、刘奎度、唐启宇以及福建财政厅提议，在各县设立财政局，总理全县财政，征收各县一切县税收，从前的投标承包、委托代征及其他征收局所一律取消。这对于统一县财政、提高征税效率、节省征收费用、杜绝胥吏中饱、保证县获得稳定财政收入具有积极作用。第四，通过部分税种收入分成，加强了各级政府之间财政联系和中央政府对国家财政的统筹。1935 年《财政收支系统法》规定，中央政府将中央税制所得税的 30%～50%与遗产税的 40%分给省和县(市)，以弥补地方税收不足，并规定省县需以所获得的此部分收入额的 40%充教育经费。同时，省需将其营业税的 30%划拨给县，直辖市则需将其营业税的 30%上解给中央。此外，县要将土地税的 15%至 45%上解给省、10%提给中央作为土地整理经费。② 中央、省、县间税收的往来拨解极大地增强了各级政府之间的联系，也有利于中央及政府更好地掌握各地的财政收支情况。第五，提出实行上下级政府之间的补助金和协助金制度。1935 年《财政收支系统法》第十二章为"补助及协助"，规定"各上级政府为求所管辖区域间教育文化、经济建设、卫生治疗、保育救济等

---

① 江苏省中华民国工商税收史编写组，中国第二历史档案馆. 中华民国工商税收史料选编(第一辑 上册)[M]. 南京：南京大学出版社，1996：457-458.

② 江苏省中华民国工商税收史编写组，中国第二历史档案馆. 中华民国工商税收史料选编(第一辑 上册)[M]. 南京：南京大学出版社，1996：770-772.

事业的平均发展，得对下级政府给予补助金，并得由其他下级政府取得协助金"。① 补助金和协助金的规定给予各级政府财政收支一定的灵活性，有利于各地区的均衡发展。

但1935年财政收支系统法并不是完美的，在支出和税收划分及补助制度方面均存在一定问题：第一，中央、省（直辖市）、县各级政府间很多事权及支出责任划分并不明确。除国防、外交、侨务等只能由中央政府举办的事务外，绝大部分支出是各级政府都有。对于外溢性很强的教育、文化、卫生、保育、救济、经济建设等事务，难以在各级政府之间清晰划分。由此，其相应的支出责任也就难以明确界定。第二，地方税收在省县之间的分配不尽合理，轻省重县。地方财政进一步划分后，省唯一的独立税源是营业税，而且分给县30%。而县却有土地税、房产税、营业牌照税和使用牌照税作为其独立税源，虽然要分一部分土地税和房产税给省和中央，但县财政的地位和权力却大大提高了，体现出明显的轻省重县思想。另外就是，中央与省、县之间复杂的往来税款拨解，虽然会起到一定的盈虚调剂作用，但会大大降低税政效率。而且省极易利用其上级政府地位使土地税划拨上限45%变为常态，从而挤占县政府税收。第三，补助制度规定过于笼统，不具可操作性。1935年《财政收支系统法》虽提出了要实行补助金制度，但并没提出具体制度措施。在各级政府财政都难自顾的时候，很可能沦为一句空话。

四、分税制政策的实施

1927年财政会议所确定的分税制法案具有一定的过渡性，仅通行于部分省份。1935年《财政收支系统法》因对调整幅度太大，实行阻力较大未能付诸实践。国民政府前期切实推行的是1928年所确立的分税制政策，为确保1928年分税制的有效实施和统一国家财政目标的实现，国民政府采取了如下措施：

第一，裁厘改统，开征营业税。1927年秋和1928年冬，国民政府两次宣布裁厘，皆因战争而无法推进。1930年中原大战结束后，国内局势趋稳，关税自

---

① 江苏省中华民国工商税收史编写组，中国第二历史档案馆. 中华民国工商税收史料选编（第一辑 上册）[M]. 南京：南京大学出版社，1996：776.

主也取得了较大进展,为裁厘创造了条件。当年11月,国民党中央第三届执行委员会召开第四次全体会议,议决裁厘办法,宣布自1931年1月1日起废除厘金制度。1930年12月14日,财政部发布通电,称全国厘金及一切类似厘金或含有厘金性质的捐税在1931年12月31日前永远废除,相应的征收机关自1931年1月起不得存在。1931年起,各省开始裁撤厘金,虽然进度不一,但截至1931年底,从前由各省征收的厘金及厘金性质的捐税基本得以裁撤,尤其是"在政府控制的地方,厘金几近完全废除"①。厘金裁撤后,国民政府每年损失的税收合计约9936万元。② 为抵补厘金裁撤导致的税收损失,在中央开办统税,在地方则举办营业税。1931年,国民政府对棉纱、火柴、水泥开征统税,并将原来的卷烟统税和1928年6月开征的麦粉特税并入,史称"五项统税"。自此,统税成为国民政府第三大税收。厘金虽划为中央税,但多数是被各省自征留用,所以裁厘必然会使地方税收大幅减少。为使裁厘能够顺利推进,国民政府一方面对各省给予一定的补助,另一方面筹划开征营业税。1931年1月10日,财政部要求各省根据当地实情制定营业税大纲,送交中央审议后实行。1931年6月,财政部综合各方意见正式出台《营业税法》。1931年,江苏、浙江、江西等18省份陆续征收营业税,广西、四川、贵州分别于1934年、1936年和1937年完成开办业务。③ 但由于一切货物税均为中央税,所以营业税范围受到很大限制,且开办伊始,收入本就不多,还要支付大量开办费,根本就无法抵补裁撤厘金导致的损失。于是,各省纷纷向中央请求财政补助。但得到中央补助的省份多是"中央能实质控制的省份,或者为实力较强中央不敢轻视的省份,而西南西北各省则无一省获得一文补助",而且各省获得补助金额的多少不一,如江西1931年获得补助仅为70万元,而湖北获得的中央补助高达400万元。④ 那些没有获得中央补

---

① 杨格.一九二七至一九三七年中国财政经济情况[M].陈泽宪,陈霞飞,译.北京:中国社会科学出版社,1981:71.

② 金鑫,等.中华民国工商税收史料选编[M].北京:中国财政经济出版社,2001:174.

③ 林美莉.西洋税制在近代中国的发展[M].上海:上海社会科学院出版社,2020:120.

④ 张连红.整合与互动:民国时期中央与地方财政关系研究(1927—1937)[M].南京:南京师范大学出版社,1999:105-109.

助或所得补助远不及所需的省份，仍旧变相征收厘金，如甘肃省将厘金局改为特种消费税局后，对出入口货物仍征收原来厘金局所征收的各种税捐。云南省类似厘金的特种消费税虽"财政部屡令停止，惟以收数甚大，关系省财政至深且巨"，迄至 1939 年 12 月还在征收。其他还有河北、湖南、江苏、安徽等地都继续征收具有厘金性质的税捐。

第二，废除苛杂，让税地方。苛捐杂税自清末新政以来就一直存在，南京国民政府前期尤为严重，其根本原因是省县财政不分使得县财政严重不足，只能滥征附加和杂税。繁重的苛捐杂税使得"农村经济益形凋敝，濒于破产，民困日深"，① 这些苛捐杂税极大地加重了人民负担，在一些地方还引发了社会暴动。1934 年，第二次全国财政会议议决废除苛捐杂税并提出减轻田赋附加、取缔摊派原则六项，同时发出"不准再增田赋附加，并永远不再立不合法税捐之明令"②。嗣后，各省市陆续在中央的强令和高压下陆续废除了大量苛捐杂税。至 1934 年底，全国 23 省报告合计废除苛捐杂税及田赋附加 3609 种，金额 28894602 元。③ 截至全面抗战前，全国 25 省市报告合计废除苛捐杂税 7101 种，金额 67691435 元；废除田赋附加 300 余种，金额 38742459 元。④ 苛杂收入在地方财政上多有固定用途，苛杂裁废虽减轻了人民负担，势必会减损地方财政收入继而影响地方政务推行，于是中央将原为国家税的营业牌照税全部划归地方，将印花税的一成划拨给省、二成划县，三成用于补助贫瘠省份。但中央的补助相对地方废除苛捐杂税的损失来说，实属杯水车薪，营业牌照税一年不过 200 多万元，从 1934 年到 1937 年，中央对地方的印花税补助合计不过 514 万余元。⑤

---

① 财政部田赋管理委员会．十年来之地方财政[M]．南京：中央信托局印制处，1943：21-23.

② 财政部田赋管理委员会．十年来之地方财政[M]．南京：中央信托局印制处，1943：21.

③ 孔祥熙．全国各省市减轻田赋附加及废除苛捐杂税报告书[M]．出版地不详：财政部印行，1934：24.

④ 财政部田赋管理委员会．十年来之地方财政[M]．南京：中央信托局印制处，1943：21-23.

⑤ 财政部田赋管理委员会．十年来之地方财政[M]．南京：中央信托局印制处，1943：21-23.

1934年的苛捐杂税整顿虽取得了一定成效，但很多地方都在继续抽收。

第三，颁行地方财政监督条例，强化中央财政领导地位。1928年全国财政会议上，李权时基于提高补助费的使用效率提出在中央设立各省财政监督局以监督省财政状况，在各省设立地方财政监督局以监督地方财政状况。① 李权时的这一提议很快得到了政府的回应，直接表现就是国民政府于1929年颁布了《国民政府监督地方财政暂行办法》，规定省的预决算以及增设税目、变更税率、募集公债等行为需由财政部审核并交立法院议决，县市预决算及开征新税、增高税率、发行公债等行为须呈报省财政厅审核并由省政府议决。初步建立起中央监督省、省监督县市的层层渗透的地方财政监督系统。针对裁厘改统后，各地苛捐杂税层出不穷及各项附加税率不断拔高的现象，1932年国民政府对监督地方财政暂行法进行了修订，对地方变更税目、提高税率的限制更加严格具体，如规定"各省(市)非依法律不得变更税目""各级地方政府不得预征赋税""各级地方政府不得呈请举办有左列弊害之各款税捐：妨害社会公众利益、妨害中央收入之来源、复税、妨害交通、为一地方之利益对于他地方货物之输入为不公平之课税、各地方之物品通过税"。② 进一步加强了中央对地方财政的监督力度，提高了中央政府对财政的领导地位。

1928年分税制是西方财政学理和实践经验与中国历史和国情相结合的产物，既具有浓厚的欧美宪政色彩，又有鲜明的民族特色。这项法案的实施扭转了清末以来中央地方财政地位倒置的局面，较好地解决了长期存在中央财政严重困难和中央地方财政关系紊乱的问题，对中央和地方财政都产生了较大影响。

第一，初步建立起统系分明的中央地方财政体制。自地方势力在镇压太平天国运动中崛起，中央权威一落千丈以来，近代中国财政就陷入了紊乱的泥淖而无法自拔。清末度支部是"徒拥考核虚名"，北洋政府财政部多恃外债度日，在袁世凯殁后更是形成了地方割据财政局面，中央地方财政毫无系统而言。南京国民政府时期，政学两界形成共识：划分国地收支是统一财政的基础和关键。南京国民

① 江苏省中华民国工商税收史编写组，中国第二历史档案馆. 中华民国工商税收史料选编(第一辑 上册)[M]. 南京：南京大学出版社，1996：1039.

② 江苏省中华民国工商税收史编写组，中国第二历史档案馆. 中华民国工商税收史料选编(第一辑 上册)[M]. 南京：南京大学出版社，1996：1563-1564.

政府前期分税制财政体制的实施,基本上破解了清末以来财政纷乱如丝的困局,建立起统系分明的财政体制,初步厘清了中央地方财政关系。首先,国地收支划分界定了中央和地方各自应负担的支出和各自能取得合法税收及其他非税收入,中央和地方在法律规定框架下对各自财政收支进行整顿,彼此不干涉,这从收支源头上明确了中央财政和地方财政的界限;其次,国地收支划分后,中央税由财政部直辖的国税机构征收,所得款项交国库保管,支用时由财政部签发支付令方可领用。地方税由省财政厅管辖地方机构征收,交省库保管,经审批领用,从收、管、支环节划清了中央地方财政界限;再次,国地收支划分后,各省和直辖市编制的年度预算以及新增税目、改变税率需送交财政部审核和立法院议决,而县预算及税目、税率调整则送交省财政厅审核和省政府议决,从立法和制度决策层面划清了中央地方财政界限。

第二,基本确立了中央财政在国家财政中的领导地位。清末以来,中央政府基本丧失了对国家财政的控制地位,中央财政在整个国家财政中一直处于弱势地位,这种局面到 20 世纪 20 年代尤为明显,中央几无财政可言。随着南京国民政府问鼎中原,建立了强有力的中央政府后,着力于统一财政,加强中央财政集权,基本确立了中央财政在国家财政中的领导地位。具体体现在以下几个方面:一是中央财政收支规模在全国总收支中居于领导地位。根据 1931—1936 年预算数据①,中央财政收入和支出与地方财政收入和支出的比例大约均为 3∶1,中央在国家收支中居于绝对领导地位;二是中央财政收入稳步增长,逐渐掌握了全国绝大部分税收收入。从表 4-5 可知,南京国民政府前期中央财政收入无论是总额收入还是税项收入都呈稳步增长态势,且税项收入构成了中央和地方财政收入的主要来源。进一步比较中央税收收入和地方税收可发现,中央与地方税项收入之比大约为 4.5∶1,也就是说中央政府掌握了全国绝大部分税收收入。这些充分说明南京国民政府成功地通过国地税收划分保证了中央政府获得财政收入的稳定性,中央不再依赖地方解款过活,彻底改变清末以来倒置的中央地方财政关系。

---

① 1931—1936 年,中央财政收支预算数为:893335、692503、680416、918111、957154、990658 千元,地方财政收支预算数分为:303407、230241、195491、310669、270678、345775 千元(参见张连红《民国时期中央与地方财政关系研究》第 23 页)。

表 4-5　　　　　　　　1929—1936 年南京国民政府中央地方收入统计表

年度	中央财政收入（实收数）			地方财政收入		
	岁入总计（万元）	税项收入		岁入总计（万元）	税项收入	
		金额（万元）	比重		金额（万元）	比重
1929	54264.7	46182.48	85.1%	—	—	—
1930	72343.4	53507.76	74.0%	—	—	—
1931	68299.0	61524.65	90.1%	30340	14129	46.57%
1932	67326.6	58609.12	87.1%	23024	12829	55.92%
1933	89803.9	63544.40	70.8%	19549	12099	61.89%
1934	121201.3	65816.76	54.3%	31066	16019	51.07%
1935	110652.2	60373.70	54.6%	27067	15733	58.13%
1936	119540.8	76062.90	63.6%	34577	17248	49.88%

资料来源：中央财政收入数据中 1929—1932 年数据来源于财政部编《财政年鉴》（1935 年版）第 188~196 页，1933—1936 年数据来源于国民政府主计处主计局编《中华民国统计提要》（1940 年版）第 141~143 页。1933 年国民政府实行超然主计制度，年度财政预决算的职权从财政部转移至主计处，故 1933 年及以后的中央财政数据都来源于主计处。另，《财政年鉴》和主计处数据单位皆为元，此处为统计简便，以万元为单位，对数据进行四舍五入计算。地方财政收入数据来自张一凡《民元来我国之地方财政》，《银行周报》1947 年第 31 卷 23 期。

第三，逐步规范了地方财政秩序。南京国民政府成立之初，基本延续了北洋后期财政割据的状态，省自为政，财政局所林立，国地财政收支系统极为紊乱。从收入方面看，表现为截留中央税收，苛捐杂税层出不穷，田赋预征司空见惯，纸币公债滥发无常。总之，地方政府对税收的征纳基本上是根据需要来开征，予取予夺，毫无限制。导致这些现象的根本原因是地方势力多将财政收入用于消耗性的军事扩张而非生产性的经济建设。1928 年颁行的国地收支划分法案则明确指出全国军费均由中央政府负担，并对中央地方收支作了明确界定。地方初步形成了以田赋、契税、营业税为主的收入结构和以行政费、警备费和实业费为主的支出结构，确立比较明晰的收支系统。1934 年开始整理地方财政，废除苛捐杂税、统一征收机关、编制年度预算、加强上级政府对下级政府的财政监督，使地方财政从混乱无序走向规范有序，地方财政秩序有了很大改善。

第四节　南京国民政府前期分税制思想述评

经历了晚清萌芽和北洋政府时期缓慢发展，分税制思想在南京国民政府前期得到长足发展：首先，研究分税制问题的著作数量和人数均大幅增加。何廉、李锐、马寅初、李权时、彭雨新等众多关注、研究财政问题的官员、学者或在出版的专著中，或在发表的期刊论文中阐述国地收支划分的主张。其次，研究内容拓宽且深度增加。这一时期，政学两界对分税制三要素展开了全面论述：提出以事权定支出进而划分税收，与时俱进地统一了税收划分标准，明确划分了地方财政，系统讨论了补助金制度实施。但由于战火不断、派系斗争、官僚腐败等原因，国民政府时期分税制财政体制在制度设计上存在事权不够清晰、地方税收未能进一步划分以致地方苛杂丛生等问题。这一时期分税制思想主要呈现出以下几个特征：

第一，基本建立起完整的分税制思想框架。从清朝末年，在西方财政理论和制度经验影响下，时人开始了划分国家税、地方税的改革和讨论，但仅限于以争夺财权为中心的税项划分的讨论。到北洋政府时期，人们开始认识到中央与地方支出划分的必要性，支出与税收划分遂成为相提并论的话题，但国地收支的划分仍是出于现实中对税收的需求，鲜少有结合财政学理论系统的分析。20 世纪 30 年代，随着西方财政学理在中国的深入传播和财政体制改革的现实需要，越来越多的财经工作者和学界专家，运用西方财政学理论，结合自民国初年以来的分税制法案变化和政策实践效果，对分税制事权划分、财权划分和转移支付"三要素"相关问题展开了系统的研究。提出以事权定支出进而划分税收，与时俱进地统一了税收划分标准，明确划分了地方财政收支，深入讨论了分税制制度模式和实施补助金制度等问题。符合当时改革需要的以事权划分为逻辑起点、以税收划分为核心、以上级政府对下级政府的补助为补充手段的分税制思想理论体系基本形成。

第二，欧美财政学理和制度经验的影响占主导。近代中国的分税制思想是从西方移植而来并非内生，而且这种移植出现后便贯穿于整个民国时期，这是毋庸置疑的。但在近代不同发展阶段，分税制思想移植对象发生了显著变化，清末民初的分税制思想主要来源于日本，那一时期所翻译、编著的财政学书籍以及税收划分法案中明显的日本印记都可作为佐证。南京国民政府前期，随着越来越多欧美财政学著作的翻译出版和直接学习过欧美财政学理论的留学生的归来，人们开始用欧美进步的财政学理论分析中国的财政问题，用欧美的财政学理论指导中国财政改革，将欧美的财政实践经验运用到中国财政中去。这在南京国民政府时期财政收支系统改革中也是常见的。比如，当时出版的国人自撰财政学著作中几乎全盘接受了西方公共财政理念，认为国家财政就是一种公经济，并在此理论框架下论述了国地收支应当划分的缘由；对中央与地方各级政府间职务及支出责任划分的思想基本来源于英国财政学家巴斯泰布尔；分税制制度类型的分析和讨论基本是源于欧美诸国分税制实践的经验总结；诸多不同的税收划分标准基本来自于亚当·斯密、达尔顿、瓦格纳等人的税收原则理论；实施补助金制度思想源于英国悉尼·韦伯的《补助费》和英国的实践经验。这一时期所颁布的国地收支划分法案是以孙中山先生所提出的"均权制"为指导思想，在实践划分中完全抛弃了民初日本式的高度中央集权主义和附加税主义，更多地体现出一种偏欧美的适度分权主义和独立税目主义。欧美财政学理和分税制实践经验对中国分税制思想和政策变革的影响占有压倒性优势，日本不再是中国学习的主要对象。

第三，对事权与支出划分缺乏深入研究。虽然，这一时期关注研究中国财政问题的专家学者们多已认识到中央与地方各级政府之间职务与支出划分对税收划分和调整中央地方财政关系的重要性，但关于中央与地方职务及支出划分远远不够。只有极少数专家学者参考英国财政学者巴斯泰布尔在 19 世纪末所出版的专著中的观点对政府间的职务与支出划分进行了原则性的论述。罗介夫、姚庆三等虽然提出根据政府政治能力及国家组织制度等划分中央与地方支出，但在具体阐述时依旧没有跳出巴斯泰布尔的三项原则。巴斯泰布尔提出该观点是在 19 世纪末，到 20 世纪 30 年代，已经过去了 30 多年。在这 30 多年间，政府职能不断扩张，市场边界不断扩大，科学技术日益进步，人民对公共产品和服务的需求亦在不断变化。巴斯泰布尔所说的政府间职务划分原则只能提供些许宏观性参考，对实际的职务与支出划分已经不具有具体指导意义。如其言"事关一般利益者，归中央；事关地方利益者，归地方"，但何种事务具有一般利益，何种事务具有地方利益，随着社会的进步，其界限越来越模糊。何廉、李锐对巴斯泰布尔观点中的不足其实有比较清醒的认识，但他们也不能提出符合时代环境的创建性意见。在西方既有的理论框架下，当时的人们除明确国防、外交、司法等事关国家主权和安危的事务应毫无异议的为中央事务，其相应的支出由中央负担外，对其他很多边界模糊的公有事务并没有提出具体的划分意见，也甚少有学者关注研究经济建设、卫生医疗、文化教育、救济抚恤、公共工程等事关民生的中央地方共有事务及相应支出的划分。1928 年和 1935 年国地收支划分法案中，对中央与地方支出也只是作了抽象的项目规定，而很多项目中央与地方都是相同的。之所以鲜少有人关注和研究政府间职务及支出划分问题，其原因主要有二：一是中央与地方权限未能明确划分。中国是一个具有深厚官僚主义传统的单一制集权政体国家，中央与地方权限不明，政府职责也就无法划分清楚，继而中央与地方支出范围也就无法明确划分。二是当时尚未出现能够指导中国财政体制改革的科学的财政理论。中国与欧美各国的历史路径和现实环境都存在巨大差异，西方的财政学理论都是基于西方政治经济理论和财政变革实践形成的，所以西方的财政理论到中国来后，会出现水土不服或者是无法适应的问题。

第五章　南京国民政府中后期分税制思想
（1938—1949 年）

第一节　南京国民政府中后期分税制思想发展背景及基本情况

一、南京国民政府中后期分税制思想发展背景

（一）全面抗日战争的爆发与胜利

1937 年，日本发动全面侵华战争，至 1938 年 10 月，广州、武汉落入敌手，中国沿江、沿海各商业中心城市尽被日军占领，国民政府实际控制的区域主要为西南和西北等内陆省份，国民党统治区域大大缩小，抗日战争进入战略相持阶段。国民政府提出"抗战建国"并进的策略，抗战和国家建设并进需要中央集中领导和统一谋划，同时还需要巨额资金支撑。在"抗战建国"并进目标下，决策者和研究者纷纷提出实行以集权为特征的战时财政体制。即尽可能地将财权税收集中于中央政府，具体做法是将省财政并入国家财政，改 1935 年确定的"中央—省—县"三级财政体制为"国家财政—自治财政"两级财政体制，一切省税收均划归中央，同时省级支出由中央拨款。此外，还将原打算划归县市的田赋收归中央，并实行田赋三征政策。

全面抗日战争胜利后，国民政府还都南京，复兴建设成为主要目标，由此国家财政从战时财政转变为建国财政。国家复兴与建设大业又寄托于地方自治，地方自治工作的开展与成功则全靠地方财政的健全与充实。抗战期间，地方政府除维持正常行政开支外，还需为过境或驻扎军队筹措、运输战备物资，早已不堪重

负，致使地方苛杂繁兴、摊派百出，地方财政濒于破产，根本无力开展地方自治事业。所以，政学两界纷纷提出恢复"中央—省—县"三级财政体制，充实县(市)财政。在这样的诉求下，国民政府于1946年修订了财政收支系统法，重新实行"中央—省—县"三级财政体制，对各级政府的收支进行了划分。但此次收支系统法的修订非常匆忙，对很多问题考虑不够充分，致使新的财政收支系统法实施后，省财政出现了极度困难。众多财政专家和学者就进一步调整国地收支划分展开了研究和讨论。

国民政府中后期，抗日战争的爆发与胜利成为影响国家财政体制的关键性事件，战争对国家政治、经济和社会发展所造成的影响及战后复员建设亦成为时人探索财政收支系统调整与改进的重要因素，也由此成为影响这一时期分税制思想发展的重要因素。

(二)国民经济濒临崩溃

全面抗日战争爆发到广州、武汉失陷，中国将近三分之一的国土沦丧敌手，而这些地方都是中国近代工商业经济和对外贸易比较发达的地区。自洋务运动以来逐渐发展起来的主要汇聚于沿海、沿江各大城市的民族工商业几乎被日本摧毁殆尽。日本占领华北、华东广大地区后，在中国成立"满洲重工业开发株式会社"、"华北开发会社"和"华中开发会社"等财团公司进行经济掠夺，实行"以战养战"计划。因战争的破坏和日本的掠夺，中国失去了"97%的机器制造业、75%的面粉工业和75%的纺织工业"，几乎倒退到农业时代去。① 在民营民族工商业遭受战争创伤而日渐衰退的同时，官僚垄断资本主义却在不断膨胀。1939年和1940年，国民政府先后颁布了《战时健全中央金融机构办法》和《非常时期银行管理办法》实行金融垄断，通过隶属于军事委员会的资源委员会垄断工矿事业和进出口贸易，通过隶属于财政部的贸易委员会垄断进出口贸易和国内商品贸易，有限资本和财富大量集中于官僚资产阶级手中。抗日战争胜利后，国民政府接收了大量敌伪资产，官僚资本运用货币政策积累大量资本，使得这一时期官僚资本达

① 张宪文. 中国抗日战争史·第三卷(抗日持久战局面的形成1938年10月—1943年12月)[M]. 北京：化学工业出版社，2016：4.

到顶峰,官僚资本的急剧膨胀严重挤压了私人资本主义的生存发展空间。此外,在华外国投资企业和外国商品在中国的倾销也对国统区农业、手工业和中小资本主义企业的发展造成了严重打击。总之,在战争破坏、国民党官僚垄断资本扩张和帝国主义经济侵略多重打压下,国统区农业生产衰退,工厂企业不断停工、破产、倒闭,最终导致了整个社会经济的崩溃。

经济是财政的基础,经济衰退凋敝必然带来税源的减少。1937—1945 年各年税收总数分别为:451 百万、211 百万、484 百万、267 百万、667 百万、4164 百万、15326 百万、34535 百万、114409 百万元法币。① 与 1927—1937 年相比,1937—1941 年税收总量大幅度下降,1941 年后税收总量大幅度增加,但这种增加是由严重的通货膨胀所造成的。进入全面抗战时期后,国民党主要通过发行货币来筹措战费,造成了日趋严重的通货膨胀。所以这一时期的税收状况并不能根据实际征收的税款来判断其增减。贺水金(2009)以 1936 年为基期(以 1936 年的物价指数和税收指数为100)测算编制了 1937—1945 年的物价指数和税收指数。1937—1945 年物价指数分别为:103、131、220、513、1296、3900、12963、43197、163160。在消除物价上涨影响后,1937—1945 年的税收指数分别为:41、30、21、5、5、10、11、8、7。② 由此可见,战争时期国民政府的税收实值几乎只有战前的 10%。另一方面,从税收占岁入总额比重来看,最高年份 1943 年为24.2%,最低年份 1940 年只有 4.9%。③ 税项收入的大幅度减少迫使国民政府调整中央地方税收划分结构,如将田赋收归中央。

(三)财政状况日益恶化

全面抗日战争爆发前,关税、盐税、统税是南京国民政府的主要税收来源。关税主要来自沿海各海关,盐税主要税区在辽宁、长芦、山东、淮北、淮南、江

---

① 贺水金.1927—1952 年中国金融与财政问题研究[M].上海:上海社会科学院出版社,2009:196.

② 贺水金.1927—1952 年中国金融与财政问题研究[M].上海:上海社会科学院出版社,2009:200.

③ 贺水金.1927—1952 年中国金融与财政问题研究[M].上海:上海社会科学院出版社,2009:196.

浙及福建等地,统税主要来自工商业较为发达的沿海地区。而到 1939 年初,东北、华北及上海、南京、广州等沿海城市多沦陷,国民政府税项收入大幅减少。以 1936 年度与 1939 年度相比,关税自 36900 万元减至 8600 万元,减少了 77%;盐税由 22860 万元减至 10100 万元,减少了 56%;统税从 15600 万元减至 9100 万元,减少了 41.7%。① 在税收大幅度下降的同时,由于战争消耗,支出不断膨胀。税收日短而支出日增,导致国民政府出现了严重的财政赤字,具体见表 5-1:

表 5-1 **1937—1948 年国库收支差额表**

单位:1937—1945 年为法币元,1946—1948 年为法币百万元

年度	支出总额	实际收入②	差额(赤字)	差额占支出比重
1937	2091324143	558885506	1532438637	73.05%
1938	1168952314	296599934	872352380	74.63%
1939	2995370276	715452736	2279917540	76.12%
1940	5388454455	1515415823	3873038592	71.88%
1941	10003300953	1181687380	8821613573	88.19%
1941	26989918659	7738701552	19251217107	71.33%
1943	61631936150	19688232998	41943703152	68.05%
1944	175675575439	36949446641	1138726128798	78.95%
1945	786283953177	100916778443	685367174734	87.16%
1946	7754790	2876988	4697802	62.02%
1947	43393895	14064383	29329512	67.58%
1948	655471087	220905474	434565613	66.3%

资料来源:1937—1945 年数据来自《中华民国货币史资料》第二辑,上海人民出版社 1991 年版,第 365 页。1946—1948 年数据转引自张公权《中国通货膨胀史(1937—1949)》。

说明:(1)1939 年起财政年度为历年制,即每年 1 月 1 日起至 12 月 31 日止,在此之前年度为每年 7 月 1 日起至次年 6 月 30 日止,故 1938 年度仅 7—12 月半年。(2)1945 年数据为 1—10 月,1948 年数据仅有上半年。

---

① 栗寄沧. 中国战时经济问题[M]. 桂林:中新印务股份有限公司出版社,1942:136.

② 实际收入是指除债务和银行垫款之外的税收、国营企业收入等收入。

根据上述统计数据可知,南京国民政府中后期财政收支严重不平衡。弥补财政赤字一般有三种办法:增加赋税、发行债券和增发货币。由于战争的破坏和帝国主义的经济掠夺,这一时期中国农业和工商业发展都濒临破产,实难增加租税。国民政府曾试图发行债券,但没能成功销售给公众,最后便只剩增发货币一途。货币增发导致通货膨胀,物价暴涨,人民更加贫困,赋税征收更加困难,财政与经济陷入恶性循环,最终经济与财政双双崩溃。

(四)税制结构被迫调整

由于东部沿海沿江经济较为发达地区的沦陷,关、盐、统税急剧下降,为增加税款收入,国民政府对税制结构作了较大调整。首先,改统税为货物税,并扩大征收范围。1937年7月,国民政府决定将"五项统税"与烟酒税合并为货物税,并扩展征收地区;同年10月,下令扩大货物转口税范围;其后又扩大卷烟、汽水、麦粉统税征收范围,并开征糖类、茶类、竹木皮毛瓷陶纸箔类统税。由于统税税目和征税对象不断增多,1941年和1944年国民政府先后颁布《货物统税暂行条例》和《货物统税条例》,规范货物统税的税率和征收办法。抗战胜利后,为在收复区内推行货物税,于1946年8月颁布《货物税条例》,对货物税的税目、税率作了统一规范的规定。货物税逐渐成为国民政府中后期最主要的税收来源。其次,开征系列新税,形成直接税体系。国民政府为节制私人资本、抑制投机倒把行为,于1938年10月明令公布了《非常时期过分利得税条例》征收过分利得税;1938年10月颁布了《遗产税暂行条例》,1939年12月30日颁布了《遗产税暂行条例》,决定于1940年7月在全国统一实行;1941年修订《营业税法》,将营业税收归中央;1947年5月公布《特种营业税法》,特种营业税划归中央。在战争的推动下,中国的直接税体系初步形成,直接税成为南京国民政府中后期税项收入的重要来源。除1946年营业税从中央下放给省外,货物税和直接税全为中央税。此外,还对田赋进行"三征"并收归中央,为了弥补地方财政收入,1941年第三次全国财政会议前后,财政部先后制定《房捐征收条例》(1942年)、《屠宰税征收通则》(1941年8月)、《营业牌照税征收通则》(1941年8月)、《筵席及娱乐税法》(1942年4月)、《使用牌照税收通则》(1942年2月),整顿规范县自治财政税收,健全地方税制。

二、南京国民政府中后期分税制思想基本情况

南京国民政府中后期，中国的政治、经济和社会环境更加复杂，作为同时与政治状况、经济发展与社会稳定息息相关的财政收支系统的调整与改进就显得尤为重要。越来越多的官员、学者关注研究财政问题，涌现出了大量以国家财政地方财政划分为主题的研究成果。这一时期的分税制思想文献大致亦可分为会议提案、研究专著及期刊论文三大类：

第一，会议提案及政府政策类。主要有：1939 年 9 月颁布的《县各级组织纲要》，明确规定县为地方自治单位，并确定了县税项收入；1941 年 4 月国民党五届八中全会通过的《改进财政收支系统统筹整理分配以应抗建需要而奠自治基础借使全国事业克臻平均发展案》，提出将省级财政并入中央财政，实行国家财政与自治财政两级财政体制。1941 年 6 月第三次全国财政会议上，时任财政部长孔祥熙交议的《遵照八中全会通过改订财政收支系统制度实施办法案》《各省收支划归中央统筹整理分配后改由国库统一处理案》《遵照第五届八中全会田赋暂归中央接管整理之决议制定接管步骤管理机构及各项整理实施办法案》《统一征收机关改进税务新政案》，行政院县政计划委员会交议的《整理县财政以利新县制推行案》、张知本交议的《整理地方税收以利抗战建国案》，吴觉民交议的《关于统一征收机构以增进税务行政效率节省征收经费并移出结余经费以平均税务人员待遇案》，上述提案均经审查并修正通过。主要意见是：(1)彻底调整财政收支系统，将省级财政并入国家财政系统(2)整理田赋，并将田赋收归中央(3)统一租税征收机关，地方税由中央征税机构代征。国民政府根据此次会议研讨结果，于 1941年 11 月颁布了《改订财政收支系统实施纲要》，对财政收支系统进行了调整。1946 年 6 月，第四次全国财政会议审核通过的由财政部交议的《为改订财政收支系统后国地共有各税征收划拨交代程序案》，1946 年 7 月 1 日，国民政府根据会议审议结果颁布修正的《财政收支系统法》；1947 年 3 月，财政部针对 1946 年《财政收支系统法》实施后出现的问题向行政院呈交的《实施改订财政收支系统法之检讨及其改进方案》；1948 年 3 月财政部拟具《国税省税县税划分法》及《财政收支系统法(修正草案)》。上述提案主要围绕国地收支的划分及国家税地方税的征课等实务问题展开。

　　第二，著作类。主要有：栗寄沧的《中国租税制度及其改革》(1941 年，桂林广西建设研究会出版)，该书共分 6 编，首编总论各国税制发展及中国税制的特点，第 2—5 编分述中国所得税、消费税、收益税、流通税的性质、内容、实施状况及改革方法与途径，第 6 编论述国家税、地方税的划分与调节；俞鸿钧的《现行税制与地方财政》(1941 年中央训练团印刷所出版)，该书系中央训练班党政训练班讲演录，从财政收支系统改进和新县制下的地方财政两方面论述了中央与地方财政收支系统的理论、税制与实务；王延超编著的《财政学概论》(1943 年重庆立信会计图书用品社出版)，该书分为绪论、支出、收入、公债、预算五编，在支出编中论述了中央与地方支出划分问题；国民党中央执行委员会和训练委员会联合编著的《中央训练团党政训练班工作讨论资料选录》(1943 年编者刊)，该书分财政和经济两类，财政类包括整理中央和地方财政、革新财务行政、整理税收等内容；朱偰的《中国战时税制》(1943 年重庆财政评论社出版)，该书着重论述了包括战时财政收支系统改革与租税划分等战时租税问题；马大英的《中国财政收支系统论》(1944 年重庆田地出版社出版)，该书首述财政收支系统的意义、沿革及中国地方财政制度，次述制定财政收支系统应遵循的原则及"收支系统"所含的内容，末数章专论中央与地方财政关系及为贯彻政策而应采取的方法、程序等问题；关吉玉的《中国税制》(1945 年重庆经济研究社出版)，该书分租税原理、过去之中国税制、现行中国税制、战后我国租税建制之商榷五编，着重论述战时各类税制沿革、实施及历年税收情况，其在第四编《战后我国租税建制之商榷》的第五章《收支系统之改进》一章表达了其关于国地税收划分问题的见解；邱东旭的《我国租税之研究与批判》(1945 年福建合作印刷厂印制)，该书共 18 章，前 8 章概论租税的性质、征税原则、政策与方法、租税的转嫁与归宿、税务行政及国地税收划分，后 10 章主要论述我国各种税制及税收实物问题；曹国卿的《中国财政问题与立法》(1947 年，上海正中书局出版)，该书侧重论述我国租税制度与立法的沿革和现状，后几章分述国家与地方财政的划分以及预算、公库、决算制度等问题；马寅初的《财政学与中国财政——理论与现实》(1948 年上海商务印书馆出版)，该书从理论和实践两个角度对近代中国财政和租税问题作了比较全面和透彻的分析，国家财政与地方财政划分是其书中重要议题；谭宪澄的《地方财政》(1939 年，长沙商务印书馆出版)，该书系作者授课教材，全书分概论、地方经费、地方收入、地方公债、地方预决算五章，并述及各国的地方财政制度；王启华、黄蜜、马大英等合著的《县财政建设》（1941 年重庆中央政治学校研究部出版），分绪论、岁出论、岁入论、收支适合论、财务行政论五章，论述县地方财政的理论、制度与实务；朱博能的《地方税论》（1941 年，上饶地方行政研究所出版），论述地方税的本质、意义、权限，英美法德诸国的地方税制，以及各种地方税捐的性质、沿革、征收方法等；杨绵仲的《中国之地方财政》，系作者在财务人员训练所的演讲稿。讲述国家与地方财政关系及划分沿革、战时地方财政实况及其改进等；朱博能的《地方财政学》（1942 年金华正中书局出版），系作者据其授课讲义整理增补编成，以县财政为研究对象，述及地方财政之基本概念，地方财政之支出、收入、税收、公债及预决算等；朱博能的《县财政问题》（1943 年，重庆正中书局出版），论述了县财政收支、机构、捐税、财务监督、预决算及公库等问题；秦庆均的《地方财政学（总论）》（1948 年，广州大学出版组出版），分总论和地方财务行政两编，着重论述了地方财政问题。

　　第三，期刊论文类。主要有：朱偰的《如何逐渐推行财政收支系统法》（《财政评论》1939 年第 1 期），他主张积极推行 1935 年财政收支系统法，在分析该法案实施困难的基础上提出了改进办法；高秉坊的《近年来我国税制之改革》（财政评论 1939 年第 2 期），该文详细分析了国民政府成立以来的国地收支划分法案，并对 1935 年财政收支系统法评价颇高，认为合理划分国地收支是完善税制的重要举措；尹文敬的《如何调整国地财政》（《财政评论》1939 年第 5 期）及《改良省制与调整地方财政》（《西北联大校刊》1939 年第 15 期），作者在这两篇文章中充分表达了其撤销省级财政、将省财政并入国家财政，同时充实县财政的主张；彭雨新的《论收支系统法之分税办法与地方财政》（《财政评论》1940 年第 3 期），该文以中央地方税收划分方式为焦点，分析了各种税收划分方式的利弊，继而剖析了 1935 年财政收支系统法中分税办法的优缺点，并就存在的问题提出了补救办法；贾士毅的《地方财政与收支系统法之实施问题》（《财政评论》1940 年第 3 期），该文以 1935 年财政收支系统法为研究对象，指出了其难以实行的原因并从税收划分、支出划分和补助金制度三方面提出了改进办法；周邶的《中央现行直接税与省县地方财政》（《政治假设》1940 年第 3 卷第 1 期），该文从 1935 年财政收支系统法入手，论述了省县财政关系、税收划分方式及补助费等问题；赵从显

的《国地财政之划分及新县制下地方财政之改进》(《西北角》1940 年第 3 卷第 2
期)，该文以发展地方自治和实现宪政为国家政治目标的立场出发，以民国历次
国地收支划分法案为线索，分析了中央地方财政关系及地方财政制度变迁，最后
提出了新县制背景下地方财政制度的改进措施；金天锡的《从国地税收的划分谈
到"财政收支系统法"》(《经济总动员》1940 年第 6 期)，该文以民国以来国地收
支划分法案内容为载体，分析了税收划分方式、税收划分标准及地方税收划分等
问题；罗敦伟的《改进省县财政的研究》(《闽政月刊》1940 年第 6 卷第 4 期)，该
文以省县财政为研究对象，主张将省县财政明确划分，缩减省级财政收支而适当
增加县级财政收入，并提出了树立县财政制度的具体办法；朱博能的《补助费制
与县财政》(《闽政月刊》1940 年第 1 期)，该文提出要增加对县地方财政补助，以
缓解县财政困难；王建祥的《地方财政制度之改造》(《财政评论》1940 年第 3 卷第
3 期)，该文从实现宪政这一目标出发，论述了战后国地财政划分的目标和原则，
在此基础上提出了国地税收划分具体方案；朱博能的《新县制下乡镇财政之建制
问题》(《福建青年》1940 年第 1 卷第 2 期)、《省县财政关系问题》(《东方杂志》
1941 年第 2 期)、《地方财政与国家财政》(《闵政月刊》1941 年第 6 期)，作者在
这几篇文章中分析了国家财政与地方财政的关系，指出了划分国地收支的重要
性，着重论述了地方财政制度的构建；钟銮恩的《论我国之国地财政划分》(《中
央银行经济汇报》1941 年第 1 期)，该文以论述国地财政划分的意义及集权制、
分权制利弊为切入点，梳理总结民国以来历次国地收支划分法案中国地收支划分
主要内容，抨击了 1928 年以来实行的国地财政划分制度中存在的问题，并分析
了 1935 年财政收支系统法的优缺点；秦柳方的《略论今后的地方财政》(《文化杂
志》1941 年第 1 卷第 3 期)一文对 1941 年将中央—省—县三级财政体制改为国家
财政与自治财政两大系统甚为赞同，但也提出由此导致的省收支分税收机关调整
及省营事业发展等问题；朱偰的《对于第三次全国财政会议之感想》(《财政评论》
1941 年第 1 期)及《论我国财政收支系统之改进》(《训练月刊》1941 年第 6 期》)，
前文高度评价了 1941 全国财政会议上对财政收支系统法的改进，并分析了集财
权于中央的好处。后文以国民党五届八中全会改进财政收支系统议案为切入点，
分析了国民政府财政收支系统的调整与进步，以美国、法国、英国为例分析了国
地收支划分集权制、分权制与均权制的利弊优劣，并分析中国采取集权财政制度

之必要，支持集财权于中央的改革方向；娄学熙的《英国之补助金制度》(《中国行政》1941 年第 3 期)，该文在总结英国补助金制度的演变与实施的基础上，提出了中国实施补助金制度需注意的几个问题；栗寄沧的《国地税收的划分与调节》(《广西银行月报》1941 年第 1 卷第 6 期)，该文在论述地方税重要性的基础上，提出了地方税的划分原则及调节地方收支不足的办法。随后又回顾了民初以来的国地收支划分历史，最后探讨了中国实行补助金制度相关问题；曹为祺的《我国国地财政划分制度之检讨》(《中农月刊》1942 年第 3 卷第 7 期)，该文以民国以来的国地收支划分法案为线索，在总结历次国地收支划分法案要点及分析其利弊过程中，探讨了国家财政与地方财政划分原则、国家税地方税划分方式及中央对地方财政补助等问题；逸名的《考察地方财政后几点意见》(《服务》1942 年第 6 卷第 3 期)，该文从发展地方自治事业需要出发，提出了划分中央与地方支出的必要性以及充实地方财政尤其是县财政收入的办法；俞鸿钧的《现行税制与地方财政》(《经济汇报》1942 年第 5 卷第 1 期)，该文在论述划分国地收支必要性与重要性的基础上，分析了财政集权制、分权制、均权制的利弊，总结了 1941 年新财政收支系统下中央财政与地方财政的主要内容，表达出明显的集财权于中央的思想；王建祥的《泛论地方财政制度演进之道》(《财政评论》1943 年第 10 卷第 2 期)，该文通过近代欧美各国及中国地方财政制度演进的对比分析，提出了限制省级财政以集财权于中央，以及充实县地方财政以发展地方自治进而实现宪政的主张；刘耀燊的《国地财政划分之研究》(《财政知识》1943 年第 1 期)，该文以中国和欧美诸国国地收支划分实例为研究对象，探讨了国家支出与地方支出划分原则、国家税地方税划分原则、税收划分方式以及补助金制度等问题；蔡次薛的《论我国国地财政的划分》(《财政知识》1943 年第 1 期)，该文在分析西方国家税收划分方式和梳理民国以来历次国地收支划分要点基础上，高度评价了 1941 年财政收支系统法，表现出较强的集权思想；周玉津的《论国地财政之划分》(《裕民》1944 年第 6 期)，该文在论述地方财政特质的基础上，从理论和中国实际两个方面探讨了国地经费划分、国地税收划分及补助制度等问题；陈润微的《从国地财政划分原则谈战后我国营业税》(《财政知识》1944 年第 2 期)，该文主要是探讨国地财政划分原则下营业税的归属问题，主张将营业税划为国家税；秦百川的《完成地方自治与建立地方财政》(《东方杂志》1945 年第 11 卷第 13 期)，该文从发展地方自治实施宪政的视角，系统研究了县地方财政问题；桂兢秋的《县地方财政复员问题》(《安徽政治》1945 年第 8 卷第 8 期)，该文以 1942 年改订财政收支系统中地方财政不足问题为引子，提出了健全地方财政制度的办法，包括重新调整国家税地方税划分以增加地方税收的建议；孙鼎的《地方财政中的税捐问题》(《苏财通讯》1946 年第 15 期)，该文以江苏省税收实况为例分析了国民政府省县税政问题，并提出了调整税目、重新划分省县税收及改革租税机构等措施；马大英的《论地方财政之改善》(《财政评论》1946 年第 15 卷第 4 期)，该文分析战后造成地方财政困难的缘由，并从划清各级地方政府支出、紧缩地方机构、重新分配地方税收等多个方面提出了改善地方财政状况和健全地方财政制度的建议；王绍兴的《收支系统改制后中央地方财政之展望》(《闽区直接税通讯》1946 年第 1 卷第 7 期)，该文分析了 1946 年财政收支法实施后中央与省财政得失，并提出了缓解办法；滕茂椿的《当前之地方财政问题》(《河北省银行经济半月刊》1946 年第 8 期)，该文分析了 1946 年财政收支系统法主要内容，并指出了由此导致的地方财政困难，最后提出了缓解地方财政困难的建议；周振文的《我国现行地方财政之研究》(《财政经济》1946 年第 9 期)，该文主要研究如何缓解地方财政困难，作者提出了包括调整税收划分以增加县收入、由中央统筹拨补税款、国地收支应严格划分等举措，主张将国地收支明为划分；东云的《地方财政》(《忠勇月刊》1947 年第 2 卷第 4 期)，从理论上论述了国地收支的划分原则；蒋光华的《从经济改革方案论地方财政的整理》(《四川财政》1947 年第 11 期)，该文批评了当时省县地方税收划分不当问题，认为税收划分不合理是导致省财政严重困难的病源，主张重定财政收支系统；黄治中的《论第四次全国财政会议与地方财政》(《政治评论》1947 年第 1 卷第 6 期)，该文主要分析了 1946 年财政收支系统法国地收支划分存在的问题，主张增强省级财权；沈松林的《论地方财政改革的重点》(《财政评论》1947 年 17 卷第 6 期)，该文从地方财政收支失衡的问题出发，在提出革新地方财政五项基本原则的基础上，提出了应当划为省及县的租税及其他充实地方财政收入的办法；叶广麟的《省县市地方财政改革计划纲要》(《财政评论》1947 年第 17 卷第 6 期)，该文以 1946 年财政收支系统法导致省县地方财政困难为出发点，提出了包括重新划分省县税收等建议在内的推进省县财政改制的办法；廖枢的《应如何解决地方财政问题》(《群情月刊》1947 年第 1 卷第 2 期)，该文以发展地方自治实行宪政为目标，分析了 1946 年财政收支系统法导致的地方困难，提出改订财政收支系统，充实地方财政收入；洪轨的《省地方财政之商榷》（《江西政治》1948 年第 1 卷第 1 期），该文主要分析了 1946 年财政收支系统法实施后省财政困难问题，提出适当增加省级税收；苏日荣的《行宪后国地税收划分问题》（《财政评论》1948 年第 4 期），该文在实行宪政的政治目标导向下，分析了国地税收划分的原则及税收划分方式。继而在历数清末以来国家税地方税划分利弊的基础上，提出了行宪后中国国家税地方税具体划分方案；陈松光的《宪法中的地方财政》（《安徽政治》1948 年第 10 卷第 5 期），该文同样以行宪为导向，提出以宪法为蓝本修正财政收支系统法；周伯棣的《我国之中央与地方财政》（《银行周报》1948 年第 32 卷第 25 期），该文主要梳理和总结了民国以来的历次国地收支划分法案的主要内容及其存在的问题，认为妥善划分国地收支是保证中央财政与地方财政健全发展的前提和基础；冯华德的《今后的国地财政关系》（《经济评论》1949 年第 5 卷第 3 期），该文中作者根据当时经济发展目标的需要提出了集财权于中央的观点，并深刻分析税收划分偏向于中央的缘由。

第二节　南京国民政府中后期分税制思想主要内容

一、中央与地方事权和支出责任划分思想

经过南京国民政府前期的研讨和欧美学理的影响，关注和研究中国国地收支划分的官员和学者们形成的一个基本共识是：划分中央与地方各级政府支出需先划分中央与地方各级政府职务，即政府的支出经费决定于政府的职务或事务。到南京国民政府中后期，学者们从财政与行政关系的视域出发对这一观点有了更深刻的理解。如王建祥分析省财权与行政权限问题时指出，财权划分的关键在于各级政府权限的确定，"整个行政制度的确定，不是由财源来限制权限，而是由权限需要决定财源，如此才不至于倒为因果"。[①] 马寅初亦提出："政治有中央政治与地方政治之分，财政有中央财政与地方财政之别，所以财政之划分，应就其职

---

① 王建祥 . 泛论地方财政制度演进之道［J］. 财政评论，1943，10（2）：37-46.

务范围之大小而定。中央政府之职务与地方自治之职务划分之后，因职务所需经费之来源，应如何划定，就可以容易解决了。"①周伯棣亦说："国家财政与地方财政的划分，发源于国地政务的划分，因政务划分而派生经费划分，此国家经费与地方经费之所由成立。又因经费划分，跟着而有收入划分，此即国家收入与地方收入划分之所由成立。"而国地收入里面最重要的是租税收入，所以国家收入与地方收入的划分又以国地税收划分最为重要。② 在民国时期，学者们几乎是把政府职务或事务的划分等同于政府支出的划分，因为各级政府执行其应有职务或举办其应举办事务的经费即为其支出。如马大英指出，"地方支出应根据地方事业之范围决定之，非其分内之事不得列入预算，是其分内之事，则应妥立计划，拟具进度，照案执行"③。

既然政府间职务划分决定着政府间支出的划分，就需要将政府职务在各级政府之间划分清楚。从财政方面看，政府职务划分本质上就是各级政府所应承担的公共事务或者说是其应当向社会和居民提供的公共产品。影响政府支出的政府职务如何划分？南京国民政府前期，基本采纳的是英国知名财政学者巴斯泰布尔(Bastable)在 19 世纪末首次出版的《财政学》(民国时期中国学者看到的多是 1903 年出版的第三版)中提出的三项原则：第一，利益原则。公共职务关于全体人民利益者归国家，公共职务之属于地方利益者宜归地方团体；第二，技术原则。即公共职务需要高深技术及能力者应由国家负责，公共职务需要严密监督者应归地方团体；第三，行动原则。凡行动需要统一的宜归中央，凡行动需因地制宜及分别处理的宜归地方。到 20 世纪 40 年代，一些学者认为巴斯泰布尔所提出的划分国家与地方经费的原则从理论上是合理的，但于实践中难以做到。如周玉津指出，巴斯泰布尔所提出的三项划分原则，其第一点中的一般利益与地方利益有时甚难区分，第二点与地方自治精神相违背。④ 东云指出，"事实上各国地方政府的职务因时因地互有异同，多有参差。在甲国列为国家支出，乙国或以之列为地方支出；即在一个国家，往昔列为地方支出，现在只许列为国家支出，这完全以

① 马寅初. 财政学与中国财政(上册)[M]. 北京：商务印书馆，2001：176.
② 周伯棣. 我国之中央与地方财政[J]. 银行周报，1948，32(25)：6-9.
③ 马大英. 论地方财政之改善[J]. 财政评论，1946，15(4)：3-14.
④ 周玉津. 论国地财政之划分[J]. 裕民，1944(6)：85-100.

实际情形和政治制度来决定"①。

鉴于西方理论与中国现实扞格难入，众多学者纷纷回归到孙中山在《建国大纲》和《中华民国建设之基础》中所提出的中央与地方权限划分的均权原则，提出中国国地财政支出的划分遵循一个中心原则，"即凡事务有全国一致之性质者，其支出属之于中央；有因地制宜之性质者，则其支出属之于县"。周玉津认为此中心原则是对巴斯泰布尔三项原则的扬弃，不仅把握了地方财政与国家财政有机联系的核心，而且剔除了违背自治精神的观念。但逸名认为，这只是一个空洞的原则，政府职务会因主观意识和客观环境的不同而难以明确划分。② 因为"如何始认为有一致之性质，如何始认为有因地制宜之性质，则因时因地不同，并非万世不易"。③ 而这又是在实际划分中必须要解决的关键问题。曹为祺亦指出事务一般性质和地方性质的区分实属不容易，而且某种事物同时含有中央及地方性质者，则更不容易划归。所以，他从实务角度对政府事务进行了更具体的划分。他认为保卫国家民族独立与安全之责，应属诸权力最高之机关，所以国防外交等职务，应由中央政府任之，而海陆空军等国防经费及外交支出应列为中央特定经费。出于司法独立精神考虑，中央及地方各级政府的司法经费均应由中央政府承担；国债由中央主借，所以国债本息偿还由中央支出，而地方债务由地方政府举借，故地方债务本息偿还由地方政府支出。其他立法、行政、财务、教育、文化、经济建设、卫生治疗、保育救济等中央及各级政府均有的事物，凡利益普及全国性质者，如中央立法费、中央行政费、国税征收费、国立大学及研究机关支出等应列为中央经费；而利益及一区域或其性质有区域性质者，如地方立法费、地方行政费、地方税征收费、省立学校及其他地方教育经费应由地方政府支出。④ 刘耀燊在上述中心原则上，结合巴斯泰布尔的理论提出了补充原则，"事之性质，虽属于下级政府，而规模宏大，需要高深技术与庞大财力，非下级政府所能胜任者，不妨由上级政府负责。事之性质虽属中央，而其施行时需就地严密

①　东云. 地方财政［J］. 忠勇月刊，1947，2（4）：16-20.

②　逸名. 考察地方财政后几点意见［J］. 服务，1942，6（3）：63-70.

③　刘耀燊. 国地财政划分之研究［J］. 财政知识，1943（1）：19-27.

④　曹为祺. 我国国地财政划分制度之检讨［J］. 中农月刊，1942，3（7）：6-26.

监督者，亦不妨划归下级政府"。①

南京国民政府历次颁布的《财政收支系统法》中对国家、省、县支出的划分都是采取列举办法，将中央与地方各级政府事项逐项列举。但学者们认为，这种列举只是就有关事项进行项目的规定，而对事务范围并没有清晰的解释，要求将中央与地方各级政府的支出明白划分清楚。另外，南京国民政府时期还广泛存在上级政府将其应办之事委交给下级政府而又不划拨相应经费的情况，导致下级政府不能依据原有预算及施政计划举办地方事业，最终地方财政秩序紊乱而无法步入正轨。针对这些问题，马大英提出，要"明白划分中央与地方间及省市县乡镇相互之间权责，而详细确切定明其分际，何者属于省、何者属于县、何者属于乡镇，各有藩篱而互相连紧彼此之间不得越界侵权，非其所司不得为之，非其所司，亦不得强令为之，尤其上级政府不得任意令下级政府作其所指定之事"。若确有委托下级政府承办比较便利时，应赋予足用的经费。在国地收支具体如何划分上，马大英提出，考试、监察、司法、国防、外交、侨务等事务应完全属于中央，地方不应有此类支出；其他中央与地方皆有的事项则需根据事务性质和社会环境费心斟酌。如交通事业，铁道属于中央，但省可在中央固定计划内修筑省营铁道；全国重要干线公路属于国家，省有省道，县有县道；航空航海及内河航行权应属国家。教育文化事业，高等教育及研究机构应由中央为之；中等教育属于省，其财力充沛者亦可设立大学；初中及职业学校、小学校由县为之。②马大英虽然提出要将各级政府的事务详为划分，但也只能列一个大概。

二、采行集权式分税制度模式思想

南京国民政府前期，以李权时为代表的学者们对分税制的三种制度模式——集权制、分权制和折中制（均权制）进行了讨论。制度模式并非出自西方财政学理，而是中国学者对西方中央地方税收划分制度经验的一种总结，并基本形成了共识：美国是典型的分权制，法国和日本是典型的集权制，英国是典型的折中制，中国自民国二年到民国十二年再到民国十七年的国地收支划分法案经历了过度集权到过度分权再到均权的历程，相当一部分财政问题专家将孙中山先生提出的均权制等同于英国的折中制。并认为，折中制或均权制是一种最好的税收划分模式，因为它既可以规避集权制下地方税收不足而影响地方自治发展的问题，又可以解决分权制下地方割据和行政效率低下的问题，可以较好地调剂集权与分权、自治与效率。

但到 20 世纪 40 年代，越来越多的人，如李锐、朱偰、栗寄沧、钟銎恩、俞鸿钧、孔祥熙、蔡次薛、曹为祺、冯华德、王建祥等强调加强中央财政集权，主张采行集权制的税收划分模式。其核心思想是：将原属地方的一些重要税收，如田赋、营业税等收归中央，地方财政收入不足时由中央通过补助金补助。另外，将地方税收的征收权收归中央，由中央在各县设国税机关征收国税时代征地方税，然后按照税收划分规定划拨给地方。他们提出此主张的原因可总结为以下四点：第一，应对国际社会发展趋势的要求。20 世纪 40 年代，随着社会经济的发展和国际战争局势日益紧张，无论是以美国为代表的联邦制国家抑或是英国这样的具有自治传统的国家都不同程度地扩大了中央税权。曹为祺、钟銎恩等从税收和支出两方面分析了这种趋势。从税收来看，近代各国之租税性质随着经济发展日益复杂，往日所得之来源限于一州或一省的，往往超过了一州或一省的界限而遍布全国，今则往往超出省市县界而普遍分于全国。复因交通发达与便利，国民私人财产亦多分布于全国各地，税基日趋扩大。为管理便利起见，若干种租税，往日由地方征收者，今有渐趋由联邦或中央政府征收的趋势。从财政支出来看，失业救济、劳工保险、抚恤济贫等诸端事务，亦随经济复杂变迁，有由地方之性质转而为中央性质之动向，是若干种支出，亦渐由中央统筹支配。此外，各国财政，因债务及国防支出浩大，旧有财源难以负担，中央政府的收支不易平衡，于是中央税权渐谋扩大，侵入地方税权范围内。钟銎恩认为，为了适应上述世界潮流之趋势，及使中央政府有充分的权力应付国内外之局计，战后我国国地财政之改造，应集中财权于中央。① 第二，完成自治，实现宪政的需要。孙中山对地方自治的高度重视和对国家建设阶段的三分法（即军政、训政和宪政），在南京国民政府时期被奉为圭臬。训政是宪政的准备阶段，一切宪政开始的制度都要在训政

---

① 钟銎恩. 论我国之国地财政划分[J]. 中央银行经济汇报, 1941(1): 11-27.

时期努力建树。而宪政的基础是地方自治，所以训政时期的中心工作就是完成地方自治。王建祥认为完成县自治以奠定民治基础，需要中央竭力督促和自上而下的领导。尤其是经历过非常破坏后的中国要谋非常的建设，必须有非常的措施才能继往开来。其关键的一环就是要统一的集中的力量，积极推进地方自治的实施。既要中央领导辅助一切建国工作，就少不得中央统筹计划，我们认为在这过渡的阶段中，需要绝对的集权政治，应付这个非常时代的要求，也一定要产生集权的财政制度，然后才能彻底踏入宪政时期。"所以，宪政开始前一定是要由国家统一，走到中央集权，好来实现宪政。"①第三，战后经济恢复和国家建设的需要。持久的战争使得中国大部分地区遭到严重破坏，战后重建是一项紧急而又繁重的任务，"决不是支离分散的措施与茫迷目标的努力所能济事者，只有中央统筹做有计划的措施和斟酌各地情况，调整互剂，才能巩固国家的基础，走上建设发展的途径。"②冯华德认为战后中国发展的经济总目标是加速生产力的发展和改善国民所得的分配，而配合这种经济目标的政治制度是必须是集权类型的。惟有在治权集中的制度里，才能发挥全面"计划经济"或控制局部"经济计划"的效能。而国地财政收支的划分又受政府治权的"集中"和"分散"两种形式的支配，治权集中的，财权就集中在中央政府，治权分散的，财权就分散于各级地方政府。为了使中国尽快从战争中恢复过来，必须采取财政中央集权的措施。③ 第四，促进地方均衡发展的需要。中国疆域辽阔，各地资源禀赋存在较大差异，一些富庶地区自然能够获得充足的地方税源以谋地方自治的发展，而很多贫瘠地区的地方税源甚至连维持其基本行政费用都很困难。若实行财政集权制，"租税由中央统一支配，可以酌盈剂虚，而收全国事业平均发展之效"。④ 第五，可以公平税负和简化税制。采用独立税源划分方式将税收在中央与地方各级政府之间划分后，地方政府各自征收其独立税源，由于各地经济、文化、交通、人口等各种因素的差异，很容易出现各地居民税负不公平的现象。若实行财政集权制，将主要税收集中于中央，由全国统一征收，可使人民负担平均，不致有畸轻畸重之弊。而且，

---

①　王建祥. 泛论地方财政制度演进之道[J]. 财政评论，1943，10(2)：37-46.

②　王建祥. 泛论地方财政制度演进之道[J]. 财政评论，1943，10(2)：37-46.

③　冯华德. 今后的国地财政关系[J]. 经济评论，1949，5(3)：10.

④　朱偰. 对于第三次全国财政会议之感想[J]. 财政评论，1941(1)：31-35.

重要税收完全集中于中央政府之手，而地方税范围因之缩小，可使租税制度简化和合理化，避免苛杂病民的现象。①

三、税收划分方式思想

南京国民政府中后期，税收在中央与地方及地方各级政府之间的划分方式引起了学者广泛讨论。学者们对这一问题的讨论源于1935年《财政收支系统法》中关于中央、省、县各级政府之间税收划分的复杂规定：首先，中央、省、县各有独立税源。如中央有关税、盐税、统税、所得税等，省有营业税，县有田赋、契税、营业牌照税等；其次，又将各级政府的部分税收按一定比例下拨或上解给其他层级政府，如中央将所得税的10%～20%下拨给省、20%～30%下拨给县，省将营业税的30%下拨给县、直辖市将营业税的30%上解中央，县将土地税的10%提拨给中央、15%～45%上解给省，往来拨解甚为复杂；最后，还规定在某一级政府出现收不抵支问题时可由上级政府补助或由下级政府协助。对于这种兼采税源划分、税收分配和上下补助等多种划分方式的税收分配系统，有的学者认为意美法良，有的学者则认为流弊甚多，意见分歧不一。时人关于税收在中央与地方各级政府之间划分方式的研究主要围绕以下三个方面展开：

（一）税收划分方式的种类

金天锡引用美国著名财政学家塞利格曼的提法，认为税收划分方式有五种：中央政府于地方政府征收的租税上征收附加税、地方政府于中央政府征收的租税上征收附加税、税源划分方式、税收分配方式及补助方式。② 其实金天锡所说的第一、二种都可归纳为附加税制。所以大多数学者，如彭雨新（1940）、周邠（1940）、赵从显（1940）等，认为中央与地方及地方各级政府间税收的划分方式有四种：一是独立税源制或称划分税源制。即上级政府与下级政府各有一定税源，彼此不相依赖，不相混杂。二是分配税额制，又称分配收

---

① 蔡次薛．论我国国地财政的划分[J]．财政知识，1943（1）：32-34．俞鸿钧．现行税制与地方财政[J]．经济汇报，1942，5（1）：183-192．

② 金天锡．从国地税收的划分谈到"财政收支系统法"[J]．经济总动员，1940（6）：31-35．

入制。或由上级政府以其税款之一部，依一定之比率，计算分与下级政府。或由下级政府以其税款之一部，依一定之比率，计算分与上级政府。一般是为上级机关征收税款，以一定的分配比例分给地方机关作为收入。三是补助制。或由上级政府以其收入之一部补助下级政府，或由下级政府以其收入之一部协助上级政府。前者称为补助金，后者称为协助金，一般以前者为多。四是附加税制。由上级政府就地方税附加一部分，或由下级政府附加于上级政府税收以为收入，一般是后者。①

（二）不同税收划分方式的利弊

对于上述四种税收划分方式，学者们一致认为，附加税制流弊最多。金天锡指出征收附加税的方式有重复征课之嫌，不仅"使国民负担失去公允，而且使租税系统为之破坏"，而划分税源的办法可以避免重复征课之弊，是几种税收划分方式中最好的。② 但钟銮恩认为，税源划分方式"固可使各级财政各自独立，易收整顿清厘之利，但不能收内外相维，盈虚相济之效。"而且，在中国各省经济环境各殊的情形下，税源划分殊属不易。③ 曹为祺认为，税收分配制既可收统筹支配、调剂盈虚之功，复可适应税源、集中税权、提高行政效率、减少财务费用，可有效弥补税源划分制之不足。④ 彭雨新则重点分析了税收分配和补助两种方式的利弊，他认为税收分配式和补助式都具有集中税收机关亦减少征收费、易于监督地方财政、调剂地方财政、集中中央税权和适于扩大税基的优点。但两相比较，税收分配式不如补助制：第一，收入分配式中，上级对下级的税款分配具有义务性，且分配比例和分配期限具有固定性，一旦上级政府出现财政困难无法按时或足额向下级政府分配税款，易使上级机关失去监督下级机关之威严。而补助的方式中，补助数额可根据实际情况伸缩，补助期限亦可灵活调整，下级政府只能根据财政困难之理由请求上级补助而不能责备其补助的多寡；第二，收入分配

---

① 周邠. 中央现行直接税与省县地方财政[J]. 政治假设，1940，3（1）：3-5.

② 金天锡. 从国地税收的划分谈到"财政收支系统法"[J]. 经济总动员，1940（6）：31-35.

③ 钟銮恩. 论我国之国地财政划分[J]. 中央银行经济汇报，1941（1）：11-27.

④ 曹为祺. 我国国地财政划分制度之检讨[J]. 中农月刊，1942，3（7）：6-26.

制对财政的调剂作用不如补助制。当某一地方因特殊原因遭遇困难时，中央可通过补助制在短期内拨付巨额款项以资其渡过困难，而收入分配制因其分配率的固定性而不能轻易增减；第三，收入分配促进地方自治事业发展的作用不如补助制。补助制下可要求领受补助金的地方提供相应配套资金，地方自治事业将因经费增加获得迅速发展，但地方通过收入分配制获得税款通常是自行决定其使用，对矫正地方畸形发展作用有限；第四，收入分配制提高下级机关行政效率的作用不如补助制。补助制下，上级机关可规定补助资金的用途并根据下级机关资金使用效率决定补助多少及是否补助，这样的监督和激励有助于下级机关提高行政效率。但收入分配制下，上级机关不能随时因下级行政效率之大小而伸缩分配税额。此外，收入分配制易因分配比例的确定而招致种种麻烦。总的来说，中央与地方各级政府税收划分的收入分配制不如补助制。①

（三）税收划分方式的选择

附加税制几乎遭到学者们的一致诘难，是以，政府在税收划分法案中亦逐渐摒弃这种分税方式。虽然几种分税方式中，税源划分式较之更优，但单一的税源划分方式难以实现中央及地方各级政府间税收的均衡分配。如彭雨新认为，"各省税收丰啬不同，想选几种税源，来满足省地方经费需要是非常困难。"需要采用补助制以补充税源划分制之不足。② 曹为祺提出税源划分虽不能收内外相维、盈虚互济之效，但各地方政府若无独立税源，反不易自谋收支之调适。而税收分配制恰能较好地弥补税源划分制的不足，所以最完备的税收划分办法是将税源划分制与税收分配制并用。③ 鉴于地区间贫瘠与富裕的差异，金天锡亦提出："为补助贫瘠地方的发展，以及增强中央对于地方的统制计，中央分给地方税款的办法与中央补助地方的方法，都是可以采用的。"④但朱偰认为，既与地方以广大独立税源，又由中央拨款补助地方，在制度上既属矛盾，在方法上亦不统一，虽有

① 彭雨新. 论收支系统法之分税办法与地方财政[J]. 财政评论，1940(3)：15-37.
② 彭雨新. 论收支系统法之分税办法与地方财政[J]. 财政评论，1940(3)：15-37.
③ 曹为祺. 我国国地财政划分制度之检讨[J]. 中农月刊，1942，3(7)：6-26.
④ 金天锡. 从国地税收的划分谈到"财政收支系统法"[J]. 经济总动员，1940(6)：31-35.

"均权"之理想，恐终不易实现。反对同时采用税源划分和补助费划分中央与地方各级政府税收。他说："环考各国中央地方税源划分办法：或各与中央及地方以独立税源划分清楚，各不相干，（如美国宪法）；或采用英法单一国家办法，各地方'凡属国家性质之支出，应直接使一般人民负担者'，当由中央直接税收中，拨款补助地方。一方面既可削减地方负担之不均，他方面地方政府又可不必再办直接税而与中央重复。如此，地方租税范围既可缩小，而中央补助地方通盘筹划，又可削减各地人民负担。"基于此，他主张中国要么借鉴美国办法，中央与地方以独立税源划分清楚，各不相干；要么采用法国办法，集权中央而缩小地方税范围，由中央通盘筹划，补助地方。① 朱偰更倾向于英国和法国的补助费制，因为他认为补助费制可以实现中央通盘筹划，缩小地方税源、消除居民负担不公、实现地区均衡发展等多种功用。朱偰的想法过于理想，每一个国家财政体制与其政治制度及历史传统都是息息相关的。中国与英、法、美的政治制度、现实环境及历史演进路径完全不同，在英美实行良好的制度在中国不一定行得通。

　　从南京国民政府颁布的历次国地税收划分法案来看，基本上都是采取税源划分为主，税收分配为辅的方式。并规定，各上级政府为求各区域间教育、经济、卫生、救济等各项事业的平衡发展，得对下级政府给予补助金。这种多种分配方式的综合运用在 1935 年及以后的《财政收支系统法》中体现得尤为明显。很多学者认为，多种税收划分方式的综合运用可以保证中央对整个财政税收的控制权，又能够充实地方税收；既有利于中央统筹安排，又有利于地方自治发展。但周玉津认为，多种税收方式综合运用虽可集三制之大成，唯各种制度均有精神之所在，强为配合，难免零碎割裂，缺乏完整精神。而且分给各县的税收，是平均分配还是以人口或地域面积、经济条件、各地税收额度为基础，在当时统计欠精确的条件下，难以得到合理的分配方案。② 无论从国土面积还是人口规模来说，中国都可算得上是一个大国。各省县在人口、经济、交通、自然资源、社会环境等诸多方面都存在较大差异。在发展地方自治以完成宪政的政治理想下，划分国家税地方税使得地方有适当的独立税源发展地方事业，这是必然要求。但是由于各

---

① 朱偰. 如何逐渐推行财政收支系统法[J]. 财政评论，1939，1(3)：33-46.

② 周玉津. 论国地财政之划分[J]. 裕民，1944(6)：85-100.

地经济发展水平悬殊以致各地税收丰啬程度不一，若任由各地仅依靠依法划定的独立税源开展地方建设，必然会导致社会发展极度不平衡。所以，需要在税源划分方式下兼用其他税收划分方式。至于究竟选择何种或哪几种辅助方式，需根据一定时期社会发展程度、经济发展水平、税收结构、税收丰度及税收技术等多种因素综合考虑。

四、税收划分标准思想

南京国民政府前期，政学两界对中央与地方税收划分标准进行了充分研究和讨论，根据西方财政学理提出了多种不同的税收划分标准。到了 20 世纪 40 年代，有的税收划分标准有学者依旧在坚持，如伸缩性与固定性原则。金天锡认为国家税需有弹性，以便遇有特别事故如战争时，可以立即提高效率。而各类租税中最有弹性的当属所得税，所得税也成为英国和美国在战争期间重要收入来源，据此他极力赞同将所得税划为国家税。同时他提出，地方政府的税源，以固定确实为佳，土地税是最合乎这个条件，故而主张将土地税(田赋)划为地方税。[1] 而曾受到众多学者的推崇能力原则和利益原则受到了质疑。一些学者认为利益原则和能力原则已经不足以作为划分国家税地方税的标准了，主要原因有二：一是利益有国家利益与地方利益之分，利益原则不能直接运用;[2] 二是随着社会和经济的发展，地方政府职务不断扩张。故而，有学者提出地方政府征课某种地方税，为求其明显易行计，援用利益原则自无不可。但并不能因此认为一切地方税都应该以利益为原则课征，事实上，近代先进各国的地方政府大都兼采按能力征课的原则，不过进展缓慢，不像在中央财政上那样明显罢了。所以，地方税的征课应当兼用利益原则和能力原则。[3] 也就是说，能力原则和利益原则已经无法作为国家税和地方税的划分标准了。

20 世纪 40 年代，对于国家税地方税的划分标准，时人基本上采纳 E. R. A. Seligman 提出的效率、适合、相当原则，和印籍知名财政学家 G. F. Shirras 提出的

---

[1]　金天锡. 从国地税收的划分谈到"财政收支系统法"[J]. 经济总动员，1940(6)：31-35.

[2]　周玉津. 论国地财政之划分[J]. 裕民，1944(6)：85-100.

[3]　栗寄沧. 国地税收的划分与调节[J]. 广西银行月报，1941，1(6)：7-16.

充足、适合、管理、有效原则。效率原则乃是指，税源划分在考虑租税本身性质的基础上，以各级政府易于管理且效率最大为标准。据此刘耀燊指出，"土地税应归地方，因地方税吏熟悉当地情形，各种地价手续都易办理。若所得税，则因所得的地址不易确定，所得管理亦不易，故不宜由地方管理而应为国家收入"①。适合原则实际就是税基问题，"即就税基之广狭，以决定孰为适合。凡税基之较广者宜归中央，税基较狭者宜归地方"②。根据这一原则，陈润微认为：如所得税、消费税、营业税等均属税基广者，应由国家负责；土地税、房捐等税基较狭，应划归地方税。③相当原则实系弹性原则，弹性大的租税应归中央，弹性小的租税应归地方。据此，周玉津认为所得税本亦可作为地方税，但因其弹性甚大，缺漏又多，如在地方税下，实不容易彻底管理，所以划为国家税。④ 对于薛贲时提出的划分原则，周玉津和刘耀燊认为，其大意为税收应足供各级政府之经常用途、税源按照各级政府职务而划分、税收划分以各级政府易于管理且效率最大，这与塞利格曼所说的三项原则所表达的含义基本一致。⑤ 效率、适合、相当原则是一个综合性的划分国家税与地方税的标准，是对此前税收划分标准和实际划分依据的理论性总结。

曹为祺指出，中央与地方财权的划分应与指导一国政治建设的原理相适应。其配合与决定在理论上应依照"行政权之谁属而可发生较大效力"之原则。但实际上，仍依循历史环境及形成政府机构发展诸动力决定之。所以，各国国地收支的划分并非先确立一定原则，然后依原则执行分配，多是根据历史上发展的结果，逐渐形成现时之状态。综观各国国地收支划分发展轨迹，实有共同的发展趋势，从这些共同趋势中，可以发现国地收支划分的一些原则。从收入方面来看，税收划分当根据税基广狭原则，即税基仓廪之租税宜由税权较大之财政经济体利用之，裨易于监督，管理严密，而行政效率可期迅速也。反之，税基较小，征收时需待地方政府严密监督者，宜由税权较小之财政经济体征收之。据此，他认为关

① 刘耀燊. 国地财政划分之研究[J]. 财政知识，1943(1)：19-27.
② 苏日荣. 行宪后国地税收划分问题[J]. 财政评论，1948(4)：27-32.
③ 陈润微. 从国地财政划分原则谈战后我国营业税[J]. 财政知识，1944(2)：9-16.
④ 周玉津. 论国地财政之划分[J]. 裕民，1944(6)：85-100.
⑤ 刘耀燊. 国地财政划分之研究[J]. 财政知识，1943(1)：19-27.

税、盐税、烟酒税等消费税应划归中央税，所得税由于纳税人所得往往超越地方界限而具有全国性质或国际性质也应划归中央税，遗产税若由地方征课易发生重课或轻课等税负不平情况，故宜划为中央税，财产税因税基小应归地方税。关税、盐税、统税、烟酒税、印花税、遗产税、所得税与公司及商号注册税划归国家，田赋、契税、营业税划归地方基本与学理相符。船捐、房捐、屠宰税及其他杂税杂捐或向为地方之财源，或归诸地方易于整理改良，故牙税、当税、营业税及普通商业注册税划归地方，亦能考虑到事实之需要。①

关吉玉在《中国税制》一书中提出，战时财政系统下，各种主要税收和数额巨大税收多归中央，不利于地方自治发展。所以他主张抗战结束后应变更现行制度，按照"国家及地方的需要与租税的性质"标准来划分国家税与地方税。所谓依需要是指完成地方自治的需要，因为战后民主政治的前途寄托于地方自治的完成，而地方自治的实现又赖于健全的地方财政。因此充裕地方税源，巩固自治基础是国地税收划分之标的。所谓依租税性质主要是指税源分布集中与否。"若税源分布集中，不能普遍于各地，应属于中央；其分布普遍平均应属于地方。"根据这样的划分标准，他提出营业税和土地税（整理完毕之前归中央，整理完毕后划归地方）、契税应划为地方税，中央划拨地方的税收应当具有伸缩性且贫瘠县应多予划拨。②

曹为祺和关吉玉并不热衷于理论上的划分标准，在遵循一定的理论原则的同时，也注重历史沿袭和现实环境。其实，在 1946 年第四次全国财政会议重新改订《财政收支系统法》后，越来越多的学者认识到一国的历史习惯和客观环境对国家税地方税划分的重要性。如陈松光提出，税收划分应根据历史习惯，地方征收较为便利而收效又较中央稽征为大者，应由地方征收。③ 更多学者针对 1946 年《财政收支系统法》施行后，省县地方政府出现的严重财政困境，纷纷提出修订该法案，对中央与地方各级政府之间的税收重新划定。如孙鼎提出，"省县财政，为达到自给自足的境界，首先必须重行分配税捐"。④ 桂崧秋认为 1946 年的《财

①　曹为祺. 我国国地财政划分制度之检讨[J]. 中农月刊，1942，3(7)：6-26.

②　关吉玉. 中国税制[M]. 重庆：经济研究社丛书，1945：329-330.

③　陈松光. 宪法中的地方财政[J]. 安徽政治，1948，10(5)：16-17.

④　孙鼎. 地方财政中的税捐问题[J]. 苏财通讯，1946(15)：12-19.

政收支系统法》对国地税收的划分有失均衡，地方税源太少，不足以支应需费浩大的自治事业的支出，宜将国地收入系统重行划分。[①] 持此主张的学者还有很多，而他们的核心思想是增加地方税收，尤其是增加省级政府税收，使地方财力能适应地方事业发展要求以涵养地方税源并禁绝病民困商的摊派之风。重新划分税收的焦点在田赋、土地税、契税、营业税等南京国民政府前期划为地方的税项上。至于如何重行划分，大家有不同的意见：如沈松林提出营业税全部归省，并将原属县的营业牌照税和使用牌照税归省有;[②] 孙鼎提出营业税、营业牌照税、土药土酒税全部归省，土地税(包括田赋、土地税、地价税、土地增值税等)、改良物税、屠宰税、筵席娱乐税及使用牌照税全部归县;[③] 廖枢提出地方不足仍由中央补助，不如将田赋、土地税、营业税全部划归地方。这样不仅简单，而且有裨益于民生主义的经济政策的实现，切实实行有百利而无一害。[④] 叶广麟提出将货物税、营业税、带征公粮全部归省，田赋、契税及原划为县税的屠宰税等五项税捐全部归县。还提出将原属中央的遗产税划归地方，但在地方之间如何划分并没有给出具体办法。[⑤]将光华提出将中央占有的土地税的 20% 归还给省，营业税全部归省;[⑥] 洪轨提出将田赋 50%、营业税全部以及中央货物税内的货物出厂税和取缔税的全部均划归省，中央遗产税的全部划归省并由省以 50% 划拨给县;[⑦] 马大英认为地方财力薄弱始于若干地方税之收归中央，所以收支系统重新划定首先是将原属地方的税收返还给地方。其次，地方税需在省县之间合理划分，田赋以三成归省，其余归县；营业税全部归省；契税归省并由省分四成给县；屠宰税、房捐为县税；营业牌照税、使用牌照税及筵席娱乐税由于税收额度较大，可由县分一部分给省和中央。[⑧] 尽管大家在具体省县税收划分上的具体意见并不完全一致，但都体现出了充实地方财政收入和增强省级税收的思想。

---

① 桂兢秋. 县地方财政复原问题[J]. 安徽政治，1945，8(8)：22-24.

② 沈松林. 论地方财政改革的重点[J]. 财政评论，1947，17(6)：19-26.

③ 孙鼎. 地方财政中的税捐问题[J]. 苏财通讯，1946(15)：12-19.

④ 廖枢. 应如何解决地方财政问题[J]. 群情月刊，1947，1(2)：10-15.

⑤ 叶广麟. 省县市地方财政改革计划纲要[J]. 财政评论，1947，17(6)：27-33.

⑥ 蒋光华. 从经济改革方案论地方财政的整理[J]. 四川财政，1947(11)：1-5.

⑦ 洪轨. 省地方财政之商榷[J]. 江西政治，1948，1(1)：14-16.

⑧ 马大英. 论地方财政之改善[J]. 财政评论，1946，15(4)：3-14.

国地税收的划分并没有绝对的标准，在大致遵循学理的基础上，也要充分考虑一国的历史和现实政治经济环境，不仅求于各国的事实中，还受到各国自身历史蜕变情形的影响。因此，英、法、美等资本主义国家虽然在 19 世纪先后实行划分国地财政的财政体制，但其财政体制又呈现出各不相同的特征。

五、地方财政分级思想

1935 年《财政收支系统法》明确规定地方收支划分省、县两级，以解决省县财政不分所导致的县财用窘困和苛捐杂税丛生的问题。但由于此法案中关于税收的分配过于复杂且大大缩小省的税源，未能立即推行。后又因全面抗日战争爆发，国内局势的激烈变动而搁浅。也就是说，省以下地方收支始终未能清楚划分，县财政作为省财政附庸的地位并没有改变。南京国民政府中后期，一些学者再次提出要进一步划分地方财政，将省与其下级地方政府之间收支划分清楚。关于地方财政究竟分为几级，主要有三种观点：

第一，地方财政分为省县两级，这是南京国民政府中后期关于地方财政分级的主流观点。这一主流观点的形成与 1935 年《财政收支系统法》分不开。高秉坊、朱偰、贾士毅、金天熙、赵从显、周邠等众多财政官员和学者对 1935 年《财政收支系统法》评价颇高。如周邠称 1935 年《财政收支系统法》树立了我国中央财政与地方财政改造之基，实为划分国地收支的准绳。① 金天熙认为此次收支系统法弥补了 1928 年国地收支划分法案的缺点，使国地收支划分更加细致与完备。② 1935 年《财政收支系统法》之所以有如此高的评价，主要原因有二：一是因为该法将省县收支明确划分，县始有独立税源，摆脱了过去附庸之地位；③ 二是该法案限制了省的财权，充实了县财政收入，有利于县自治事业的发展。④此外，南京国民政府于 1939 年公布了《县各级组织纲要》，该《纲要》进一步重申县为自治

① 周邠．中央现行直接税与省县地方财政[J]．政治假设，1940，3(1)：3-5.

② 金天锡．从国地税收的划分谈到"财政收支系统法"[J]．经济总动员，1940(6)：31-35.

③ 赵从显．国地财政之划分及新县制下地方财政之改进[J]．西北角，1940，3(2)：18-30.

④ 贾士毅．地方财政收支系统法之实施问题[J]．财政评论，1943，3(3)：1-15.

单位,并提出扩充县级组织机构和扩张县自治事务,极大地提高了县的地位。所以他们提出,尽快实施 1935 年《财政收支系统法》,将省县税收明确划分,使县级政府有足够的收入支应日趋膨胀的地方经费。也有一些学者从其他角度出发,提出地方财政应当分为省县两级。如曹为祺指出,"国地财政划分应与一国政治制度相适应。我国之政治制度,分为中央省县三级,故国地财政划分亦应分为中央省县三级。"主张根据行政层级将地方财政分为省县两级。① 抗日战争结束后,一些学者对在抗日战争期间施行的以中央集权为导向的中央与地方两级财政体制颇多微词。滕茂椿认为,省财政并入国家财政这不仅导致省对中央的严重依赖心理,而且田赋、契税等诸多税收收归中央导致县财政困难,影响地方自治发展,强烈要求恢复中央、省、县地方三级财政体制。② 黄治中指出战时的两级财政体制使得省因财权的限制失去应变能力,在各项政务处理和事业建设中多受掣肘。战后的恢复建设需通盘筹划和因地制宜,应当增大行政权,充实地方财政,而"省级财政之恢复更是势在必行"。③ 王绍兴对 1946 年全国财政会议关于恢复中央、省、县三级财政体制的决议非常认可,认为这是中国财政由战时体制进入平时体制的一种必要措施,坚持将地方财政分为省、县两级。④

第二,地方财政收支分为省、县、乡镇三级。提出这一观点的主要是朱博能。朱博能先后通过《省县财政关系问题》和《新县制下乡镇财政建制问题》两篇文章提出其划分省县财政和县乡财政的观点。他提出划分省县财政和县乡财政的根本原因是使县、乡各有独立税收以发展各自范围内的地方自治事业。孙中山在《建国大纲》中明确提出县为自治单位,朱博能认为既然县为自治单位,那么必然要充实县地方财政以发展县地方自治事业,并提出参照孙中山提出的中央与地方权限划分原则划分省县事务。即"事务攸关全省福利者,应归省办,仅属一县人民福利者,应归县办;事务涉关两县以上或有全省性质者,应归省办,其限于一县者应归县办;事务需要全省一致行动者,应归省办,得因地制宜者,宜归县

① 曹为祺.我国国地财政划分制度之检讨[J].中农月刊,1942,3(7):6-26.
② 滕茂椿.当前之地方财政问题[J].河北省银行经济半月刊,1946(8):14-18.
③ 黄治中.论第四次全国财政会议与地方财政[J].政治评论,1947,1(6):23-24.
④ 王绍兴.收支系统改制后中央地方财政之展望[J].闽区直接税通讯,1946,1(7):7-9.

办；事务需要高深技术或巨大财力，为县所未能兴办者，宜归于省。其无需高深之技术而执行时需要精细之监督者，宜归县办。"省县事务划分，同时需将省县税收划然分离。① 他主张划分县与乡镇财政很大程度上受国民政府 1939 年颁布的《县各级组织纲要》的影响。他认为该《纲要》使乡镇获得法人资格，与县都具有法律上的权力义务而为一独立的自治团体，可以以自己的机关执行自己的事务，那么乡镇应有独立的岁出与岁入。乡镇岁入应当从"划拨独立性之税捐及拨给适当之补助金着手，使乡镇有确定的收入。"但他又提出，由于"乡镇区域有限，人口不多，税捐收入，当不能希望获得若何巨大之数额，而补助费本属一时之救济办法，过于长久或增大，省县政府将无法应付。所以将来乡镇的财政支柱并非独立性之税捐收入，及省县拨给之补助费收入，而为公产、公营及事业性收入。"②此外，在抗日战争胜利后，随着南京国民政府宣布进入宪政时期，周振文、秦百川、叶广麟、蒋光华及其他很多学者认为乡镇为基层自治单位，应有独立的财政收支，主张将县乡财政收支明确划分。同时指出，国家需赋予一定的捐税给乡镇，但乡镇主要收入来源应为公有财产和公营事业，强调乡镇造产的重要性。③

第三，以县为唯一地方财政收支单位。率先提出这一主张的是尹文敬。1939年，尹文敬连发两文具体阐述了这一主张，基本观点是：变更省政府的地位，使其恢复明以前之督察性质，废止省一级之地方财政，并入国家财政之中，一切省税划归中央。同时，以县为地方财政单位，划全部田赋及一切有地方性质之杂税杂捐为县税，以充实地方财政而谋地方自治事业发展。此外，县以下之区乡镇的收支附于县，不另分级。④ 他从政治、财政和经济三个方面论述了提出这一观点的理由。政治上的理由：省最初本就是作为行政督察区出现，是中央机关而非地方机关，只是明清之际督抚的设置使其从事实上变成了地方政府，这是一种错误，而且这种错误形成了地方割据势力的不良后果。此外，他提出孙中山先生在

① 朱博能．省县财政关系问题[J]．东方杂志，1941，38(2)：26-30.
② 朱博能．新县制下乡镇财政之建制问题[J]．福建青年，1940(2)：136-142.
③ 秦百川．完成地方自治与建立地方财政[J]．东方杂志，1946，41(13)：7-15. 周振文．我国现行地方财政之研究[J]．财政经济，1946(9)：21-23. 叶广麟．改制后县地方财政问题[J]．福建省银行季刊，1946(4)：86-90. 蒋光华．从经济改革方案论地方财政的整理[J]．四川财政，1947(11)：1-5.
④ 尹文敬．如何调整国地财政[J]．财政评论，1939(5)：25-39.

《建国大纲》中已经明确县为自治单位，省居于中央与县之间而收联络之效，这表明省为中央的代表。财政上的理由：当时中国的地方税收不足以充两级地方政府的经费，无论如何分配都无法做到收支平衡。而将省财政并入中央财政后，不仅可以节省省税征收费用，而且县财政可免受上级政府的剥削而使得税源充足。经济上的理由：省财政并入中央后，大规模的经济建设可由中央统筹办理，避免支离割裂和重复浪费之弊；规模较小有地方性质的建设则由县政府办理，中央相应主管机关监督指挥，如此，中央和地方在政务和财务方面都可得合理与明确的划分。① 钟鋆恩对尹文敬的这一主张高度赞同。他提出，为了适应世界潮流趋势，使中央政府有充分之权力应付国内外复杂的趋势，应集中财权于中央。此外，我国国民经济不发达，有限的税收满足中央、省、县三级政府的需要实属不可能。因此，为了集中财力于中央以及充实县财政以发展地方自治，并免除地方割据、尾大不掉之积弊，尹文敬教授所提出的将省财政并入中央财政，形成中央与县地方两级财政体系仍有重新考虑之价值。且抗战胜利后，中央政府权力增高，趁此时机将省财政机关进行彻底改革以奠定长治久安之计，并非不可能。② 1940年，王建祥在《战后地方财政制度之改进》一文中亦提出将省财政并入中央财政，以县为唯一自治财政单位。但相较于尹文敬而言，王建祥的主张体现出了更高程度的中央集权。他提出为了完成地方自治，实现宪政这一理想，国地财政的划分必须具备两大目标：第一，需适应时势要求，集中财权，使中央能作整个计划的措施，统筹一切，调度各地情形，求得均衡发展；第二，奠定地方自治基础，完成训政时期的任务，作过渡宪政的准备。基于这两个目标，他提出以下办法：第一，确定省为中央行政系统，省内事务皆由国家规定并代表中央统筹各县事务，省为国家机关则可取消省级预算，省代表中央执行职务所需费用概由中央拨款；第二，将省县主要税收营业税、土地税概归中央，县独立收入仍旧以田赋附加和契税等地方性捐税为主，县财政不足时由中央补助；第三，县以下组织，收入由县统筹，以平衡边远落后乡村地区发展。③

---

① 尹文敬. 改良省制与调整地方财政[J]. 西北联大校刊, 1939(15)：20-24.

② 钟鋆恩. 论我国之国地财政划分[J]. 中央银行经济汇报, 1941(1)：11-27.

③ 王建祥. 地方财政制度之改造[J]. 财政评论, 1940, 3(3)：65-72.

尹文敬、钟銮恩、王建祥的这一主张可以说对中央当局产生了较大影响。1941 年，原本预定在 1941 年 1 月 1 日开始实行的 1935 年《财政收支系统法》并未如期实行，而是根据国民党五届八中全会的决议，召开了第三次全国财政会议，并颁布了改订《财政收支系统法》。即将省财政并入中央财政，以县为自治财政单位，实行国家财政与自治财政两级财政体制。原来的省税全部收归中央，并将县税中的田赋也收归中央，同时增加中央对县的税收划拨。并规定省预算取消，省所需全部支出由中央决定亦由中央拨款，也就是说全国税收和支出都是分为中央与县两级。但是，抗日战争结束后，即提出恢复中央、省、县三级财政体制，将税收和支出划分为中央、省、县三级。也正是基于此，很多学者将南京国民政府中期所实施的中央与县两级财政体制称之为战时财政体制，是国家在战时特殊环境下所采用的临时制度。但其实尹文敬等并不是单纯从战时环境考虑，而是中国近代以来的财政历史经验和国家未来发展的整体观所提出来的主张；并不是针对战时的一种临时性财政体制，而是谋求中央与地方分税制财政体制的彻底变革。

南京国民政府中后期，地方财政划分为省县两级是主流观点。省与县的收支需明确划分，是为了保证县级政府有足够独立支配的税收以支应地方自治事业发展的需要，而乡镇与县的收支不宜划分，主要是因为地方税难以支应三级政府的需要。当然，随着社会的发展，地方公共产品外部性效应增强而需要县统筹安排，也是一个重要原因。

六、统一国家税地方税征管权思想

1941 年国民党五届八中全会做出改订财政收支系统决议后，李锐、秦柳方、刘大柏等便提出要集中课税权，统一税收征收机关。基本观点是：设立一个超然于省财政之外的由中央直接管理的专司征税的独立征收机构，该征收机构自上而下分为中央、省、县三级机构。三级机构实行垂直管理，即省征收机构直隶于财政部，县征收机构由省直辖管理。除征收方式不同之税应有独立系统者外，其余各国税与地方税由该机关统一征收。即该征收机构不仅征收国税，还代征地方税，税款解交中央后，由中央按收支系统法的规定将属于县（市）税收划拨给各县市支用。秦柳方认为集中征税机关统一征税，可以改变征收机关林立的局面。一方面有利于节省征收费用，缩小人民负担数额与国库收入实额之间的差额；另一方面有利于审计机关加强对税收征收管理的审核，防止中饱挪移等种种不良现象。① 除上述两个缘由之外，刘大柏提出了应当统一征收机关的六大理由：一是符合均权制度要求。均权制下，省仅为承转机关，自不能负主管经征之责，宜由中央设立独立机关直接指挥。二是巩固国家基础。他认为无论是历史上还是民国以来的治乱之源，皆是财政权的滥用。财权与行政权密切相关，行政权力的大小俱以财权为基础，若税政独立，则行政机关只有依据预算调度库款之权而无自由征收之弊，这对于巩固国家基础大有裨益。三是便于财政整理。设立统一征收机关，将税政与各级政府行政分离，使税务人员获得超然独立地位，有利于税务人员专心税收税制，可达事半功倍之效。四是便利新制推行。新的赋税系统和新的税源整理，极大地影响中央与地方的税收，若能建立独立征收机构，以避免行政机关的掣肘，则必有利于新的赋税系统的推行。五是平均各级行政区域之间的贫富。中国幅员辽阔，各地交通、生产、商务状况大为不同，经济情形高下悬殊，以致各地赋税收入贫富不均，由此各地经济文化发展存在较大差异。解决这一问题的办法在于调剂各行政区划之间的财政收入，调剂之法即是将各种丰裕税源由中央统一经征，如此可统筹补助各省，再由各省统筹补助各县，如此可以调剂省与省、县与县之间的贫富状况，进而平均各地区的社会、经济、文化等各项事业的发展。六是健全征收机构。纵观中国财政历史，横观各国成规得失，征收机构不统一易导致税制失衡、财政纷乱之弊。所以他提出当仿效我国邮政电报制度和英国税政制度，设立统一的经征机关，裁撤合并各省与各县大量存在的极不一致的征收机构，以健全税收征收机构。②

秦柳方和刘大柏关于统一税收征管权于中央的主张主要从国内收支系统改革和调剂各地区财政失衡的微观层面提出的，李锐则是从国家经济发展形势和国家应对的宏观层面分析统一课税权的重要性。第一，国际经济发展形势使然。李锐于 1934 年赴英国留学，1939 年秋回国，在此期间他考察了英、法、德、意等欧洲诸国的财政经济状况。他指出，世界各国经济发展已经"由地方经济而进为国

---

① 秦柳方. 略论今后的地方财政[J]. 文化杂志，1941，1(3)：6-10.
② 刘大柏. 新县制下地方财政改革之途径[J]. 服务，1941，5(3)：63-67.

家经济，在国家经济之范畴内，政府的收入制度渐渐趋重以国家为单位。因为，一国之内，各地贫富不同，其经济发展之地域分配，亦常不均，使地方政府，得按其需要，自为征课，不第税率分歧，苛杂易增，人民将苦负担不平。即地方经济主义滋长，最终成为地方经济发展之阻碍。故现代国家，主要的租税收入，率为国家所课征，地方政府仅就其少数特别具有地方性质之捐税，负有征收之责"。① 此外，在战时环境下，课税权的集中尤其有重要意义，有利于国家保障战争需要而统筹支配收入。② 政府收入主要来源是税课，税课来自社会经济发展，所以他认为中央与地方收支系统应根据社会经济的变迁和时代环境的调整而改变。在国家经济逐渐占主导地位和应对国际局势的需要，中国应当集中财权，其中之一便是集中课税权于中央。第二，便于中央对税政的改革和对税款的统筹支配。他指出当时中国各省的税务行政因承过去割据的余毒，积重难返而难以彻底改革，将税收征管权集中于中央并统一征收机构，可使中央获得实在的总管收入职权，切实的完善税务人事制度，最终收划一税政统筹改革之效。③ 李锐的财政思想偏向于中央集权，他不仅主张将税收征管权集中于中央，还提议将土地税收归中央，以便于中央对租税收入的统筹分配。李锐的中央财政集权思想的出发点是各地居民纳税公平和各地区平衡发展。

七、补助金制度思想

1928 年 11 月颁布的《国家税地方税标准案》规定：在地方政府政费不足时，由中央补助。自此，中央对地方的补助费列入预算。1928—1937 年，中央对地方的补助费无论在总额上还是占国家岁出总额的比例上都是呈不断增长的态势。补助金是调节中央与地方财政关系以及调剂各地区间财力差异的重要手段，这已成为南京国民政府时期中国学者的共识。南京国民政府前期，一些学者已经就补助金制度的实施、管理等问题提出了一些对实践颇有参考价值的意见。但在该制度具体运用过程中，仍旧存在补助费用分配不合理、补助金使

①　李锐. 调整财政收支系统与田赋改制[J]. 财政评论，1941，5(6)：13-19.

②　李锐. 租税制度与财政政策[J]. 财政学报，1942(1)：5-10.

③　李锐. 新财政收支系统实施的检讨[J]. 政治建设，1942(2)：13-16.

用管理欠缺等问题。结合前期的研究成果和实践中存在的问题,以及对财政问题颇有研究的英国知名费边社会主义理论家悉尼·韦伯(Sideny Webb)的补助金制度理论,20 世纪 40 年代一些学者就上级政府对下级政府的补助金问题再次提出各自的主张和见解。

(一)补助金的作用

对于补助金的功效或作用,时人在采纳韦伯的观点的基础上,根据中国的国情加以补充,认为补助金制度有五大作用:第一,均衡各地区的发展,使全国各地的政务效率达到全国性的最低标准。刘耀燊指出,地方政务若不能平均发展,势必会影响其他地方的行政效率,如一地治安不良,则邻近地区必受其累。再若一地卫生管理不良发生传染性疾病,必波及邻区甚至蔓延全国。所以现代行政必须秉承相互影响原则,故全国文化必须维持全国性的最低标准。而中国各地方政府财力不均,富庶地区自有充足的财源发展自治改良庶政,而贫瘠地区则因财源不足无法支应而妨碍政务发展,不得不仰给于中央补助。中央通过对贫瘠地区给予更多补助能够均衡各地区的发展。① 第二,平均地方负担。因为各地间贫富不同,人民纳税能力差异悬殊,但地方性学校、卫生、道路、医疗、救济等基础性公共产品多是由地方政府提供,其经费主要来源于地方税收。如此,纳税能力较弱地区的居民税收负担相对加重。若国家能够通过补助金的方式对贫困、落后地区基本公共物品建设提供补助金,则可平均地方税收负担,利于自治庶政发展。第三,增进地方行政效率。补助金一般都附有条件,即地方建设达到一定标准或成就才能领受补助款。地方政府为了取得补助金,一般会提高其行政效率。同时,中央政府亦需在补助金的发放和使用过程中监督地方政府政务进行情况。内在动力和外在压力的双重作用,可大大提高地方政府的行政效率。第四,增进社会福利。地方政府在领受中央补助金的过程中,往往会受中央的指挥和协助,因而得以利用中央的人才及经验,地方政务因而改善,地方福利因而增加。此外,地方政府财力不足时往往会忽略具有社会利益的事务,补助金制度则可鼓励地方政府增加为社会全民福利所需要之支出。第五,顺利推行中央集权。由于地方政

① 刘耀燊. 国地财政划分之研究[J]. 财政知识,1943(1):19-27.

府常受中央的财力补助和建设指导，地方人士对中央的观念得以培植，人民的民族国家观念和地方对中央的向心力更强。如此，中央可以比较顺利的推行中央集权制度以实现某种特定的国家政策目标，巩固国家基础。①

（二）补助金的用途

20世纪40年代，财政学人更加关注补助金的用途，普遍表现出以用途为导向的补助思想。学者们从用途、数额及分配方面角度将补助金分为不同的种类，但周玉津和刘耀燊认为其最要紧者莫过于从用途分类。他们认为补助金可分为预算补助金和特别事业补助金。预算补助金又称总额补助金，乃由上级政府拨给下级政府，不指定用途而准其供为任何政费之用。这种补助金多因贫瘠之地政费不能自给，预算收支失衡，故由上级政府补贴以资救济；特别事业补助金又称事业补助金，乃指定其用途，不许其移作他用之补助金。这两种补助方式，以事业补助金为优，因为补助金若不指定用途，容易导致浪费。②曹为祺结合南京国民政府对地方政府的补助，从用途角度将中央对地方补助金分为三种：一是行政补助，即用于平衡地方预算，多用于一般政费而无指定用途。这类补助金行之日久，易被地方恃为可靠之收入而不谋自给自足之途，且中央也不能借此监督地方财政和推进地方事业建设；二是改制补助，即在地方税制改革期间，暂时补助地方损失之用的一种临时性补助；三是兴业补助金，即用于地方事业建设，一般会指定用途且按其成效给予对等的补助，故可收监督地方财政与促进地方建设事业之实益。他认为，中央对地方的补助费应主要用于地方建设而非一般行政。③

南京国民政府的国家预算中按资金用途将中央对地方的补助分为五类：地方部分（包括政务与军务的补助费）、教育部分、司法部分、建设部分及其他部分。在这五类中，用于一般行政的地方部分补助费占大多数。此部分占补助费全额最

---

①　周玉津. 论国地财政之划分[J]. 裕民，1944(6)：85-100.

②　刘耀燊. 国地财政划分之研究[J]. 财政知识，1943(1)：19-27. 周玉津. 论国地财政之划分[J]. 裕民，1944(6)：85-100.

③　曹为祺. 我国国地财政划分制度之检讨[J]. 中农月刊，1942，3(7)：6-26.

多时达 80%，最少亦在 60% 以上，而用于地方建设事业的部分很少。[①] 一些学者对这样的补助费支出提出了批评。曹为祺指出地方部分补助费是指中央每年以此款补助地方，其用途如何，由地方自行支配，久而久之，地方视此款为固定可靠之来源而不谋抵补之法，一旦收不抵支就向中央求补助，使得补助金的运用失其应有之效。[②] 栗寄沧提出，中央对地方补助费不仅是为了平衡地方财政，更重要的是使各地方政府的事业能够平均发展。由于中国各地经济发展水平、人口、交通、财富、税收、文化程度等情况不一致，为了避免因"肥者自肥，瘠者自瘠"而导致的全国各地极端畸形发展，中央对地方的补助应侧重于地方建设事业。[③] 朱博能亦提出接受补助费的事业，其利益需具有普遍性。[④] 从上述学者观点看，补助费应主要用于惠及一般民众的管、教、养、卫等地方建设事业的发展。

(三)补助金的分配

周玉津认为补助费的分配要有客观标准，使地方不敢妄事请求。[⑤] 当时学者根据韦伯的理论和英国补助金制度实践，总结出的补助费分配方式主要有四种：一是百分比补助制，即根据原有经费的一定比例划拨给地方，补助金额的多少随补助经费的多寡而增减；二是单位补助制，以受补助事业的单位如学生人数、公路里程数等为分配标准，补助金额的多少随补助单位的多少而变动；三是任意补助制，由上级政府根据需要随意决定补助金额的多少；四是总额公式补助制，选择几种标准组合成一计算公式，然后根据公式计算应发补助金额。在总额公式补助制下，补助费的分配标准有人口、面积、道路里程、不动产价值以及加权人口数五种。其中，加权人口数补助制是英国于 1929 年开始实行的一种新的补助方式。该补助制下，补助费的分配标准有是以各郡区实际人口数为起点，再将足以表示地方政府需要财政补助的几种特别因素，包括区内幼小儿童数量、可课税的财产价值、区内失业者的数量、人口数量与维持的公路里数之比例，加权于实际

---

① 栗寄沧. 国地税收的划分与调节[J]. 广西银行月报，1941，1(6)：7-16.
② 曹为祺. 我国国地财政划分制度之检讨[J]. 中农月刊，1942，3(7)：6-26.
③ 栗寄沧. 国地税收的划分与调节[J]. 广西银行月报，1941，1(6)：7-16.
④ 朱博能. 补助费制与县财政[J]. 闽政月刊，1940(1)：22-23.
⑤ 周玉津. 论国地财政之划分[J]. 裕民，1944(6)：85-100.

人口数之上形成加权人口数，以加权人口数作为分配补助金的标准。① 朱博能认为无论是从整个国家观点还是从社会政策来看，总额公式补助制是最合理的，而公式补助制的前四种分配标准有利于富庶区域之弊端，第五种加权人口数标准颇合公平原则，且英国采用此种分配标准的效果良好。并提出补助费制最大的作用在于调和集权与均权之利弊，建议中国借鉴英国已经实行的加权人口补助费分配方法实施上级政府对下级政府的补助。② 刘耀燊提出，我国地方自治在求平均发展，补助金的运用应使贫瘠县份与富饶县份之自治程度在同一水平上，所以应当按照县市的贫瘠程度和地方事业的需要，筹划补助款的分配。具体可依各地方的自治程度、收支状况、人口密度、地价、交通、人民知识程度等多种因素酌定，他也提出将各种因素根据程度赋予一定的权重来组成一个计算公式。③ 这也是借鉴英国的加权人口公式补助分配方式，不过刘耀燊的加权因素更多地考虑了中国实际情况和需要。

(四)补助金的管理

南京国民政府补助金制度实施存在补助金额分配不均、地方动辄向中央请款以及补助金使用效率低下等问题。栗寄沧指出，中央只是把一定的税收或款项交予地方，便以为责任已尽，至于地方利用此项收入或款项所举办的事业，其效率若何、进度是否达到预期标准、经费支出与分配是否合理而不浪费等都不加以监督或考核，是导致地方建设事业不能发展的重要原因。因此，他提议仿行西方各国的做法，设立监督机构以加强对地方财政尤其是地方补助费的监督，并在中央设立专门委员会，经常策划关于地方补助费的各项原因。④ 朱博能对补助费的管理提出了五点意见：第一，接受补助费的事业，其利益需具有普遍性；第二，应设立专门机关监督管理补助费的分配、领受及应用；第三，补助费的发放不宜事先决定数目多寡，需根据领用补助费的事业的成就效果为断；第四，补助费的分配应绝对以公平为原则，应着重考虑各省各县地方贫富状况的不同合理分配；第

① 娄学熙. 英国之补助金制度[J]. 中国行政，1941(3)：1-15.
② 朱博能. 补助费制与县财政[J]. 闽政月刊，1940(1)：22-23.
③ 刘耀燊. 国地财政划分之研究[J]. 财政知识，1943(1)：19-27.
④ 栗寄沧. 国地税收的划分与调节[J]. 广西银行月刊，1941，1(6)：7-16.

五,补助费的数额只求达到补助之目的即可,宁少毋滥。此外,补助费发放后,需对其用途予以严密监督,并规定其必须达到的最低成就。如此,各县经济财政必能均衡发展而无偏枯悬殊之象。① 朱博能的建议可谓是涵盖了补助金制度实施的各个环节。

第三节　南京国民政府中后期分税制政策

一、1939 年《县各级组织纲要》的出台与实施

1934 年财政会议确定了将国家收支分为中央、省(直辖市)、县(市)三级的财政体制,明确规定了中央、省、县各级政府的税项收入。该次会议关于国地收支划分的决议最终形成了 1935 年的《财政收支系统法》,该法案颁布后,众多学者纷纷称赞,认为它将省县收支明为划分,使得县摆脱了作为省级财政附庸的地位,成为独立的财政单位,拥有独立的税收,对于促进地方自治发展具有重要作用。但该法因自身存在的问题并未立即实行,后因全面抗日战争爆发一再展期:1940 年 1 月 12 日,财政部又发布展期实施《财政收支系统法》函,拟于 1941 年 1 月 1 日起实行。1940 年 11 月,国民政府又发出待军事结束后再行定期实行的决议。也就是说,被众多人称赞的 1935 年《财政收支系统法》根本没有实施,那么县财政作为省财政附庸的地位也就无法改变,县级政府就难以获得充足的财政收入来发展地方自治。抗日战争全面爆发后,中国共产党及社会各阶层人士纷纷要求国民党放弃一党专政,实行民主政治,在各方人士努力下还产生了一个当时主要政治派别和各阶层代表能够参与国家政治并发表言论的一个特殊组织——国民参政会。中国出现了前所未有的有利于民主政治发展的国内环境,实施宪政的呼声一浪高过一浪。在宪政思潮下,时人纷纷将孙中山先生的《建国大纲》作为指路灯塔。在《建国大纲》中,孙中山将国家建设分军政、训政、宪政三个时期,并确定县为自治单位,训政时期的主要任务是完成县自治,继而步入宪政时期。要实现宪政,必须完成县自治。而要完成县自治,县必须有充实的收入。在民主宪政

---

① 朱博能. 补助费制与县财政[J]. 闽政月刊,1940(1):22-23.

的呼声下，同时出于发展地方自治以巩固统治基础的考虑，南京国民政府于1939年9月19日颁布了《县各级组织纲要》(下称《纲要》)，明确规定县为自治单位，并增设县级行政机构，扩充县级财政收入。将土地税的一部(田赋附加金额)、土地陈报后正附溢田赋之全部及土地改良物税(《土地法》未实施之县未房捐)、屠宰税划为县税。此外，由中央拨给印花税的三成，省拨给营业税的二成。《纲要》确立了县财政独立地位，使得县获得了独立而又稳定的税项收入，对于发展地方自治大有裨益。彭雨新认为《县各级组织纲要》中划分给县的税收对省税收影响不大，所以相较收支系统法更容易实行。①

《纲要》的旨趣在于"改善下级行政"和"推进地方自治"，为更好地实现这一目标，其后南京国民政府围绕《纲要》又颁布《县各级组织纲要实施原则》《警察保甲及国民兵联系办法》《各县保甲整理办法》《乡镇组织暂行条例》等多个补充法规。以《纲要》为核心，以补充法规为细则，所推新的县制改革史称"新县制"。《纲要》颁布后，国民政府要求全国各地于1940年6月前一律遵照实施。随后行政院制定实施原则，要求各省各县在三年内一律完成。截至1941年底，实施新县制的县有944个，各县政府基本按新县制的要求调整充实。② 新县制的实施极大地扩张了基层行政机构、增加了行政人员数量和扩大了地方自治事业范围，这意味着县支出日趋膨胀。支出膨胀必须有相应的收入为支撑。所以，在新县制推行的过程中，一些省也开始将省县税收明定划分。到1941年新的收支系统法颁布之前，广西、广东、江西、贵州、安徽、湖北、四川、湖南等各省基本遵照执行，将省县税收做了较为明确的划分。省县税收划分最早的是广西：1933年就已将屠宰税划为县税，1938年起将营业税30%、烟酒税附加40%、烟酒牌照税省附加2/15划拨给县，1939年起将房屋税划为县税，1941年3月决定将土地税全部及契税纯收益(提拨15%作为省征收费)均划为县独立税源；四川于1940年3月起，除营业税未划拨外，其余悉照《纲要》办理；广东省于1940年5月颁布《广东省实施县各级组织纲要财政划分补助办法》，将中央拨补印花税三成、田赋

---

① 彭雨新．县地方财政[M]．上海：商务印书馆，1948：8.

② 杨添翼，徐新贵．国民政府中后期的地方自治之实施及其启示——从新县制实施效果的角度分析[J]．西南民族大学学报，2012(10)：95-98.

五成、屠宰税全额、其他营业税的 30% 划为县税；江西省于 1940 年 6 月通过《江西省省县地方财政划分办法》，将地价税的 50%、田赋附加全额、土地陈报后溢收田赋全额、中央拨补三成印花税、土地改良物税(房捐)、屠宰税、契税、牙当登录营业税、其他营业税 30% 等税收划为县税，此外还规定了省补助金；贵州亦于 1940 年颁布《贵州省省县财政划分办法》，将中央拨补印花税三成、土地陈报后田赋总额六成、房捐、屠宰税、其他营业税 20%、其他法律许可之捐税及省税附加划为县税；安徽省于 1940 年颁布的省县收支划分办法内，将田赋附加、契税附加、牙税附加、屠宰税、行为取缔税、房捐、客栈执照捐等税划为县税；湖北省于 1941 年 1 月起，由省划拨房捐、烟酒税、烟酒牌照税、屠宰税全额及营业税 20% 为县税；湖南省自 1941 年 1 月起将营业税 20% 划为县税(屠宰税已于 1938 年 8 月划为县税)。① 从上述各省划拨给县的税项收入来看，有些省份超出《纲要》规定，给予了县更多的税收，如广西、江西；有些省份则是基本遵循《纲要》规定办理，如贵州；还有些省份则是在《纲要》的基础上打了折扣，如安徽、湖南、湖北。出现这种参差不齐的情况，一方面是因为《纲要》中对划给县的税项收入本就不甚明了，尤其是与土地相关的税收究竟如何划分，规定非常模糊，而这恰恰是地方税收最重要的收入来源。另一方面是由于各地经济发展水平和政治社会环境差异所导致的。

二、1941 年《改订财政收支系统实施纲要》的颁布与实施

(一)改订财政收支系统的原因

1935 年《财政收支系统法》原定于 1938 年 1 月 1 日开始实施，嗣因抗日战争的爆发，未能如期施行。1940 年 1 月，孔祥熙向行政院提出延期至 1941 年 1 月 1 日开始实行，其理由如下：第一，所得税已被充作国债基金，遗产税尚未开征，所以收支系统法中规定中央要划拨一部分给省县已不可能，由此该法第六、七条规定之省、县将其营业税和土地税一部分上划给中央，也就无法实行；第二，《县各级组织纲要》中对县收入的规定与收支系统法颇多不符之处，非将原定

① 彭雨新. 县地方财政[M]. 上海：商务印书馆，1948：8-11.

之《财政收支系统法》加以修正，无法适用；第三，由于战争之故，各地税收短绌而支出日益增加，多赖中央补助，收支系统法无法实施。[①] 1940 年 11 月，国民政府主席林森、行政院长蒋介石和财政部长孔祥熙联名发布训令：《财政收支系统法》俟军事结束后再行定期实施。换句话说，1935 年《财政收支系统法》实施遥遥无期。

　　1935 年到 1941 年 6 月，财政收支系统法颁布 6 年一直未能实行。抗日战争的全面爆发固然是一个重要原因，根本原因是来自各省的抵制。有些学者对 1935 年收支系统法评价颇高，但其本身存在的问题也不容忽视。1935 年财政收支系法的"精意所在，限制省之财权，充实县之财力，用以建立县财政基础，为县自治之前奏"。[②] 它要解决省县收支划分问题，所以很自然采取了损省益县的做法，将原来掌控在省政府手中的税收在省县之间明为划分。该法案将原地方税中的土地税(田赋)、房产税、营业牌照税、使用牌照税、行为取缔税划为县税，并由中央拨给所得税的 20%～30%、遗产税的 25%，由省拨给营业税的 25%。而省的独立税源只有营业税，还要分出去 20%，此外，能够从县获得 15%～45% 的土地税，从中央获得 10%～20% 的所得税和 15% 的遗产税。但由于所得税于 1936 年才开征收数不多，且 1938 年后就被充作国债基金，而遗产税则迟至 1940 年才开征，数额亦非常有限(1940 年收数约 1900 元，1941 年收数约 20 万元)。所以中央以所得税和遗产税补助地方基本上是空文。田赋、契税及营业税向为省的财政支柱，如此划分后，省的财力将被大幅度削弱，但省的支出范围并没有缩小，且省的职权也没有变动。朱偰认为，"财政收支系统如果即刻全部实施，省财政必将陷于破产"。[③] 时任湖北省财政厅厅长的贾士毅，亦认为省级财政收入大幅缩减而支出范围却未缩小是 1935 年《财政收支系统法》未能实施的主要原因。尹文敬指出，1935 年《财政收支系统法》企图通过"限制或削弱省之财政，借以充实县财政之岁入。同时用分税制度，以增加省与县间，及省与中央间之财政关系"。立法虽善，但若仅削弱省的岁入而其行政地位与职权，分毫未予变更，不独未能

---

　　① 　江苏省中华民国工商税收史编写组，中国第二历史档案馆.中华民国工商税收史料选编(第一辑 上册)[M].南京：南京大学出版社，1996：792-793.

　　② 　贾士毅.地方财政与收支系统法之实施问题[J].财政评论，1940，3(3)：1-15.

　　③ 　朱偰.如何逐渐推行财政收支系统法[J].财政评论，1939，1(3)：33-46.

解决问题，或且更加纠纷。一方面，中央划拨给省县税收的百分比以及县上拨给省的田赋百分比的计算标准并没有具体规定，易起争执，反而使中央与地方、省与县的财政关系陷于混乱；另一方面，省的权限不变，省就可以凭借其权力优势将从县分得田赋45%的最高比例限制变为常态，如此县的财政收入难以充实。他认为要充实县财政以发展地方自治，彻底的办法是裁撤省级财政，将省财政并入国家财政，以县为唯一地方财政单位。① 尹文敬的这一主张得到彭雨新、钟鍫恩等一些财政专家的认可，王建祥也提出类似的意见。

新县制推行后地方财政支出日益膨胀，迫切需要充实县财政收入，而1935年《财政收支系统法》又无法实行，加之持久的抗战需要国家集中财力统筹支配。为更好地应对国内外环境，修订财政收支系统法势在必行。尹文敬将省财政并入国家财政的主张成为国民党当局修订财政收支系统法的思想来源。

(二)1941年《改订财政收支系统实施纲要》的主要内容

1941年4月，孔祥熙、徐堪、王伯群等20人联名向国民党五届八中全会提交了《改进财政系统统筹整理分配以应抗战建国需要而奠自治基础借使全国事业克臻平均发展案》，提出改进财政收支系统，其理由有三：第一，统筹整理。在全面抗战之际，中央地方应融为一体，方能集中国力，适应需要；第二，促进自治。新县制推行后，地方支出增多，田赋收入又另案提请划归中央管理。为顾及地方支应，兼使贫富地方各得适当分配，使管教养卫诸政均能平均发展起见，亦需统筹整理；第三，平衡国用。抗战建国需财甚巨，财无所出，不足以救国。而取财非法，适足病民，用财不当，亦将乱政，需将国家财政收支随环境变化做出适当调整。其提出具体办法就是：将全国财政分为国家财政与自治财政两大系统，国家财政系统包括现有之中央和省财政两部分，其收入部分除原属国家预算一切收入外，将原属省预算一切收入概归中央。自治财政系统遵孙中山先生遗教，以县为单位，培养税源并予以伸缩之弹性。② 此案经国民党五届八中全会经

---

① 尹文敬.如何调整国地财政[J].财政评论，1939，1(5)：25-39.

② 江苏省中华民国工商税收史编写组，中国第二历史档案馆.中华民国工商税收史料选编(第一辑 上册)[M].南京：南京大学出版社，1996：240-241.

济审查组审查通过。为了尽快落实改进财政收支系统具体实施办法，1941年6月，财政部组织召开第三次全国财政会议。会上财政部长孔祥熙提交了《遵照八中全会通过改订财政收支系统制度实施办法案》，经审查修正通过。1941年11月8日，国民政府颁布《改订财政收支系统实施纲要》，正式将国家财政收支分为国家财政与自治财政两大系统。国家财政与地方财政收支具体划分见表5-2。

表5-2　　　　　　　　　1941年财政收支系统法国家税地方税划分一览表

	国家财政系统	自治财政系统
税收	土地税、所得税、遗产税、非常时期过分利得税、营业税、特种营业行为税、特种营业收益税、印花税、关税、盐税、矿税、货物出厂税、烟酒税、战时消费税	土地改良物税（《土地法》实施前为房捐）、屠宰税、营业牌照税、使用牌照税、行为取缔税、土地税中原属县（市）收入部分、中央划拨印花税30%、中央划拨遗产税25%、中央划拨营业税30%~50%
支出	政权行使、国务、司法、立法、行政、考试、监察、教育及文化、经济及建设、卫生及治疗、保育及救济、营业投资及维持、国防、保安、外交、侨务、移殖、财务、债务、公务人员退休及抚恤、损失、信托管理、补助、其他等24项支出	政权行使、立法、行政、教育及文化、经济及建设、卫生及治疗、保育及救济、营业投资及维持、保安、财务、债务、公务人员退休及抚恤、损失、信托管理、协助、其他等16项支出

资料来源：根据江苏省中华民国工商税收史料编写组和中国第二历史档案馆编《中华民国工商税收史料选编·第一辑》（上册）（南京大学出版社1996年版）第796~800页整理。

1941年《改订财政收支系统实施纲要》，与之前的国地收支划分法案比较，从支出划分看，并没有什么变动，依旧只是对中央与地方的支出项目作了模糊规定，除了国防、外交、侨务考试、监察、司法、移殖等支出为中央特有外，其他事项支出中央和地方都有。事权和支出划分不清晰，及中国官僚主义传统，导致出现了中央在上收财权的同时出现了事权和支出责任不断委诸地方，而又不能划拨相应经费的问题。从税收划分来看，基本上是 1939 年《县各级组织纲要》与 1935 年《财政收支系统法》融合而成，并以县纲要为主，以收支系统法为辅。县《纲要》中划为地方税收的土地改良物税、屠宰税、中央印花税三成，在改订收支系统纲要中依旧划给了县地方(这与 1935 年收支系统法不符)；县《纲要》规定营业税 20% 以上归地方，收支系统法规定 30%，改订收支系统法则规定 30% ~ 50%；关于土地税，收支系统法规定 55% ~85% 归县，县《纲要》规定为土地之一部(未实施《土地法》之前为田赋附加全额)，改订收支系统实施纲要虽也规定土地税一部划为县税，但在征收实物时期，中央将原属县收入部分参酌原额全部划给了县。此外，收支系统法规定中央划拨所得税 20% ~30% 给县，由于所得税已于 1938 年充作国债基金，所以改订收支系统实施纲要无此规定，与县《纲要》相同。改订财政收支系统实施纲要集财政收支系统法、县各级组织纲要以及各省省县财政划分办法大成，通过裁撤省级财政将原来划给地方的大额税收田赋、营业税收归中央，同时中央加大了对地方税收补助力度。既实现了中央集中财力的目标，也在一定程度上充实了县财政收入，充分体现了统筹整理、适应需要、平均发展的立法精神。

此外，会议还讨论了孔祥熙交议的《统一征收机关改进税务行政案》和吴觉民提交的《统一征收机构以增进税务行政效率节省征收经费并移出节余经费以平均税务人员待遇案》。这两案的核心主张是统一租税征收机构，除关税不宜合并征收外，其他各项税捐合并为一局征收。最终形成意见是：由中央在各县(市)设立税务局，征收国税并代征县税；全国税务局统归中央管理；税务局经征各项赋税，专属中央或县市专款由纳税人分别直接缴入国库或县库，非专属县(市)收入税款均缴入国库，再依预算或法定分配成数划入县库。

(三)1941 年《改订财政收支系统纲要》的实施成果

《改订财政收支系统实施纲要》于 1942 年 1 月 1 日开始实行。1941 年 12 月 3 日，财政部向各省发布咨文，各省(直辖市)1942 年预算由中央统筹支配，各项税收于 1942 年 1 月 1 日起由中央接收。税项接收按性质分别处理：契税由各省田赋管理处接收①，营业税由各省直接税局接收，烟酒牌照税及类似消费税之特种税捐由各省税务局及印花烟酒税局接收。中央逐渐形成了土地税、直接税、盐税及专卖收入、货物税和关税等五大税收系统。其中，盐税及专卖收入、直接税以及 1941 年收归中央的土地税逐渐取代战前关税、盐税、统税三大主要税源地位，成为战时中央税收的主要来源。在 1941 年 4 月决议着手改订财政收支系统后，国民政府在 1941 年到 1942 年先后颁布了《屠宰税征收通则》(1941 年 8 月)、《房捐征收通则》(1941 年 11 月修正公布)、《营业牌照税征收通则》(1942 年 1 月修正公布)、《筵席及娱乐税法》(1942 年 4 月公布)、《使用牌照税征收通则》(1942 年 9 月修正公布)。地方逐渐形成了屠宰税、房捐、营业牌照税、使用牌照税和筵席税五种自治税捐体系。经过改制整顿，中央税收和县地方税收均有较大幅度增加，具体数据见表 5-3。中央税收的增加，充实了中央可以统筹安排的财政资金，对保障战争所需的军事物资具有重要意义。地方税收的增加充实了县政府财政收入，有利于促进地方自治发展。

表 5-3　　　　　　　　**1938—1945 年中央地方税项收入总额**　　　单位：百万元法币

	1938	1939	1940	1941	1942	1943	1944	1945
中央税收总额	212	484	267	667	2807	12169	30849	99984
地方税收总额	—	—	31.69	124.43	333.39	787.37	3372.2	7167

资料来源：中央税项收入数据来自杨荫溥的《民国财政史》，北京：中国财政经济出版社，1985 年，第 116 页；地方税项数据来自金鑫等编著的《中华民国工商税收史料选编》，北京：中国财政经济出版社，1999 年，第 251 页。

说明：地方税收总额是指县税收总额，《县各级组织纲要》实行前，县财政一直处于省财政附庸地位，并没有准确的财政收支统计数据。1940 年《县各级组织纲要》实施后，县财政收支才逐渐与省收支划分，才有单独收支统计数据。此外，上表数据只包括县拥有的五项独立税捐收入，而不包括由中央划拨给县市的国税。

---

① 1941 年 4 月，国民党五届八中全会通过了由中央接收各省田赋的决议，随后便在中央设立全国田赋管理处，统筹全国田赋整理、征收事宜。并在各省成立田赋管理处，负责监督各省田赋稽征事务。其处长由各省财政厅长兼任，田赋收归中央后，所有田赋收入一律解交中央指定金融机关专户存储。

三、1946年修正《财政收支系统法》的颁布与再调整

1946年3月，国民党召开六届二中全会，宋子文、俞鸿钧、俞飞鹏、徐堪等二十三人联名向大会提交了《拟请修改现行财政收支系统以期中央地方平衡发展案》，提出恢复省级财政并进一步充实县财政。提案获得通过。为尽快落实修正财政收支系统，1946年6月，财政部和粮食部联合召开第四次全国财政会议，主要商讨修改财政收支系统事宜。会上，蒋介石、宋子文及时任财政部长俞鸿钧都道出恢复省级财政及进一步充实县财政收入的缘由。恢复省级财政，是因为中国幅员辽阔，县（市）单位数量约有二千之多，中央政令必须以省为枢纽，省制在国家行政中具有重要地位，所以宜恢复省级财政，以收提纲挈领、臂指相使之效。进一步充实县财政，是因为县既有税收不足以支应其支出需求，使得地方苛杂繁兴、摊派百出，经济民生交受其困，欲改变此种局面，需进一步充实地方财政。此外，抗战胜利后，国家复兴与建设完全依托于地方自治，而地方自治的开展与成功，一切都靠地方财政之健全和充实。

1946年财政会议除再次确定修订财政收支系统原则外，还通过了《改订财政收支系统后国地共有各税征收划拨交代程序案》《为积极整理地方税捐严杜苛杂摊派以裕自治财源而苏民困案》和《调整三十五年下半年度各省县（市）财政收支案》。以上议决案要点如下：第一，重新划分国地收支；第二，土地税、契税及营业税征收自1946年7月1日起移交给各省县地方征收机关，国地共有各税由中央征收机关征收后按照比例分配并解缴各级公库，省不设税捐征收机构，县（市）设立税捐征收机构，自治税捐由县（市）征收机关直接征收；第三，非属地方法定收入范围内的一切苛杂摊派立即彻底废止；第四，县（市）开征特别税捐，应先经民意机关通过，经省政府核准后开征并报中央备案；第五，各省财政独立，于1946年下半年开始独立编制预算。1946年财政收支系统法中央地方财政收支具体划分见表5-4。

表5-4　　　　　　　　　　1946年修正国地收支划分一览表

	中　央　收　支	省　收　支	县　收　支
税收	关税、盐税、矿税、货物税、所得税、遗产税、印花税、特种营业行为税、土地税30%	营业税50%、土地税20%	房捐、屠宰税、使用牌照税、营业牌照税、筵席及娱乐税、契税、营业税50%、土地税50%、遗产税30%
支出	政权行使、国务、司法、立法、行政、考试、监察、教育及文化、经济及建设、卫生、社会及救济、国防、外交、侨务、移殖、财务、债务、公务人员退休及抚恤、损失、信托管理、补助、国营事业基金、其他、第二预备金等24项支出	政权行使、行政、教育及文化、经济及建设、卫生、社会及救济、警察及保安、移殖、财务、债务、公务人员退休及抚恤、损失、信托管理、协助及补助、省(市)营事业基金、其他、第二预备金等17项支出	政权行使、行政、教育及文化、经济及建设、卫生、社会及救济、警察及保安、财务、债务、公务人员退休及抚恤、损失、信托管理、协助及补助、乡镇临时事业、县(市)营业及乡镇造产基金、其他、第二预备金等17项支出
其他	(1)各级政府区域内行使政权的费用由各该级政府负担；(2)国防、外交费用由中央负担；(3)中央在地方行使司法权、考试权及监察权的费用由中央负担；(4)关于教育文化、经济建设、卫生治疗、社会救济及移殖等支出，凡有全国一致之性质或为省、直辖市资力所不及者归中央；凡有全省一致之性质或为一县(市)资力所不能发展者，归省；凡有因地制宜之性质或为县(市)力所能发展者归县(市)		

资料来源：根据江苏省中华民国工商税收史料编写组和中国第二历史档案馆编《中华民国工商税收史料选编・第一辑》(上册)(南京大学出版社1996年版)第806~824页。

　　1946年修正财政收支系统法，虽然将省财政从国家财政中独立出来，但省的税收非常有限，根本无法满足其支出需求。1946年下半年，各省(市)经行政院核定的预算收入总额为1018.45亿元，支出总额为2595.56亿元，其中员工生活补助费占80%以上，收支不敷达1578.68亿元。① 省政府根本无力开展经济建

<hr/>

① 江苏省中华民国工商税收史料编写组，中国第二历史档案馆. 中华民国工商税收史料选编(第一辑 上册)[M]. 南京：南京大学出版社，1996：836.

设及文化教育、卫生医疗等自治事业。县税收虽也有所增加，但也无法满足日益膨胀的地方支出需求。该收支划分法案实施不过半年，便有众多学者提出修正1946 年财政收支系统法，重新划分税项收入，尤以增加省级税收为主。大部分的意见是中央将占有的土地税全部还给地方，在省与县之间合理分配；其次是将营业税全部划为省税。1947 年 2 月，时任财政部地方财政司司长孙静工向财政部提交《实施改订财政收支系统法后之检讨及改进方案》。提出从开源和节流两方面改进省县财政，开源的重要办法之一就是调整国地税收划分：将中央占有的三成田赋划给省，省所得带征公粮一成五归县；营业税全部划为省税，除省辖市外，免提五成给县；中央划拨给县的遗产税由 30% 提高到 50%；中央委托县（市）征收的土烟土酒税划拨 50% 给县。财政部仔细商讨孙静工的上述呈文后，略作修改，于当年 3 月 17 日呈交给了行政院。经国民党中央秘书处和行政院反复研究后，中央三成田赋归省和营业税全部归省的意见被确定下来。1947 年 5 月 7 日，秘书处建议财政部根据宪法第 107 条第 7 款"国税与省税、县（市）税之划分，由中央立法并执行之"的规定，并参照 1946 年《财政收支系统法》，由财政部税务署、直接税署、国库署、会计处、地方财政司等部门会商拟定《国税与省（税）县（税）划分标准（草案）》。财政部据此意见，于 1947 年下半年起草了《国税与省县税划分标准（草案）》，1947 年 12 月 22 日财政部秘书处对该草案提出了三点修改意见。修改后，1948 年 3 月财政部呈交行政院。1948 年《国税省税县税划分办法（草案）》与 1946 年收支系统法相比较，对中央、省、县各级政府支出的规定，并无变化。税收划分则作了部分调整，具体如下：第一，中央将占有的土地税全部归还地方，县以土地税或田赋纯收入的 50% 分给省；第二，中央以遗产税纯收入 50% 分给县；第三，中央将土烟土酒税纯收入的 40% 统筹拨补贫瘠县（市）；第四，营业税全部为省税。如此，省税有了较大幅度增加，县损失的营业税由中央增拨的遗产税抵补。1948 年对国税、省税、县税划分的调整可以说是南京国民政府多年来国地收支划分经验的集大成者，既体现了孙中山先生所定的均权原则，也充实了县税收。与曾受众多学者高度评价的 1935 年《财政收支系统法》相比，省税和县税都有所充盈，且减少了中央与省县、省与县之间的往返拨解和共有税收分配比率酌定计算的麻烦。应该说是南京国民政府历次国地税收划分法案中最为成熟的方案，但此时，南京国民政府由于错误的财政金融政策引发了严重的通货膨胀，整个国民经济和财政金融都已经陷入破产漩涡，新的《国税省税县税划分法》已经失去了施行条件，也无法挽救行将落幕的南京国民政府。

第四节　南京国民政府中后期分税制思想述评

这一时期，国际上发生第二次世界大战，美、日、英、德等多个国家被卷入其中。中国则遭到日本的大举侵略，东部沿海城市大多被日本占领，国民政府迁都重庆，大量企业及学校也随之内迁。由于战火的弥漫，这一时期中国鲜少有新的西方财政学翻译著作出版，但基于此前西方财政学在中国的广泛传播，这一时期有大量的国人自撰财政学著作问世，其中不少是作为高等学校或专门商科学校的教材，本土财政学获得了长足发展。虽然，仍没有跳出西方财政学理论框架，但毕竟不是单纯的翻译，本土财政学开始慢慢发展起来，并逐渐体现出去欧美化的趋势。本土财政学的普遍发展让越来越多的人关注中国现实财政问题，而中央与地方财政收支系统的调整就是一个绕不开的话题。在战争的特殊时代背景下，这一时期的分税制思想体现出较强的集权倾向。另一方面，由于长期的思想交锋和政策实践，财政专家学者们对国地收支划分相关问题的论述也更加成熟和完善，但对长期存在的中央与地方事权与支出划分问题依旧没有解决。与前期相比，这一时期分税制思想呈现出以下特征：

第一，倾向于实行中央集权的分税制。南京国民政府前期，学界对分税制的三种制度模式作了比较透彻的分析，多数学者赞同中国实行既不偏向于中央集权又不偏向于分权的英国式的折中制，更准确地说是孙中山先生提出的均权制。中央地方各级政府各有相对独立且稳定的税收，同时通过补助金制度加强中央与地方各级政府之间的联系，实现财政纵向和横向的平衡。然而，随着抗日战争全面爆发，争取战争胜利成为全国人民共同愿望和国家首要目标，加强中央财政集权以保障战争所需军事物资供应调配成为必然。此外，随着社会的进步和经济的发展，世界主要资本主义国家都在不同程度上加强了中央财政集权。基于这样的国内外环境，一些学者提出应当实行集权式的分税制。还有一些学者从加强中央宏观调控能力以实现地区间均衡发展和简化税制、公平税负等方面提出加强财政集权。具体是将田赋等一些原划归地方的税收收归中央，由中央统一调配；其次是将税收征管权收归中央，地方税亦由国税机构代征。

第二，欧美财政学理与中国实际相结合。中国近代分税制思想源于西方，清末民初的分税制思想打上了深厚的日本烙印，南京国民政府前期的分税制思想则主要借鉴欧美思想理论和制度经验。到 20 世纪 40 年代，时人关于分税制财政体制改革一些主张的重要理论虽仍是来源西方，但由于国内环境的变化及本土财政学的长足发展，无论是决策层还是学者都更加注重与中国实际相结合。如在税收划分方式选择问题上，学者们对西方各国常用税收划分方式结合中国国情进行了利弊分析，并给出了各自关于选择不同划分方式的建议和理由；在税收划分标准上，这一时期虽然大部分学者基本接受和认可塞利格曼及薛蕡时提出的效率、适合、相当原则，但更多学者认为税收划分在遵循一定理论原则的同时应更加注重中国历史沿袭和现实环境，主张根据中国的历史习惯和客观环境将税收在中央与地方各级政府间进行合理配置；在中央地方支出划分、地方财政分级、中央对地方财政补助等问题上，虽都是在借鉴欧美财政学理和制度经验的基础上提出的，但在问题分析和具体政策建议上都充分结合了中国历史习惯和现实环境，并非完全照搬西方理论和制度经验，实现了西方理论、制度与中国国情的融合。

第三，对事权和支出范围依旧缺乏应有关注。事权和支出范围纵向配置是合理划分税收的前提，是分税制财政体制的逻辑基础。民初个别督抚及学者开始意识到划分国家经费对于划分国家税地方税的重要性，国民政府前期亦有极少数学者认识到了事权、支出及税收划分正确逻辑顺序，但对具体如何划分上却缺乏深入研究。到 20 世纪 40 年代，人们对中央与地方各级政府职务划分、支出划分及税收划分的逻辑关系有了更加清晰的认识，但对事权及支出具体划分问题上仍旧没有深入研究，没有提出可行的意见和办法，只是简单地重提孙中山先生提出的"凡事务有全国一致之性质者，其支出属中央；有因地制宜之性质者，其支出属于县"。这是一个非常抽象和笼统的说法，只能作为一种大纲性的意见，导致的后果就是国民政府支出划分法案中对各级政府支出规定的模糊性，职责同构问题非常严重，但又没有有效的激励措施。

结　　语

　　起源于西方的分税制思想，在清朝末年由驻外使臣、出国考察人员和留学生引进至中国，为清末财政体制改革指明了方向，拉开了中国传统财政体制及思想近代化转型的序幕。从西方搬运过来的税收划分种子，在救亡图存的宪政改革中扎根中国大地，在中央地方权力博弈下缓慢曲折发展，在社会各阶层进步人士的争论下日趋明晰。清朝末年，部臣疆吏对税收划分标准和地方税分级展开了讨论；北洋政府时期，政学两界继续探讨税收划分标准之余，还将税收划分深入支出责任的划分，并提出将田赋划归地方；国民政府时期，分税制思想从收入和支出责任划分进一步深入事权划分，对分税制的制度模式、税收划分方式及地方财政分级展开了充分研究，还延伸到补助金制度的讨论。在这个过程中，近代分税制财政体制经历了集权制到分权制再到均权制的变化，税收划分标准从五花八门到渐趋统一，地方税层级从省县不分到各自独立，补助金制度逐步实施。自晚清到国民政府，移植于西方的中国近代分税制思想，随着政治格局的变化、国民经济的发展、新财政问题的涌现、地方自治事业的扩张及社会民主思潮的迭兴而不断地自我发展与完善，在引进吸收西方思想理论与实践经验的同时也充分考虑了中国历史传统与现实需要，既存有深深的西方烙印，也呈现出鲜明的民族特征，为近代中国分税制立法与实践提供了理论基础。

　　那么，源自西方的分税制思想在中国近代扎根并随着情势变化而发展的逻辑是什么？从总体上看整个近代分税制思想发展演变历程，它有何特征？中国近代分税制思想的发展与演变能否为我们当前财政体制的调整与完善提供镜鉴？在以时间为脉络，从微观层面梳理完中国近代分税制思想发展历程及主要内容之后，有必要将其视为一个整体，从宏观层面予以总结。

一、中国近代分税制思想发展演变的逻辑理路

(一) 宪政理想的追求

甲午之战后，一些开明人士将中国向西方学习从器物技艺层面上升到思想制度层面，主张变革传统的中央集权专制政体，建立新式的立宪政体，宪政思想迅速发展。虽然，晚清立宪派、革命派和清政府各自立宪的动机、目标及方法并不相同，但共同推动了以宪法为核心、以民主为基调的宪政思想的发展。清政府为宪政改革亦作了不少努力，如1905年派"五大臣"出洋考察，1907年再度派遣李家驹等重臣赴英、德、日专门考察宪政，1908年确定宪政筹备事宜清单，宪政改革大幕逐步拉开。围绕宪政改革而展开的修律法、改官制、分权限、行自治等改革方案接踵而出，宪政思潮一时风头无两。宪政的核心是通过法律限制政府权力以保障自由民权，国家权力结构表现为横向水平配置和纵向垂直配置的网状结构，所以政府权力限制包括横向制约和纵向制约两个维度。横向权力制约主要通过不同部门之间的权力配置实现，即是行政、立法、司法三权分立；纵向制约即是自中央到地方各级政府科层权力配置，主要是指事务管理权在各级政府之间的配置。中央与地方政府间纵向权力配置在整个国家治理体系中居于核心地位，其科学程度的高低对于一个国家的治理成效有着重大影响。[①]　纵向权力配置是横向权力配置的前提。[②]　晚清主张立宪的各派人士虽对政府各部门间横向权力配置及政府各层级间纵向权力配置的认识尚没有如此透彻，但也实实在在地提出了三权分立和划分中央地方权力的意见。财政为庶政之母，中央与地方行政事务权力的划分必然要进行财权的划分，所以划分国家税地方税亦被写进《九年筹备事宜清单》，成为清末预备立宪的重要一环。清末掀起了划分国家税地方税的大讨论，分税制思想在中国大地生根。

清末预备立宪开了中国现代化民主政治风气之先河，辛亥革命推翻了腐朽的

[①]　任广浩，解建立.改革开放40年我国政府间权力纵向配置变革及其法治化探索[J].河北法学，2018(12)：2-10.

[②]　朱丘祥.分税与宪政——中央与地方财政分权的价值与逻辑[M].北京：知识产权出版社，2008：44.

封建帝制，随之而建的北洋政府也成为民主宪政的试验场。1912 年 1 月 1 日，孙中山在《中华民国临时大总统宣言书》中提出五族共和论，其领导之下的南京临时政府更是颁布了《中华民国临时约法》等一系列法律、法规作为该宪政学说的具体实践。辛亥革命使"家国"转变为"民国"，民主共和成为这一时期进步人士所期望的宪政改革的底色。即使企图复辟帝制的袁世凯窃取了革命果实，也只能在民主共和政体的"羊头"下卖专制集权的"狗肉"，必须在形式上遵循宪政理念的要求。袁世凯政府于 1913 年 10 月颁布了《中华民国宪法草案》，以迎合民族统一、自由民主等宪政诉求。既然是民主宪政，就避不开中央与地方权力的配置，划分国地收支自然也成为题中之义。北洋政府为顺应时人对宪政的追求及地方政府对财权的要求，颁布了国家政费与地方政费、国家税地方税划分法案草案，以法律形式规范中央与地方政府的支出与税权。从理论上看，既可遏制地方政府肆意截留中央税款和滥征于民的不良行径，又可限制中央政府凭借权力优势对地方无限摊派和予取予夺。袁世凯复辟帝制招致全国各界人士的声讨，违背历史潮流的集权专制政体终被广大人民所期望的民主宪政碾压。袁世凯殁后，大小军阀各占山头为王，思想界为谋求国家统一又掀起了联省而治宪政思潮，主张在中国实行美国式的联邦制宪政。在这样的宪政思想指导下，各省纷纷颁布省宪，中央政府颁布了国宪，中央与地方分权而治，国家税地方税归属被写进宪法，足以说明宪政体制下划分国地收支的必然性和必要性，国地收支划分尤其是国家税地方税的划分成为当时财政学界重要议题之一。分税制思想在联邦制宪政形式下焕发出新的生命力，一直延续并贯穿于整个国民政府时期。

　　1924 年初，孙中山在《中国国民党第一次全国代表大会宣言》和《建国大纲》中提出国民政府以革命之三民主义和五权宪法建设国家，建设程序分为军政、训政和宪政三个时期，最终目标是实现宪政。在追求和实现宪政的过程中，中央与地方采均权制度，"凡事务有全国一致之性质者，划归中央；有因地制宜性质者，划归地方"。其提出的国家建设理念和目标被其后的各界人士奉为圭臬，国民政府实现南北统一后即宣布进入训政时期，开始了以孙中山先生《建国大纲》为蓝本的建国事业。制定了《训政纲领》、颁布了《中华民国训政时期临时约法》，建构五院制的中央政治组织，改造地方行政体制，从形式上建立起横向五权分立和纵向中央-省-县三级网状权力制约结构。中央与地方政府间行政事务管理权的分配，必然要建立与之相适应的财政体制。划分国地收支不仅是当时社会各界和各阶层的共识，也是国民政府历次召开的全国财政会议的中心议题。而孙中山先生所提出的中央地方行政事务管理权配置的"均权"原则，被国民政府时期很多政府官员和知识分子奉为划分中央地方财政收支的基本原则。

　　分权是宪政制度的基本原则和重要内容，宪政意义上的分权包括横向分权和纵向分权。横向分权否定了权力专制，有利于防范权力的过度集中，而纵向分权则针对国家政权不同层次的划分，其目的是限制国家权力的统一化和绝对化。西方宪政思想理论和制度经验自清末传入中国后，宪政体制便被各界人士视为救国良药，民主、民权和自由是中国近代宪政改革的基本诉求，横向的限权和纵向的分权则成为实现这一诉求的主要工具。纵向分权一般又表述为中央与地方关系。税收的征集与分配是宪法从根本上影响中央与地方关系的第二种方法①，财政关系是政府最核心的问题②，因而税收、财政、金融体制在现代国家中央与地方关系中占据了重要地位③。因此，中央与地方关系的关键因素之一就是财政权的分配，而财政权在中央与地方各级政府之间的分配主要就是税收和支出责任的分配。鸦片战争到新中国成立之前，中国饱受西方帝国主义的侵略之苦和国内军阀官僚之害，广大人民生活在水深火热中，宪政理想成为广大进步人士孜孜不倦的追求，在这样的宪政理想下，以事权和支出责任划分为基础，以划分国家税地方税为核心，以转移支付为补充的分税制财政体制成为一种必然的制度选择。在这样的制度选择下，分税制思想伴随着环境的变化日趋丰富深刻。

（二）地方自治的需要

　　地方自治是近代中国宪政改革的基础，也是宪政制度的重要组成部分。谈宪政离不开地方自治，论地方自治必然会涉及宪政，但二者内涵完全不一，人民通

---

　　①　伊夫·梅尼，文森特·赖特. 西欧国家中央与地方的关系[M]. 朱建军，李明，张福江，等，译. 北京：春秋出版社，1989：27. 宪法从根本上影响中央与地方关系的第一种方法是给予或不给予下级司法机关制定法律的权力。

　　②　董礼胜. 欧盟成员国中央与地方关系比较研究[M]. 北京：中国政法大学出版社，2000：11.

　　③　苏力. 当代中国的中央与地方分权[J]. 中国社会科学，2004(2)：42-55.

过宪政和自治反映出来的诉求也各有侧重。如果说对宪政理想的追求从比较宏观的层面提出划分国地收支主张，那么实行地方自治则从微观具体的层面提出赋予地方相对独立财权的要求。近代学人对地方自治的理解是："盖谓一地方区域内之公共事务，由其地方区域内之人民，依共同之意识，而自行处理之。"①现代学者将其概括为：一定区域范围内，在国家监督之下，由该地方人民自订规约，通过选举产生自治机关，管理本地方的公共事务。② 抽象掉政治制度和法律框架后，地方自治就是地方居民利用地方之财办理地方公共事务。因而发展地方自治离不开地方财政。由于地方自治是地方居民根据自己的意志处理地方公共事务，那么地方财政自然需与中央财政及其他层级政府财政划然分离。

　　地方自治思想在康有为、梁启超等立宪派思想家大力宣传下逐渐引起国人的关注，并在清廷被迫宣布实行"新政"后发展成为一股强大的社会思潮，"以至于到了无人不谈地方自治的地步"③。1909 年和 1910 年，清政府相继颁布《城镇乡地方自治章程》《府厅州县地方自治章程》和《京师地方自治章程》，省、县、乡镇各级地方纷纷成立了咨议局、议事会、董事会等地方自治机构，并选举议员、董事，召开议会商决地方事宜，地方自治制度粗具规模。事无财不举，筹办地方自治需要大量经费支撑。清末各级自治章程规定将地方公款、公产列为自治经费的首要来源；其次是地方捐税，包括城镇乡自治中征收的公益捐和府厅州县征收的地方税；第三是自治团体按照规定所科的罚金或临时募集的公债等。尽管章程有明确规定，但由于各种原因，公款公产清理十分困难，自治经费来源匮乏。在经费无着的困境下，各地纷纷奏请在漕粮、积谷等税捐项下加征税捐作为附加税，甚至还有督抚奏请通过加征捐税方式筹集自治经费。总之，捐税成为清末兴办事业、教育等地方自治事业重要经费来源之一。捐税是发展地方自治事业重要物质基础，划分国家税地方税以保证地方拥有独立且稳定财政收入成为发展地方自治的必然要求。

---

　　① 　陈顾远．地方自治通论[M]．上海：泰东书局，1922：4.
　　② 　陈明胜．晚清民国时期地方自治的内在困境及其现代启示研究[M]．合肥：合肥工业大学出版社，2018：2.
　　③ 　郭相宏．法律的移植与排异：清末民初地方自治运动研究[M]．北京：法律出版社，2012：45.

北洋政府时期，始于清末的地方自治虽然得以赓续办理，但由于袁世凯复辟帝制下令停办及其死后军阀割据混战等原因，地方自治几经浮沉，地方自治事业发展一言难尽。但这一时期人们对地方自治理论和制度却有了更多更深入的研究，为中国后来地方自治的发展提出了很多创设性意见。最具代表性的就是孙中山关于发展地方自治的构想。他提出以县为自治单位，以实行民权、民生两主义为目的，以清户口、立机关、定地价、修道路、垦荒地、设学校六事为发展地方自治基本事业，并确立了地方自治是实行宪政的基础这一对国民政府影响深远的理念。根据孙中山的设计，宪政是国民政府的落脚点，实现宪政必须大力发展地方自治。为了推进地方自治，国民政府先后颁布了众多地方自治法令，最主要的有 1929 年初次颁布、1935 年修订的《县组织法》以及 1939 年的《县各级组织纲要》。从实践层面看，国民政府时期地方自治发展大致可分为三个阶段：第一阶段为 1929—1934 年，即 1929 年《县组织法》颁布后的实践；第二阶段为 1934—1936 年，《地方自治改订原则》及新《县组织法》指导下的实践；第三阶段为 1939年实行新县制后并在《县各级组织纲要》指导下的实践。① 由于 1928 年财政收支系统仅将税收划分为国家税和地方税，而对省以下地方收支问题无明确规定，省凭借其权力优势掌握了绝大部分税收，县自治单位经费匮乏，地方自治仅在自治机构建立方面取得一定成就，还导致了地方苛杂丛生问题。为了解决苛捐杂税问题及保证地方自治经费来源，国民政府召开第二次全国财政会议，确定了中央—省—县三级财政体制，将税收分为国家税、省税和县（市）税，赋予县独立稳定的税收来源。1935 年修订的《县自治法》中亦增加县财政一章，详细规定以县土地税 70%以上、营业税 30%及县公营事业、公有财产收入作为县财政收入，以保障县自治经费来源。有了经费支持，地方自治也获得了较好的发展，但好景不长，全面抗日战争的爆发中断了刚有起色的地方自治事业。国民政府在重庆站稳脚跟后，又开始大力筹划地方自治，推行新县制并颁布了《县各级组织纲要》，大大提高了县级组织政治地位。而且，该法令使得县正式成为一级独立的财政单位，获得了稳定税收来源。在抗战建国并重及充分发展地方自治的要求下，1941 年国

---

① 陈明胜. 晚清民国时期地方自治的内在困境及其现代启示研究[M]. 合肥：合肥工业大学出版社，2018：159.

民政府将财政系统划分为国家财政和自治财政两大系统，再次强调和提升了县财政地位。抗日战争结束后不久，国民政府恢复中央-省-县三级财政收支系统，但相较于 1935 年财政收支系统而言，战后税收三级划分，呈现出鲜明的强县弱省的现象，主要出于充实县财政发展地方自治事业考虑。

地方自治思想自清末传入中国后，便在官绅共同推动下走向实践，在经过北洋政府时期的沉浮后，在南京国民政府时期获得蓬勃发展。然而，地方自治机构的设立和自治事业发展都离不开经费支持，所以发展地方自治必然要给予地方自治机构相应的财政收入。要保证地方自治机构有充足稳定地方自治经费，必然要将税收在各级政府之间明为划分。

二、中国近代分税制思想的总体特征

在清末"宪政改革"大势下，自西方传入的分税制制度经验及理论，是近代中国分税制思想形成与发展的重要牵引力；晚清到民国政体形态的变化以及财政制度改革的逐步实施，是近代中国分税制思想发展的重要推动力；而政府管理层对分税制财政体制的认同，是近代中国分税制思想持续发展的力量源泉。在上述多种力量共同作用下，中国近代分税制思想获得长足发展，并呈现出以下三个特点：

第一，中国近代分税制思想的发展历经了由点到面、由表及里的逐步深化过程。清朝末年，西方财政学理论和制度经验随着驻外使臣、出国考察人员及一些水平不高的日本留学生传入中国，国家税与地方税划然分离这一制度经验很快被政府官员和进步人士所接受，国人开始跳出传统专制集权财政体制谋求划分国家税地方税。但由于传统制度文化的束缚、知识背景的局限以及中央地方夺利的现实，清末的分税制思想在内容上仅限于国家税地方税划分标准和地方税分级，在深度上仅停留在经验借鉴层面上，只从解决中央地方财政困境的现实需要层面认识到了划分国家税地方税的必要性。到北洋政府时期，随着更多的西方财政学书籍的翻译和中西交流的增加，西方财政学理和分税制度经验被更广泛更细致介绍到中国，同时由于新式教育的发展，民主共和体制的建立，时人对划分国地收支有了新的认识和更深入的理解。在内容上，不仅继续讨论国家税地方税划分标准，还认真剖析了划分国地收支的前提或基础，并提出了划分国地税后同时划分国家政费与地方政费。在深度上，不仅仅是简单的对西方制度经验的借鉴，而是引入一定的学理分析，尽管这种学理分析很浅显。此外，这一时期人们不再是从解决中央地方财政困境这一表象出发，而是上升到建立统一的财政系统和有序的财政秩序这一愿景出发，探索划分国地收支问题。及至南京国民政府时期，随着越来越多的西方著名财政学著作被翻译，越来越多高水平欧美留学生归国，本土财政学的长足发展，以及民主政治的日益发展，分税制思想也获得蓬勃发展。政学两界围绕分税制制度模式、事权及支出划分、税收划分标准、税收划分方式、征税权、地方税收划分及补助金制度等问题对财政收支系统展开了全面的分析，基本建立起完整的分税制框架。在深度上，从现实问题和财政学理上对相关问题作了较为深入的分析，并认识到了划分国地收支建立中央地方财政收支系统在国家政治建设方面的重要作用。从晚清到民国，国人对分税制的讨论从税收划分深入到对税收划分具有重大影响的事权与支出责任的划分、从收支划分拓展到补助金制度实施，税收划分标准从五花八门到渐趋统一、地方财政从省县不分到各自独立，分税制思想体系日趋丰富完善。

第二，分税制思想为近代中国分税制财政体制立法和实践提供了理论支撑。根据唯物史观，人类认识往往遵循"实践—理论—再实践—再理论"的螺旋上升规律。中国近代分税制思想的源头是西方财税理论和分税制度经验，清朝末年，中央枢臣和地方督抚都欲借鉴西方理论经验改革中国财政体制，对如何划分国家税地方税展开了激烈争论，但终究只是停留在方案讨论阶段。毕竟中西有别，简单的拿来主义行不通，却拉开中国财政思想和财政体制转型的帷幕。思想源于实践并指导实践。在前期的激烈争论中，北洋政府于1912年秋拟定了《国家费用地方费用标准》及《国家税地方税划分法案（草案）》，该税收划分草案于1913年底正式颁布并付诸实践，尽管实践期限很短，但它意味着分税制财政体制正式登上中国历史舞台。北洋政府前期国地收支划分法案的出台及短暂实施是清末民初各界人士就国地收支划分展开激烈讨论的结果。北洋政府后期，在联省自治运动背景下，学界再次掀起了划分国地收支研究讨论热情，纷纷主张将田赋、契税划归地方以扩大地方财权。在政学两界人士努力下，1923年《中华民国宪法》顺应时代潮流将向为中央正供的田赋及关联税收契税划归地方，一改此前集权于中央的倾向。及至南京国民政府时期，财政部多次组织全国财政会议，广邀学界专家参会讨论国地收支划分法案，不少专家学者关于分税制改革的意见被采纳而成为国家政策，对南京国民政府时期历次分税制法案的调整完善具有重要的指导作用。如1928年颁布的《划分国家收入地方收入标准案》《划分国家支出地方支出》即国民政府第一次全国财政会议商议的结果，是民初以来分税制思想发展的结晶。1934年，针对1928年国地收支划分法案实行后出现的问题，国民政府组织召开第二次全国财政会议，综合政学两界财政专家的意见和建议对国地收支划分进行了调整和完善，并于1935年颁布了《财政收支系统法》。尽管该法案因抗日战争爆发一再展期最后无疾而终，但也有不少学者对该法案进行了深度剖析，有学者对该法案评价颇高，也有学者认为它仍存在不足并提出改进意见。20世纪40年代，围绕划分国地收支及中央与地方财政关系的讨论研究越发多，他们在参考西方学理和考量中国现实基础上，对民国以来历次国地收支划分法案分析点评，继而对中国财政收支系统调整提出政策建议。这些政策建议或多或少直接影响了1941年和1946年的财政收支系统法。

第三，中国近代分税制思想发展随着时势的变化呈现出"传统集权主义—分权主义—均权主义—现代集权主义"阶段性变化。受中国两千多年君主专制传统影响，清末民初的分税制思想具有浓厚的传统中央集权色彩，具体表现就是税收划分完全偏重中央，划归的地方只有因筹办新政款项而开设的零星杂税。到20世纪20年代，在军阀割据的境况下，受西方联邦主义思潮影响，政学两界本着地方分权之旨划分中央地方事权及财权税收，不仅提出扩大地方税收、增强地方财权，还极力主张地方事务皆由地方自决自治，地方分权特征鲜明。典型表现是省之事权皆由省制定法律并执行，田赋、契税等很多原为中央的税收划为省税，中央税收范围大为缩小而地方税收范围得以扩大。到南京国民政府前期，孙中山提出的"均权主义"被奉为划分国家财政地方财政的根本原则，政要及学人均秉承中央地方均权精神就如何划分中央地方事权、税收提出各自主张，在保证地方有独立税收和较充实财力基础上，提出加强中央对地方财政监督、实行补助金制度等保证中央对地方财政优势地位，避免地方尾大不掉之势。到南京国民政府中后期，受战争及国际局势变化影响，时人倾向于实行集权式分税制，即适当上收事权和财权、扩大中央税收范围，以增强中央财政汲取能力和调控能力，应对抗战和国家建设需要。

第四，源于西方的分税制思想和理论在扎根中国的进程中逐步中国化。中国近代分税制思想是西方财税理论与中国实际问题相结合的产物，既有深深的西方烙印，又有鲜明的民族特色。从晚清到南京国民政府，无论是政府官员还是知识分子都充分认识到，国地收支划分不仅要参酌学理还要兼顾现实并考虑一国历史，中国不能照搬他国经验，也不能完全以西方学理为准。因为中国与西方诸国有不同的历史传统和现实国情。所以，中国近代分税制思想在移植西方分税制理论和借鉴西方国家分税制经验基础上，既考虑了历史影响，又充分与中国国情相结合。在研究中国财政收支系统或提交近代财政体制改革的政策建议时，对分税制制度模式、税收划分标准、税收划分方式选择、地方财政划分、补助金制度实施等有关问题时，都提出了适合当时国情的主张和建议，逐步实现了分税制的中国化。这是因为任何先进的制度与思想都不可能原原本本地从一个文明体植入另一个文明体当中去，况且欧美诸国在分税制基本框架下所采取的具体措施本就是有差异的。

三、中国近代分税制思想的借鉴与启示

中国近代分税制思想在西方财政学理的影响和中国财政改革现实需要下不断发展，为推动民国时期财政体制改革提供了思想指导，也促进了中国近代财政思想现代化，对中国近代社会产生了不可磨灭的影响，其中一些思想主张对我们当前财政体制进一步调整与完善仍具有一定的借鉴意义。强调其历史意义的同时，也不能高估其价值，毕竟受时局、知识、历史等多重因素的制约，中国近代分税制思想发展亦存在不足，反思其不足之处，亦能带给我们些许启示。

第一，明确划分省县地方财政，将分税制进行到底。这其实包含了两层意思，一是将地方财政分为省县两级，二是将地方各级财政收支明确划分。关于地方财政分级的问题，清末督抚就已经有过争论，其实当时相当一部分督抚认为地方税收应当进一步划分为省、府厅州县和城镇乡三级，只不过由于财政收入匮乏难以支应三级地方政府财政需求而作罢。南京国民政府组织召开的第一次财政会议上，董修甲亦提出将地方收支分为省、县、城镇三级，但并未引起重视。1928年国地收支划分延续了北洋政府时期的中央地方两级财政体制的制度安排：税收和支出仅分为中央地方两级，省以下的财政收支由各省自行决定。导致的后果是

县沦为省财政附庸，"所有划归地方之税源全由省把持，鲜有将某项税一部分给与县者"，同时"省或中央又将事务堆积于县"。① 县（市）事务繁多而经费无着，不仅地方事业发展受限且致摊派苛杂丛生。针对这样的问题，20世纪30年代中期，政府官员和学界学者纷纷提出了进一步划分地方财政的主张，多数人的意见是地方财政分为省县两级，县以下不再划分。地方财政分为省县两级，国家税收和支出在中央、省、县三级政府之间明确划分成为共识，也成为此后南京国民政府调整财政收支系统的基本规制。明确划分省县收支的重点其实是明确划分省税与县税，最终目的是保证县级政府有稳定和比较充足的财政收入以推动地方自治事业发展。1994年分税制改革希望先搭建中央与以省为代表的地方分税制框架，再逐步理顺省以下财政体制。然而，"直至今天，中国省以下的地方财政体制，仍未过渡为真正的分税制，实际上还是五花八门、复杂交易、讨价还价色彩较浓厚的分成制和包干制"。② 这也是导致当前基层财政困难、地方隐性负债和"土地财政"等问题的根源。十九届五中全会通过的《中共中央关于制定国民经济和社会发展第十四个五年规划和二〇三五年愿景目标的建议》中提出"健全省以下财政体制，增强基层公共服务保障能力"。由此，须积极稳妥推进省以下分税制改革，明确省以下政府间事权、支出责任和财权划分，并提高其法治化和规范化程度，使省以下财政体制真正进入到分税制轨道，将分税制财政体制进行到底。当前我国地方财政究竟分为几级比较合适？从行政层级看，目前中国有"中央-省-市-县-乡（镇）"五级，分税制的基本框架是分税分级，如果各级政府都按照分税分级的基本框架要求稳定的税基，乡镇财政将陷入绝境，因为乡镇根本就没有可以支撑起本级财政支出需求的税收来源。而且，现有可配置主体税种也难以满足五级政府对独立税种的需求，所以，扁平化即减少财政层级是未来地方财政体制改革的主要导向。根据近代专家学者的主张和政府的实践经验，省-县两级的地方财政是一种比较恰当的制度安排，既可避免政府层级过多与可配置主体税种不足的矛盾，又可保证基层政府有稳定的税收来源。基层政府有稳定的收入来源有助于发挥其在信息管理方面的优势，增强对国家政策的执行力，建立起"保民生、保工

①　彭雨新．县地方财政［M］．上海：商务印书馆，1945：3.

②　贾康．中国财税体制改革的经验和愿景展望［J］．中国经济报告，2019（1）：24-31.

资、保运转"的长效机制，兜牢民生底线。① 另外，随着社会进步和经济发展，公共事务的复杂程度日益加大，人民对公共产品质量要求也越来越高，政府事权范围亦随之扩大，为提高公共产品的供给效率和降低公共产品供给成本，可适当扩大基层财政组织单位范围边界。那么，将乡（镇）政府作为县政府的派出机构，实现乡镇财政由县财政统筹安排管理是一个比较合适的选择。此外可以考虑虚化市级政府财政责任主体地位，使市作为省的派出机构，其财政收支由省财政统筹。搭建起县与省直接对话的地方财政体制和财力分配框架。中国的郡县制自秦汉延续至今，县始终是一个很稳定的基层单位。而元朝创设的省，在经过明清的演化以及民国时期的固化，在中国行政层级和调控社会经济发展中具有举足轻重的作用。中央之下有省、县两级财政责任主体，既可解决政府层级过多而税种不足的问题，又能保证政府的有效运行。

　　第二，培育地方主体税种，健全地方税体系。分税制的一个基本取向是"以地方之财办地方之事"，扩充地方财源以发展地方自治事业是近代分税制思想发展的一大主线。清末的国地税收划分方案采行的是日本的附加税主义，即地方税基本上是国税附加税及少许零星杂税杂捐，税基极为狭窄，税额亦极少。北洋政府时期，开始有学者提出将田赋这一大宗税收划为地方税以增加地方政府财税收入，并从理论和实际两个方面列举了田赋宜作为地方税的十五个理由，这可谓是倡导构建地方主体税种的开端。虽然这一主张并未被政府当局采纳，但将田赋划归地方的思想却在不少官员和学者心中生了根。20世纪20年代，越来越多具有欧美留学背景的学者主张国地税收划分实行独立税目主义，即地方应有独立税种，并分析和列举了适宜作为地方税的税种。在发展地方自治以实现民主宪政的目标导向下，使省、县两级政府各有独立主体税种，并不断调整优化地方税收制度是南京国民政府时期分税制思想的主旋律之一。在这样的思想指导下，南京国民政府从第一部划分国家税地方税法案开始就采取了税目独立主义，并借鉴外国经验和吸收清末民初税收划分思想，逐步建立起以营业税为省级主体税种、土地税为县（市）主体税种的地方税体系，彻底改变了清末民初地方只有小额零星税捐的极度困难局面，极大地增加了地方财税收入，一定程度上缓解了地方财政困

---

① 邓力平．新发展阶段与建立现代财税体制[J]．新华文摘，2021（5）：4-12．

难，缓和了央地财政关系。形成具有主体税种的健全的地方税体系不仅是增加地方政府税收的关键，也是理顺中央与地方财政关系的关键。随着"营改增"的全面实施，地方主体税种缺失，共享税成为地方主要税收来源。地方缺乏主体税种不仅使得分税制驶向了分钱制，而且使地方财政严重依赖土地出让金收入和转移支付等弊端日益凸显。① 回顾近代分税制思想发展历程和分税制体制变迁路径，地方主体税种是地方政府获得稳定独立财政收入的根本保障，稳定独立的税收来源是地方政府切实履行其政府职能和恰当安排事务支出的基础。这不仅有利于提高地方政府公共产品供给效率，还可降低地方政府对中央财政转移支付的依赖，并减少病民困商的苛捐杂税和不合理的非税收入。在面向国家治理的财税体制改革新阶段，只有在形成有效的地方税体系基础上才能更加科学合理地划分中央和地方间的事权和支出责任，② 改善中央与地方财政关系，重塑以"分税制"为灵魂的中央和地方财政关系新格局。因此，必须尽快培育地方主体税种，健全地方税体系，有效巩固和增加地方政府税收收入继而避免过渡采取共享税的方式来弥补地方财力的不足。

第三，明确分税制财政体制的逻辑基础，合理划分中央与地方各级政府的事权。与中国古代仁政思想下"量入为出"财政原则不同，现代化进程中财政原则是"量出为入"，即根据政府行使政府职能、提供公共产品所需的支出规模来确定财政收入。在中央与地方财政划然分离的财政体制下，无论是中央还是地方各级政府财政收支都必须遵守"量出为入"这一基本原则，在保证基本公共产品供给的前提下尽量保持收支平衡。这意味中央与地方各级政府收支划分在制度设计时需先将一国支出在中央与地方各级政府之间明为划分，而中央与地方各级政府支出责任又取决于中央与地方各级政府拥有的依法在一定范围内对公共事务进行管理并提供公共物品和服务的权能——事权。在中央与地方财政关系中，事权及与其相应的支出责任的纵向配置处于基础性地位，是政府间财权及财政收入划分的主要

① 陈昌盛，李承健，江宇. 面向国家治理体系和治理能力现代化的财税改革框架研究[J]. 管理世界，2019(7)：8-14.
② 赵全厚. 我国财税体制改革演进轨迹及其阶段性特征[J]. 改革，2018(4)：29-38.

依据之一，也决定着政府间财政转移支付的结构和规模。① 在税收已是其主要财政收入来源的情况下，中央与地方财政收入的划分即是指税收的划分。所以，中央与地方各级政府间事权及支出责任合理划分是以税种划分为核心的分税制的逻辑基础。纵观中国近代分税制思想演变过程，无论是政府决策者还是学界知识分子，对国地收支的划分研究几乎都侧重于税收划分，而对支出责任的划分缺乏应有的关注，对事权划分的讨论研究则少之又少。理论研究的偏向和思想准备的不足导致的后果是制度设计的缺陷和政府决策的随意性。民国时期历届政府在进行分税制财政体制改革时从未清楚的界定过中央与地方各级政府的事权，通过法令形式规定的中央与地方各级政府支出范围过于笼统和模糊，除了国防、外交等事关国家安全和统一的事务支出及独立的司法支出完全由中央政府承担外，其他支出费目几乎为中央地方各级政府共有。不清晰的事权边界和模糊的支出范围，使得各级政府间税收划分和中央对地方政府的转移支付失去了关键性支撑依据，进而出现税收划分不当和补助金随意问题，不仅使得中央和地方双双陷入财政困境，还导致地区之间财力失衡，严重影响分税制的制度效率。科学、合理地界定中央与地方各级政府的事权与财政支出范围，是保障政府公共职能有效发挥、实现中央与地方关系规范化调整的逻辑前提。② 要协调好中央与地方财政关系，提高中央与地方两个积极性，充分发挥分税制的制度效率，必须把明确划分中央与地方各级政府事权与支出范围放在分税制制度设计的首位，从理论和事实两个方面详加研讨，从源头上解决 1994 年分税制改革以来存在的问题。

① 朱丘祥．分税与宪政——中央与地方财政分权的价值与逻辑[M]．北京：知识产权出版社，2008：117.

② 郭庆旺，赵志耘．财政理论与政策[M]．北京：经济科学出版社，2002：24.

参 考 文 献

史料汇编类

[1] 陈锋.晚清财政说明书(第一卷)[M].武汉:湖北人民出版社,2015.

[2] 陈锋.晚清财政说明书(第二卷)[M].武汉:湖北人民出版社,2015.

[3] 陈锋.晚清财政说明书(第三卷)[M].武汉:湖北人民出版社,2015.

[4] 陈锋.晚清财政说明书(第四卷)[M].武汉:湖北人民出版社,2015.

[5] 陈锋.晚清财政说明书(第五卷)[M].武汉:湖北人民出版社,2015.

[6] 陈锋.晚清财政说明书(第六卷)[M].武汉:湖北人民出版社,2015.

[7] 陈锋.晚清财政说明书(第七卷)[M].武汉:湖北人民出版社,2015.

[8] 陈锋.晚清财政说明书(第八卷)[M].武汉:湖北人民出版社,2015.

[9] 陈锋.晚清财政说明书(第九卷)[M].武汉:湖北人民出版社,2015.

[10] 故宫博物院明清档案部.清末筹备立宪档案史料(上册)[M].北京:中华
书局,1979.

[11] 故宫博物院明清档案部.清末筹备立宪档案史料(下册)[M].北京:中华
书局,1979.

[12] 江苏省中华民国工商税收史编写组,中国第二历史档案馆.中华民国工商
税收史料选编(第一辑 上册)[M].南京:南京大学出版社,1996.

[13] 江苏省中华民国工商税收史编写组,中国第二历史档案馆.中华民国工商
税收史料选编(第一辑 下册)[M].南京:南京大学出版社,1996.

[14] 金鑫,等.中华民国工商税收史料选编[M].北京:中国财政经济出版社,
2001.

[15] 梁启超.梁启超全集(第二卷)[M].北京:北京出版社,1999.

［16］彭林整理，郑玄注．周礼・地官司徒［M］．上海：上海古籍出版社，2001.

［17］上海经世文社．民国经世文编（第五册）［M］．北京：北京图书馆出版社，
2006.

［18］沈式筍．中华民国第一期临时政府财政部事类辑要［M］．台北：学海出版
社，1970.

［19］周秋光．熊希龄集（第一册）［M］．长沙：湖南人民出版社，2008.

［20］周秋光．熊希龄集（第二册）［M］．长沙：湖南人民出版社，2008.

［21］周秋光．熊希龄集（第三册）［M］．长沙：湖南人民出版社，2008.

［22］中国第二历史档案馆．中华民国史档案资料汇编（第三辑 财政（一））［M］.
南京：凤凰出版社，1991.

［23］中国人民银行总行参事室．中华民国货币史资料第二辑［M］．上海：上海人
民出版社，1991.

［24］中国社会科学院近代史研究所《近代史资料》编辑部．近代史资料（总59
号）［M］．北京：中国社会科学出版社，1985.

［25］中华书局．孙宝瑄日记（下）［M］．北京：中华书局，2015.

著作类

［1］本书编写组．党的十八届三中全会《决定》学习辅导百问［M］．北京：学习出
版社，党建读物出版社，2013.

［2］北京图书馆．民国时期总书目 1911—1949［M］．北京：书目文献出版社，
1993.

［3］财政部田赋管理委员会．十年来之地方财政［M］．南京：中央信托局印制处，
1943.

［4］柴松霞．出洋考察与清末立宪［M］．北京：法律出版社，2011.

［5］陈明光，孙彩红．中国财政通史（第四卷 隋唐五代财政史上）［M］．长沙：湖
南人民出版社，2013.

［6］陈明胜．晚清民国时期地方自治的内在困境及其现代启示研究［M］．合肥：
合肥工业大学出版社，2018.

［7］陈启修．财政学总论［M］．北京：商务印书馆，2015.

［8］陈锋．清代财政政策与货币政策研究［M］．武汉：武汉大学出版社，2013．

［9］陈锋．中国财政通史·清代财政史（上）［M］．长沙：湖南人民出版社，2013．

［10］陈锋．中国财政通史·清代财政史（下）［M］．长沙：湖南人民出版社，2013．

［11］陈锋．人文论丛：清代财政收入政策与结构的变动［M］．武汉：武汉大学出版社，2001．

［12］陈顾远．地方自治通论［M］．上海：泰东书局，1922．

［13］杜恂诚．民族资本主义与旧中国政府（1840—1937）［M］．上海：上海人民出版社，2014．

［14］杜恂诚．中国的民族资本主义（1927—1937）［M］．上海：上海财经大学出版社，2019．

［15］董修甲．都市财政学［M］．上海：商务印书馆，1936．

［16］董礼胜．欧盟成员国中央与地方关系比较研究［M］．北京：中国政法大学出版社，2000．

［17］付志宇．近代中国税收现代化进程的思想史考察［M］．成都：西南财经大学出版社，2015．

［18］高培勇．世界主要国家财税体制：比较与借鉴［M］．北京：中国财政经济出版社，2010．

［19］关吉玉．中国税制［M］．重庆：经济研究社，1945．

［20］郭冬梅．近代日本的町村自治研究［M］．北京：社会科学文献出版社，2019．

［21］郭沫若．中国史稿（第1册）［M］．北京：人民出版社，1976．

［22］郭相宏．法律的移植与排异：清末民初地方自治运动研究［M］．北京：法律出版社，2012．

［23］郭庆旺，赵志耘．财政理论与政策［M］．北京：经济科学出版社，2002．

［24］何启，胡礼垣．新政真诠［M］．沈阳：辽宁人民出版社，1994．

［25］贺水金．1927—1952年中国金融与财政问题研究［M］．上海：上海社会科学院出版社，2009．

[26] 何廉，李锐. 财政学[M]. 长沙：国立编译馆，1940.

[27] 胡己任. 中国财政整理策[M]. 北京：民国大学发行所，1927.

[28] 胡寄窗. 中国近代经济思想史大纲[M]. 北京：中国社会科学出版社，1984.

[29] 胡寄窗，谈敏. 中国财政思想史[M]. 北京：中国财政经济出版社，2016.

[30] 黄遵宪. 日本国志[M]. 长沙：岳麓书社，2016.

[31] 黄天华. 中国财政制度史(第四卷)[M]. 上海：上海人民出版社，2017.

[32] 黄天华. 中国税收制度史[M]. 上海：华东师范大学出版社，2006.

[33] 焦建华. 中华民国财政史（下）[M]. 长沙：湖南人民出版社，2013.

[34] 贾士毅. 民国财政史[M]. 上海：商务印书馆，1934.

[35] 孔祥熙. 全国各省市减轻田赋附加及废除苛捐杂税报告书[M]. 出版地不详：财政部印行，1934.

[36] 李向东. 民国北京政府分税制研究[M]. 北京：中国社会科学出版社，2020.

[37] 李超民. 中国战时财政思想的形成(1931—1945)[M]. 上海：东方出版中心，2011.

[38] 李权时. 国地财政划分问题[M]. 上海：世界书局，1930.

[39] 栗寄沧. 中国战时经济问题[M]. 桂林：中新印务股份有限公司出版社，1942.

[40] 林美莉. 西洋税制在近代中国的发展[M]. 上海：上海社会科学院出版社，2020.

[41] 刘畅. 美国财政史[M]. 北京：社会科学文献出版社，2013.

[42] 刘增合. 财与政：清季财政改制研究[M]. 北京：生活·读书·新知 三联书店，2014.

[43] 罗介夫. 中国财政问题[M]. 上海：上海太平洋书店，1932.

[44] 马寅初. 财政学与中国财政—理论与现实(上册)[M]. 北京：商务印书馆，2001.

[45] 彭雨新. 县地方财政[M]. 上海：商务印书馆，1948.

[46] 齐海鹏，孙文学. 中国财政思想史略[M]. 大连：东北财经大学出版社，2010.

[47] 璩鑫圭，唐良炎. 中国近代教育史资料汇编·学制演变［M］. 上海：上海教育出版社，2007.

[48] 孙文学. 中国财政思想史(下)［M］. 上海：上海交通大学出版社，2008.

[49] 萨孟武. 中国社会政治史(先秦秦汉卷)［M］. 北京：生活·读书·新知 三联书店，2018.

[50] 萨孟武. 财政学之基础知识［M］. 上海：新生命书局，1929.

[51] 孙宏伟. 英国地方自治体制研究［M］. 天津：天津人民出版社，2020.

[52] 上海法学编译社. 财政学问答［M］. 上海：会文堂纪新书局，1931.

[53] 谭君久. 当代各国政治体制——美国［M］. 兰州：兰州大学出版社，1998.

[54] 汤象龙. 中国近代海关税收和分配统计(1861—1910)［M］. 北京：中华书局，1992.

[55] 唐庆增. 中国经济思想史［M］. 北京：商务印书馆，2011.

[56] 滕淑娜. 税制变迁与英国政府社会政策研究(18—20 世纪初)［M］. 北京：中国社会科学出版社，2015.

[57] 王军主编. 中国财政制度变迁与思想演进(第二卷)［M］. 北京：中国财政经济出版社，2009.

[58] 吴才麟. 史前经济与财政起源［M］. 北京：中国财政经济出版社，2016.

[59] 王振宇. 优化分税制财政管理体制研究［M］. 北京：经济科学出版社，2019.

[60] 巫宝三. 中国古代经济分析论著：巫宝三集［M］. 北京：中国社会科学出版社，2019.

[61] 奚霈更. 财政学纲要［M］. 上海：上海法学社，1929.

[62] 熊元楷，熊元香. 财政学［M］. 上海：上海人民出版社，2013.

[63] 姚庆三. 财政学原论［M］. 上海：生活书店，1934.

[64] 杨荫溥. 民国财政史［M］. 北京：中国财政经济出版社，1985.

[65] 叶世昌. 中国学术名著提要·经济卷［M］. 上海：复旦大学出版社，1992.

[66] 余治国. 中国近代财政集权与分权之博弈［M］. 芜湖：安徽师范大学出版社，2018.

[67] 载泽. 考察政治日记［M］. 长沙：岳麓书社，1985.

［68］张创新．中国政治制度史［M］．北京：清华大学出版社，2005.

［69］张皓．中国现代政治制度史［M］．北京：北京师范大学出版社，2020.

［70］张友伦，陆镜生，李青，等．美国的独立和初步繁荣（1775—1860）［M］．
北京：人民出版社，2002.

［71］张澄志．财政学概论［M］．上海：启智书局，1929.

［72］张连红．整合与互动：民国时期中央与地方财政关系研究（1927—1937）
［M］．南京：南京师范大学出版社，1999.

［73］张宪文．中国抗日战争史·第三卷（抗日持久战局面的形成 1938 年 10 月—
1943 年 12 月）［M］．北京：化学工业出版社，2016.

［74］赵云旗．中国分税制财政体制研究［M］．北京：经济科学出版社，2005.

［75］朱丘祥．分税与宪政——中央与地方财政分权的价值与逻辑［M］．北京：知
识产权出版社，2008.

［76］邹进文．民国财政思想史研究［M］．武汉：武汉大学出版社，2008.

［77］邹进文．中国近代经济学的发展：以留学生博士论文为中心的考察［M］．北
京：中国人民大学出版社，2016.

［78］湛贵成．幕府末期明治初期日本财政政策研究［M］．北京：中国社会科学出
版社，2005.

［79］周育民．晚清财政与社会变迁［M］．上海：上海人民出版社，2000.

［80］周叔媜．周止庵先生别传［M］．台北：文海出版社，1966.

［81］郑备军．中国近代厘金制度研究［M］．北京：中国财政经济出版社，2004.

［82］文森特·奥斯特罗姆，罗伯特·比什，等．美国地方政府［M］．井敏，陈幽
泓，译．北京：北京大学出版社，2004.

［83］乔治·S. 布莱尔，伊佩庄．社区权利与公民参与——美国的基层政府［M］．
张雅竹，译．北京：中国社会出版社，2003.

［84］汉密尔顿，杰伊，麦迪逊．联邦党人文集［M］．程逢如，在汉，舒逊，译．
北京：商务印书馆，1980.

［85］托马斯·罗斯基．战前中国经济的增长［M］．唐巧天，毛立坤，姜修宪，
译．杭州：浙江大学出版社，2009.

［86］罗伯特·E. 霍尔，阿尔文·拉布什卡．单一税［M］．史耀斌，译．北京：

中国财政经济出版社，2003.

［87］杨格．一九二七至一九三七年中国财政经济状况［M］．陈泽宪，陈霞飞，译．北京：中国社会科学出版社，1981.

［88］约瑟夫·熊彼特．经济分析史（第一卷）［M］．朱泱，孙鸿敞，李宏，等，译．北京：商务印书馆，2001.

［89］亚当·斯密．国民财富的性质和原因的研究［M］．郭大力，王亚楠，译．北京：商务印书馆，2014.

［90］伊夫·梅尼，文森特·赖特．西欧国家中央与地方的关系［M］．朱建军，李明，张福江，等，译．北京：春秋出版社，1989.

［91］升味准之辅．日本政治史（第一册）［M］．董果良，译．北京：商务印书馆，1997.

论文类

［1］敖涛，付志宇．民国时期地方财政体制改革思想探索［J］．贵州社会科学，2017（11）：164-168.

［2］沧江．立宪九年筹备案恭跋［J］．国风报，1910，1（1）：23-42.

［3］沧江．地方财政先决问题［J］．国风报，1910，1（2）：15-21.

［4］沧江．论地方税与国税之关系［J］．国风报，1910，1（4）：3-6.

［5］曹为祺．我国国地财政划分制度之检讨［J］．中农月刊，1942，3（7）：6-26.

［6］蔡次薛．论我国国地财政的划分［J］．财政知识，1943（1）：32-34.

［7］陈晓岚．清末民初立宪语境下分税制的立与变［D］．重庆：西南政法大学，2011：11-14.

［8］陈昌盛，李承健，江宇．面向国家治理体系和治理能力现代化的财税改革框架研究［J］．管理世界，2019（7）：8-14.

［9］陈弘．贾士毅财政思想述评［D］．武汉：华中师范大学，2006：15-21.

［10］陈松光．宪法中的地方财政［J］．安徽政治，1948，10（5）：16-17.

［11］陈润微．从国地财政划分原则谈战后我国营业税［J］．财政知识，1944（2）：9-16.

［12］大树．国地收入税项划分标准浅说［J］．贵州财政月刊，1930（4）：180-187.

[13] 度支部. 划分国家税地方税之标准[J]. 北洋政学旬报，1911(8)：1-5.

[14] 度支部. 度支部致各省划分国家地方税函[J]. 广益丛报，1911(265)：35-39.

[15] 段艳. 北洋时期的国地财政划分(1912—1927)[D]. 桂林：广西师范大学，2002：30-52.

[16] 东云. 地方财政[J]. 忠勇月刊，1947，2(4)：16-20.

[17] 董佳如. 贾士毅财政金融思想研究(1912—1937)[D]. 武汉：华中师范大学，2018：26-43.

[18] 邓力平. 新发展阶段与建立现代财税体制[J]. 新华文摘，2021(5)：4-12.

[19] 冯华德. 吾国国地财政划分之理论与实际[J]. 浙江财政月刊，1936(10)：80-112.

[20] 冯华德. 今后的国地财政关系[J]. 经济评论，1949，5(3)：10.

[21] 付志宇. 历史上分税制的产生和形成[J]. 税务研究，2002(2)：76-78.

[22] 付志宇. 分税制百年考[J]. 经济研究参考，2014(40)：19-21.

[23] 高月. 清末新政时期东北三省的国地两税划分[J]. 长春师范学院学报(人文社会科学版)，2012，31(11)：14-19.

[24] 龚汝富. 近代中国国家税和地方税划分之检讨[J]. 当代财经，1998(1)：54-57.

[25] 攻法子. 敬告我乡人[J]. 浙江潮，1903(2)：1-11.

[26] 顾培君. 民国初年税制改革思想述评[D]. 苏州：苏州大学，2001：6-18.

[27] 广东省宪法起草委员会. 广东省宪法草案[J]. 东方杂志，1922，19(22)：203-212.

[28] 桂兢秋. 县地方财政复原问题[J]. 安徽政治，1945，8(8)：22-24.

[29] 郭小兵. 民国《财政评论》(1939—1948)研究[D]. 武汉：武汉大学，2012：71-80.

[30] 何振一. 中国式财政分级体制的探索[J]. 改革，1989(6)：94-99.

[31] 贺渡人. 试评财政收支系统法[J]. 社会经济月报，1935(9)：40-48.

[32] 湖南省宪法起草委员会. 湖南省宪法草案[J]. 太平洋，1921，3(1)：62-79.

［33］黄治中．论第四次全国财政会议与地方财政［J］．政治评论，1947，1（6）：
　　 23-24．

［34］侯一麟．政府职能、事权事责与财权财力：1978 年以来我国财政体制改革
　　 中财权事权划分的理论分析［J］．公共行政评论，2009（2）：36-72．

［35］洪轨．省地方财政之商榷［J］．江西政治，1948，1（1）：14-16．

［36］贾康．中国财税体制改革的经验和愿景展望［J］．中国经济报告，2019（1）：
　　 24-31．

［37］贾士毅．论划分田赋当先决前提［J］．庸言，1913（11）：51-59．

［38］贾士毅．地方财政与收支系统法之实施问题［J］．财政评论，1943，3（3）：
　　 1-15．

［39］焦建华，孙程九．试析北洋初期国地分税制推行的特点及其成因［J］．中国
　　 社会经济史研究，2020（3）：44-53．

［40］蒋光华．从经济改革方案论地方财政的整理［J］．四川财政，1947（11）：1-
　　 5．

［41］金伟．浅谈民国时期马寅初的财税思想［J］．黑龙江对外经贸，2009（6）：
　　 147-149．

［42］金天锡．从国地税收的划分谈到"财政收支系统法"［J］．经济总动员，1940
　　 （6）：31-35．

［43］柯伟明．民国时期马寅初的税收思想研究［J］．江西财经大学学报，2017
　　 （1）：101-135．

［44］隗易．财政体制变迁研究——以分级财政为中心的历史考察［D］．武汉：中
　　 南财经政法大学，2016．

［45］孔庆宗．中央财政与地方财政研究［J］．合力周报周年纪念刊，1925（无卷
　　 期）：15-19．

［46］李詹．民国时期经济期刊的经济思想研究［D］．武汉：武汉大学，2013：
　　 99-101．

［47］李细珠．再论"内外皆轻"的权力格局与清末民初政治走向［J］．清史研究，
　　 2017（2）：9-23．

［48］李楠夫．周学熙调整财政政策之研究［J］．现代财经，2003（1）：62-65．

[49] 李权时. 国地财政划分之后中央应设立各省财政监督局各省应设立地方财政监督局案[J]. 全国财政会议日刊, 1928(7): 32-33.

[50] 李权时. 国地财政划分近况[J]. 信托季刊, 1936, 1(4): 1-20.

[51] 李锐. 调整财政收支系统与田赋改制[J]. 财政评论, 1941, 5(6): 13-19.

[52] 李锐. 租税制度与财政政策[J]. 财政学报, 1942(1): 5-10.

[53] 李锐. 新财政收支系统实施的检讨[J]. 政治建设, 1942(2): 13-16.

[54] 栗寄沧. 国地税收的划分与调节[J]. 广西银行月报, 1941, 1(6): 7-16.

[55] 廖枢. 应如何解决地方财政问题[J]. 群情月刊, 1947, 1(2): 10-15.

[56] 刘增合. 制度嫁接: 西式税制与清季国地两税划分[J]. 中山大学学报(社会科学版), 2008(3): 97-109.

[57] 刘巍. 西学中用: 熊希龄财政思想与实践研究[J]. 福建论坛(人文社会科学版), 2021(1): 149-159.

[58] 刘耀燊. 国地财政划分之研究[J]. 财政知识, 1943(1): 19-27.

[59] 刘大柏. 新县制下地方财政改革之途径[J]. 服务, 1941, 5(3): 63-67.

[60] 娄学熙. 英国之补助金制度[J]. 中国行政, 1941(3): 1-15.

[61] 罗敦伟. 改进省县财政的研究[J]. 闽政月刊, 1940, 6(4): 85-87.

[62] 罗卫东, 朱翔宇. "权责对称"与我国分税制以来的财政体制改革[J]. 南京社会科学, 2018(4): 30-38.

[63] 骆鸿年. 城镇乡地方自治章程讲义[J]. 广东地方自治研究录, 1909(14): 45-64.

[64] 马寅初. 中国国家税与地方税之划分[J]. 中外经济周刊, 1925(121): 1-13.

[65] 马大英. 论地方财政之改善[J]. 财政评论, 1946, 15(4): 3-14.

[66] 彭雨新. 论收支系统法之分税办法与地方财政[J]. 财政评论, 1940(3): 15-37.

[67] 戚如高. 民初国税厅简论[J]. 民国档案, 1991(4): 111-115.

[68] 秦百川. 完成地方自治与建立地方财政[J]. 东方杂志, 1946, 41(13): 7-15.

[69] 秦柳方. 略论今后的地方财政[J]. 文化杂志, 1941, 1(3): 6-10.

[70] 任广浩, 解建立. 改革开放40年我国政府间权力纵向配置变革及其法治化

探索[J]. 河北法学，2018（12）：2-10.

[71] 四川省宪法起草委员会. 四川省宪法草案[J]. 太平洋，1922，3（10）：121-150.

[72] 叔衡. 划分国税省税意见书[J]. 东方杂志，1922，19（23）：121-126.

[73] 沈松林. 论地方财政改革的重点[J]. 财政评论，1947，17（6）：19-26.

[74] 石柏林，彭澎. 宪政理念与宪法命运——中美第一部宪法比较分析[J]. 比较法研究，2002（6）：102-110.

[75] 苏日荣. 行宪后国地税收划分问题[J]. 财政评论，1948（4）：27-32.

[76] 孙蕴素. 论分税制[J]. 财贸经济，1988（9）：37-40、10.

[77] 孙鼎. 地方财政中的税捐问题[J]. 苏财通讯，1946（15）：12-19.

[78] 滕茂椿. 当前之地方财政问题[J]. 河北省银行经济半月刊，1946（8）：14-18.

[79] 童蒙正. 中国国家税地方税之划分与施行问题[J]. 中大季刊，1926（2）：1-8.

[80] 万红先. 民国时期经济学著作的经济思想研究[D]. 武汉：武汉大学，2013：69-92.

[81] 王金龙，胡静. 近代留美博士留美期间的经济思想建构——以李权时国地财政划分思想为中心[J]. 东吴学术，2019（2）：88-95，110.

[82] 王刚. 清末财税改革研究[D]. 济南：山东师范大学，2009：63-67.

[83] 王超. 卫挺生经济思想研究[D]. 武汉：中南财经政法大学，2017：12-13.

[84] 王万甫. 中央与地方税收之划分[J]. 民族杂志，1936，4（7）：1109-1123.

[85] 王建祥. 地方财政制度之改造[J]. 财政评论，1940，3（3）：65-72.

[86] 王建祥. 泛论地方财政制度演进之道[J]. 财政评论，1943，10（2）：37-46.

[87] 王绍兴. 收支系统改制后中央地方财政之展望[J]. 闽区直接税通讯，1946，1（7）：7-9.

[88] 王文素，梁长来. 我国先秦政体形态变化与分权财政体制变迁[J]. 经济研究参考，2014（40）：45-51.

[89] 吴俊培. 分税制财政管理体制下的税收问题研究[J]. 税务研究，2019（9）：5-10.

[90] 吴冠英. 论地方税之性质[J]. 宪政新志, 1909(1): 81-93.

[91] 吴贯因. 划田赋为地方税私议[J]. 庸言, 1912(1): 1-8.

[92] 吴贯因. 划田赋为地方税私议(续第一号)[J]. 庸言, 1912(2): 1-8.

[93] 卫挺生. 改订国地收支标准厘定财权系统案: 全国经济会议专刊[C]. 上海: 全国经济会议秘书处, 1928: 260-272.

[94] 杨添翼, 徐新贵. 国民政府中后期的地方自治之实施及其启示——从新县制实施效果的角度分析[J]. 西南民族大学学报, 2012(10): 95-98.

[95] 杨汝梅. 宪法公布后之省财政问题[J]. 银行周报, 1924(6): 7-14.

[96] 佚名. 如何理解分税制[J]. 经济研究参考, 1994(1): 3-5.

[97] 佚名. 论统合预算财政法[J]. 东方杂志, 1905(2): 15-17.

[98] 佚名. 整理全国税制计划书[J]. 银行周报, 1924(10): 1-3.

[99] 佚名. 闽省裁厘后之财政[J]. 工商半月刊, 1931(3): 14-15.

[100] 逸名. 考察地方财政后几点意见[J]. 服务, 1942, 6(3): 63-70.

[101] 尹文敬. 我国财政困难之原因及其整理之方法[J]. 东方杂志, 1924, 21(17): 19-35.

[102] 尹文敬. 如何调整国地财政[J]. 财政评论, 1939, 1(5): 25-39.

[103] 尹文敬. 改良省制与调整地方财政[J]. 西北联大校刊, 1939(15): 20-24.

[104] 印少云, 顾培君. 清末民初分税制思想述评[J]. 徐州师范大学学报(哲学社会科学版), 2001(2): 108-112.

[105] 叶广麟. 改制后县地方财政问题[J]. 福建省银行季刊, 1946(4): 86-90.

[106] 叶广麟. 省县市地方财政改革计划纲要[J]. 财政评论, 1947, 17(6): 27-33.

[107] 余治国. 近代税制演进过程中厘捐、子扣税及其博弈[D]. 芜湖: 安徽师范大学, 2019: 47-54.

[108] 俞鸿钧. 现行税制与地方财政[J]. 经济汇报, 1942, 5(1): 183-192.

[109] 赵全厚. 我国财税体制改革演进轨迹及其阶段性特征[J]. 改革, 2018(4): 29-38.

[110] 赵云旗. 论中国历史上的分税制[J]. 财政监督, 2017(19): 5-11.

[111] 赵雁行. 财政制度与国地税收之划分问题[J]. 中国经济, 1934(11): 1-10.

[112] 赵从显. 国地财政之划分及新县制下地方财政之改进[J]. 西北角, 1940, 3(2): 18-30.

[113] 张艨. 浅议民国时期税制改革思想[J]. 金融经济, 2009(12): 59.

[114] 张佩佩. 清末东三省清理财政研究[D]. 武汉: 华中师范大学, 2011: 158-164.

[115] 张艳丽. 梁启超经济思想研究[D]. 郑州: 郑州大学, 2007: 18-19.

[116] 章启辉, 付志宇. 北京政府时期税收政策的演变及借鉴[J]. 湖南大学学报(社会科学版), 2009, 23(2): 104-108.

[117] 浙江省宪法起草委员会. 中华民国浙江省宪法[J]. 东方杂志, 1922, 19(22): 14-36.

[118] 郑飞. 民国时期中央与地方财政分权研究[D]. 天津: 天津财经大学, 2013.

[119] 朱沛莲. 划分中央与地方税收之检讨[J]. 江苏月报, 1935(2): 1-5.

[120] 朱偰. 对于第三次全国财政会议之感想[J]. 财政评论, 1941(1): 31-35.

[121] 朱偰. 如何逐渐推行财政收支系统法[J]. 财政评论, 1939, 1(3): 33-46.

[122] 朱博能. 新县制下乡镇财政之建制问题[J]. 福建青年, 1940(2): 136-142.

[123] 朱博能. 补助费制与县财政[J]. 闽政月刊, 1940(1): 22-23.

[124] 朱博能. 省县财政关系问题[J]. 东方杂志, 1941, 38(2): 26-30.

[125] 周蕊. 李权时统制经济思想研究[D]. 武汉: 华中师范大学, 2013: 33-34.

[126] 周邠. 中央现行直接税与省县地方财政[J]. 政治假设, 1940, 3(1): 3-5.

[127] 周玉津. 论国地财政之划分[J]. 裕民, 1944(6): 85-100.

[128] 周振文. 我国现行地方财政之研究[J]. 财政经济, 1946(9): 21-23.

[129] 周伯棣. 我国之中央与地方财政[J]. 银行周报, 1948, 32(25): 6-9.

[130] 钟銶恩. 论我国之国地财政划分[J]. 中央银行经济汇报, 1941(1): 11-27.

［131］邹进文．清末财政思想的近代转型：以预算和财政分权思想为中心［J］．中南财经政法大学学报，2005(4)：119-125.

［132］邹进文，李彩云．中国近代地方政府间财政分权思想研究［J］．贵州财经学院学报，2011(2)：6-12.

［133］左玉河．洋务运动、甲午战争与中国早期现代化的顿挫［J］．红旗文摘，2014(14)：27-29.

［134］E. V. Peshina ，A. A. Strekalov. The Development of the Theory of Fiscal Federalism［J］. North-East Asia Academic Forum，2016(2)：321-332.

［135］E. R. A. Seligaman. The Separation of State and Local Revenues［C］. State and Local Taxation：National Conference under the Auspices of the National Tax Association，1907(1)：485-514.

［136］E. R. A. Seligaman. The Relations of State and Local Finance［C］. State and Local Taxation：National Conference under the Auspices of the National Tax Association，1909(3)：213-226.

［137］E. R. A. Seligaman. Bastable's Public Finance［J］. Science Quarterly，1892，7(4)：708-720.

［138］Frank A. Fetter. Changes in the Tax Laws of New York State in 1905［J］. The Quarterly Journal of Economics，1905，20(1)：151-156.

［139］H. Parker Willis. The Relation of Federal to the State and Local Taxation［C］. State and Local Taxation：National Conference under the Auspices of the National Tax Association，1907(1)：201-210.

［140］Lawson Purdy. Outline of a Model System of State and Local Taxation［C］. State and Local Taxation：National Conference under the Auspices of the National Tax Association，1907(1)：54-74.

［141］Neringa SLAVINSKAITĖ，Aušra LIUČVAITIENĖ，Dainora GEDVILAITĖ. Theoretical analysis of the fiscal federalism［J］. International Journal of Contemporary Economics and Administrative Sciences，2019，9(2)：250-267.

［142］T. S. Adams. Separation of the Sources of State and Local Revenues as a Program of Tax Reform［C］. State and Local Taxation：National Conference under the

Auspices of the National Tax Association, 1907(1): 515-527.

[143] T. M. Reriew: Grants in Aid: A Criticism and a Proposal by Sidney Webb[J]. Charity Organisation Review, 1911, 30(177): 215-218.

[144] W. M. J. Williams. London's share of the King's Taxes [J]. The Economic Journal, 1904, 14(54): 219-234.

[145] W. M. J. Williams. Reriew: Grants in Aid: A Criticism and a Proposal by Sidney Webb [J]. The Economic Journal, 1911, 2(83): 401-406.

[146] [佚名]. Reriew: Grants in Aid: A Criticism and a Proposal by Sidney Webb [J]. Journal of the Royal Society of Arts, 1912, 60(3093): 442.